城市治理的范式创新

上海城市运行"一网统管"

熊易寒 主编
李瑞昌 顾丽梅 郑磊 副主编

中信出版集团 | 北京

图书在版编目（CIP）数据

城市治理的范式创新：上海城市运行"一网统管"／
熊易寒主编；李瑞昌，顾丽梅，郑磊副主编 . -- 北京：
中信出版社，2023.1（2023.4重印）
ISBN 978-7-5217-4845-1

Ⅰ . ①城… Ⅱ . ①熊… ②李… ③顾… ④郑… Ⅲ .
①城市管理－研究－上海 Ⅳ . ① F299.275.1

中国版本图书馆 CIP 数据核字（2022）第 191609 号

城市治理的范式创新——上海城市运行"一网统管"
主编： 熊易寒
副主编： 李瑞昌　顾丽梅　郑磊
出版发行：中信出版集团股份有限公司
　　　　　（北京市朝阳区东三环北路 27 号嘉铭中心　邮编　100020）
承印者： 宝蕾元仁浩（天津）印刷有限公司

开本：787mm×1092mm 1/16　　印张：26.75　　　字数：320 千字
版次：2023 年 1 月第 1 版　　　印次：2023 年 4 月第 2 次印刷
书号：ISBN 978-7-5217-4845-1
定价：88.00 元

版权所有·侵权必究
如有印刷、装订问题，本公司负责调换。
服务热线：400-600-8099
投稿邮箱：author@citicpub.com

本书编辑委员会

主编

熊易寒　复旦大学国际关系与公共事务学院副院长、教授

副主编

李瑞昌　复旦大学国际关系与公共事务学院教授
顾丽梅　复旦大学国际关系与公共事务学院教授
郑　磊　复旦大学国际关系与公共事务学院教授

编委会委员

刘哲昕　中国浦东干部学院教研部副主任、教授
陈水生　复旦大学国际关系与公共事务学院教授
王欢明　大连理工大学公共管理系教授
胡业飞　复旦大学国际关系与公共事务学院青年副研究员
周凌一　复旦大学国际关系与公共事务学院青年副研究员
孙　磊　复旦大学国际关系与公共事务学院青年副研究员
孙志建　上海市委党校公共管理教研部副教授
刘新萍　上海理工大学管理学院副教授
谷望舒　中国浦东干部学院讲师
张怡梦　上海理工大学管理学院讲师
张晓栋　复旦大学国际关系与公共事务学院博士后

张　扬	复旦大学国际关系与公共事务学院博士生
唐　雲	复旦大学国际关系与公共事务学院博士生
侯铖铖	复旦大学国际关系与公共事务学院博士生
凌佳亨	复旦大学国际关系与公共事务学院硕士生
杨雨琦	复旦大学国际关系与公共事务学院硕士生
孙晓云	大连理工大学人文与社会科学学部博士生

特别支持

卢长祺　复旦大学校董

上海数字治理研究院

上海市"一网统管"城市数字治理实验室

上海市"一网统管"市域物联网运营中心

上海市"一网统管"轻应用开发及赋能中心

上海市"一网统管"城市智能体应用与服务赋能中心

项目助理

王　昊	复旦大学国际关系与公共事务学院硕士生
俞驰韬	复旦大学国际关系与公共事务学院硕士生
厉蕤溢	复旦大学国际关系与公共事务学院硕士生

目　录

导言　数字化治理：迈向城市治理的范式创新　1

第一部分　必须寻找出路

第1章　超级不确定性来袭　19
　　1.1　超级不确定性：超大城市运行的根本特征　19
　　1.2　超大城市中人的超级不确定性　22
　　1.3　超大城市中物的超级不确定性　26
　　1.4　超大城市所处环境的超级不确定性　31
　　1.5　超大城市治理：在超级不确定性中追寻确定性　35

第2章　"人海战术"的失灵　39
　　2.1　城市治理的"人海战术"　39
　　2.2　城市治理的"人海战术"为何失灵？　44
　　2.3　数字时代城市治理面临的挑战　53

第3章 复杂巨系统的脆弱性　62

3.1　城市复杂巨系统的构成　62
3.2　城市复杂巨系统的表征　64
3.3　城市复杂巨系统的脆弱性　71

第4章 城市智慧化的愿景　80

4.1　技术赋能城市　80
4.2　智慧城市：超大城市的建设愿景　81
4.3　智慧治理：智慧城市的升级路径　86
4.4　智慧治理的亚洲实践　90
4.5　智慧城市与智慧治理的上海之路　98

第二部分　"一网统管"是如何炼成的

第5章 一屏何以观天下　107

5.1　用"何物"观天下　108
5.2　观天下的"何物"　112
5.3　观天下的过程如何　116
5.4　"一屏观天下"有何用　120
5.5　"一屏观天下"的价值观　124

第6章 一网何以管全城　127

6.1　超大城市的"一网统管"　128
6.2　"一网"如何"网"得住　135

6.3 "一网"如何"统"得了　140

6.4 "一网"如何"管"得好　152

第7章　平台横向集成　158

7.1 三级平台：解密"王"字形管理结构　159

7.2 跨部门协同：数据共享，整体平台　163

7.3 流程再造：以"一件事"为导向　168

第8章　应用纵向牵引　172

8.1 分层分级：重心下移，资源下沉　172

8.2 跨层级协同：逐级赋能，联动指挥　176

8.3 应用开发：事件导向，高效处置　180

第三部分　技术催生变革

第9章　神经元与城市数字孪生　187

9.1 城市神经元："一网统管"的信息引擎　187

9.2 数字孪生体："一网统管"的智能集成　190

9.3 数字孪生城市："一网统管"体系下的城市形态　197

9.4 元宇宙：数字孪生城市的再丰富　202

第10章　数据驱动治理　207

10.1 DT时代的城市治理　207

10.2 多方数据的联通碰撞与政务数据资源平台的建设　214

10.3 政务数据的高效利用与价值实现　224

第11章 平台催化与整体性政府建设　233

　　11.1　平台催化：数字技术赋能现代城市治理　234
　　11.2　基于"一网统管"的城市政府流程再造　237
　　11.3　"一网统管"与整体性政府建设的第三种方案　248

第12章 数实融合与城市最小管理单元　259

　　12.1　数实脱节：传统城市治理之痛　259
　　12.2　在城市最小管理单元中探索数实融合　261
　　12.3　数实融合的四个特征　272

第13章 从万物互联到众智成城　278

　　13.1　万物互联：连通城市的数字根系　279
　　13.2　众智成城：共筑城市的数字结界　284
　　13.3　数联生态：守护城市的人情烟火　297

第14章 数字机遇与应急创新　298

　　14.1　数字机遇：上海城市应急管理的潜在风险和转型机遇　299
　　14.2　应急创新："数字化"赋能上海城市应急管理全过程　302
　　14.3　上海方案："一网统管"赋能下的上海应急管理转型进路　308

第四部分　迈开新的步伐

第15章 城市进化论：超大城市的周期管理　313

　　15.1　至善城市，至美生活　313

15.2 城市生命体的畅通经络　321

15.3 打造数字时代"健康"的城市生命体　328

第16章　"两张网"融合助力数字化转型　339

16.1 上海"两张网"融合创新之道　340

16.2 "两张网"融合的挑战与愿景　356

16.3 上海"两张网"融合的经验借鉴与启示　364

第17章　科技重塑城市韧性基因　369

17.1 "韧性"理念与韧性治理　369

17.2 "城市韧性"的新动能——"一网统管"　371

17.3 协同数治下的主体韧性　374

17.4 数字应急中的韧性过程表达　383

17.5 重塑城市全系统韧性基因　388

第18章　闯入超大城市治理的无人区　393

18.1 超大城市治理的得与失　394

18.2 超大城市网络治理的脉与络　403

18.3 人民城市人民建与治　410

后　记　414

导言　数字化治理：
迈向城市治理的范式创新

熊易寒

国家治理体系如何回应数字经济的发展、数字社会的变迁和数字技术的迭代，是一个全球性的重大课题。人类社会正在进入以数字化生产力为主要标志的全新历史阶段。随着智能终端、传感器等设备的广泛部署应用，大量数据资源被有效采集、挖掘和利用，渗透到人类社会活动的全过程、全领域。数据要素正在驱动劳动力、资本、土地、技术、管理等要素的高效利用，驱动实体经济生产主体、生产对象、生产工具和生产方式的深刻变革。随着经济社会各领域数字化进程的持续加快，数据要素将对经济运行效率和全要素生产率跃升发挥更大作用，注入新的强劲动能。最近十年，经济数字化、生活数字化突飞猛进，这对我们的国家治理和城市治理提出了新的要求，治理的数字化转型势在必行。

2022年4月19日，中央全面深化改革委员会第二十五次会议召开，会议强调要全面贯彻网络强国战略，把数字技术广泛应用于政府管理服务，推动政府数字化、智能化运行，为推进国家治理体系和治理能力现代化提供有力支撑。6月23日，国务院印发《关于加强数字政府建设的指导意见》，意见指出：加强数字政府建设是适应新一轮科技革命和产业变革趋势、引领驱动数字经济发展和数字社会建设、营造良好数字生态、加快数字化发展的必然要求，是建设网络强国、数字中国的基础性和先导性工程，是创新政府治理理念和方式、形成数字治理新格局、推进国家治理体系和治理能力现代化的重要举措，对加快转变政府职能，建设法治政府、廉洁政府和服务型政府意义重大。

党的十八大以来，党中央、国务院从推进国家治理体系和治理能力现代化全局出发，准确把握全球数字化、网络化、智能化发展趋势和特点，围绕实施网络强国战略、大数据战略等做出了一系列重大部署。按照党中央、国务院的顶层设计，各地政府在数字化治理领域开展了一系列改革，"最多跑一次""一网通办""一网统管""一网协同""接诉即办"等创新实践不断涌现。

2019年年初，时任上海市委书记李强提出"一屏观天下、一网管全城"的建设愿景，率先开展"一网统管"建设。2020年为了加快推进"一网统管"建设，上海专门成立了上海市城市运行管理中心，并发布了《上海市城市运行"一网统管"建设三年行动计划（2020—2022年）》。2021年，国内首个"实时、动态、鲜活"的超大城市运行数字体征系统"上海城市运行数字体征1.0版"正式上线。"一网统管"已经接入全市50多个部门的198个系统、1 000多个应用。2022年5月，上海市人大表决通过"一网统管"建设最新决定，要求将"一网统管"和数字治理的理念融入城市规划、建设和管理。城市运行"一网统管"最终是要迈向整体协同、敏捷高效、智能精准、开放透明、公平普惠的线上线下一体化政府。

本书以上海市城市运行"一网统管"的治理实践为主要案例，

揭示了为什么城市治理需要数字化转型、什么是数字化治理的运行机制、为什么"一网统管"可以做到"一屏观天下，一网管全城"、"一网统管"如何实现城市治理的流程再造，以及超大城市治理向何处去等问题。

作为世界级难题的超大城市治理

据统计，上海目前有超过2 488万的常住人口、500万以上的流动人口，24米以上的高层建筑7万多幢，100米以上的高层建筑约1 022幢，电梯27万多台，机动车月活量超过765万辆（每月出行3天以上），轨道交通里程达831千米，工作日地铁客流量1 100万人次以上，地下管线达12万千米，市场主体321.6万家，其中危险化学品相关企业1万多家（加油站854家）。自疫情防控以来，上海口岸最高峰时期承担了全国62%的入境航班、53%的航空入境旅客、46%的进口冷链货物，为疫情条件下畅通国内外经济循环和人员往来做出了重要贡献。[1] 上海被人们戏称为"魔都"，因为这座城市仿佛具有某种特殊的魔法，尽管人多车多、楼多企多，但它们都被纳入一个快速而有序运行的世界里。然而，即便是优雅淡定的"魔都"，依然需要面对超大城市治理这样一个世界级难题。这不仅是公共管理领域的学术议题，也是与每位市民息息相关的公共话题。

超大城市治理之所以是一个世界级难题，主要源于超大城市与生俱来的"基因"特质：

超大规模。超大城市是一个超大规模社会，有着巨大的市场、

---

[1] 资料来源：2022年3月上海市城市运行管理中心统计数据。

复杂的社会、多元的组织、海量的建筑，常住人口超过千万，还有众多的流动人口。这些都给城市治理带来了巨大的挑战。

超高密度。超大城市是一个超高密度的空间，其人口密度、建筑密度、资本密度都很高。超高密度使人与人、人与组织、组织与组织之间的互动异常频繁。频繁的互动创造了新的机遇，孕育了新的可能性，但也增加了冲突的概率。

超高速率。超大城市是一个高速运转的有机体、生命体。超大城市的人流、物流、信息流、资本流都呈现流量大、流速快的特点。从宏观视角看，超大城市是一个生命体，也有大脑、血管、细胞、神经网络、肌肉、骨骼，有呼吸体温，会新陈代谢；从微观视角看，超大城市是一个有机的生态系统，有经济、社会、政治、生态环境等多个子系统，各个部分在分工的基础上相互关联协调，形成密不可分的统一性。

高复杂性。超大城市是一个多样性的生态系统，包括产业多样性、阶层多样性、职业多样性、利益多样性、组织多样性。多样性有助于创新，有利于跨界合作与兼并，但多样性也带来了高复杂性，譬如安全生产风险、利益分化、偏好多元。高复杂性使得超大城市治理经常面临各种各样棘手的公共问题。爱德华·韦伯等将棘手的公共问题描述为一种动态、复杂和多变的社会问题，具有非结构化（unstructured）、跨界性（cross-cutting）和顽固性（relentless）的特征。这三个特征在超大城市治理中表现得尤为突出，其中非结构化源于超高速率的变迁，跨界性、顽固性则源于多样性和高复杂性。

不确定性。超大城市的超高速率和高复杂性带来了高度的不确定性，而超大规模会进一步放大不确定性，增加城市生活的风险。

当今世界是一个风险社会，超大城市治理需要在接纳和应对不确定性的同时，对城市运行中的风险进行有效管理。然而，当人们试图对超大城市运行中的不确定性和风险加以干预时，往往又会产生新的不确定性，即非预期后果。

交互效应。对于城市社会而言，每一个人都是一个变量，千万级人口之间的交互效应会带来创造性、复杂性、不确定性的指数级增长。人与人、人与事、事与事的交互带来了新的创意、新的机遇，提供了创新的可能性。交互性也加剧了社会问题和城市治理的复杂性，因为交互效应首先是一种化学反应，会产生新的变数；其次是一种连锁反应，会带来难以预测的后果。城市作为复杂巨系统所带来的系统效应往往超出了人类的预知和应对能力。

面对超大城市治理的难题，上海逐步形成了自己独特的治理风格和治理模式，似乎各种风险都在"有意"绕开上海，上海总能"逢凶化吉""大事化小"，人们将这一现象戏称为"魔都结界"。

但是，2022年3月的新冠肺炎疫情让"魔都结界"破防了。这是不是意味着让上海人引以为傲的城市治理模式失败了？

这是一个不容回避的问题。

一方面，奥密克戎毒株的传播力远超之前的毒株，客观上增加了防控难度。一般而言，组织对环境的适应性越高，当环境发生巨变的时候，组织往往越会猝不及防，来不及应对环境的改变。原因很简单，对环境的适应性高，会让组织处于舒适区，组织的惰性也会相应增加。

另一方面，"魔都结界"的破防也暴露了当前国内城市治理中的普遍深层次问题。一是平战转换机制存在问题，战时扁平化指挥体系亟待建立健全。面对奥密克戎疫情，部门化的单兵作战、专业权威必须让位于跨部门的协同作战，通过系统治理实现对疫情的敏捷治理。

二是"一网统管"要求放弃部门的"傲慢与偏见"，往往是改革中最大的难题。"一网统管"未得到充分使用，线上线下协同有待强化。静态管理期间，职能部门、街镇层面对数字技术应用不足。在线上发现和识别的问题后，线下快速决策与处置不足。数字化治理不是对线下治理的替代，而是对线下治理的补强。面对类似新冠肺炎疫情这样的总体性应急管理事件时，数字化治理如何"让决策更聪明，让处置更敏捷"，是一个值得深入思考的问题。

三是执行层行政依赖较强，对社会资源、市场资源的整合能力不足。在市场机制无法正常运转的情况下，仅仅依靠基层政府和居委会无法填补市场停摆留下的真空。在静态管理期间，上海有不少小区充分发动业主、居民的力量，居委会、业委会、物业三方通力合作，保障了小区的正常运转。居委会更多发挥向上与政府部门沟通接洽的职能，业委会则通过动员和宣传来发挥业主自治的积极性，物业为社区人员出入和物资配送、垃圾处理等事务提供支持。居民运用办公软件和项目管理软件，实现精细化团购，对接市场以维持物资供应；居民还通过微信等线上渠道，在以物换物和守望相助的过程中快速"熟人化"。通过整合社会资源和市场资源，小区有序组织核酸检测，保障医疗需求、照顾特殊人群、采购应急物资等各项工作有条不紊。疫情对于基层治理既是一次严峻的考验，也是一次促进其成长的机会。

"魔都结界"的破防不是数字化治理的问题，也不是"一网统管"的问题，此后上海城市的有序运行和经济快速恢复，恰恰说明"一网统管"具有巨大生命力。只有不断推进数字化治理，推进

"一网统管",以市民为中心、"应用为王","魔都结界"才能臻于至善。归根结底,"魔都结界"不是魔术,更不是障眼法,而是制度、技术、责任心、使命感和专业能力共同造就的"魔法",是城市硬实力和软实力的综合体现,是每一个市民用自己的专业能力和敬业精神创造的超大城市治理奇迹,也是数字化治理赋能百业、服务人民的创新红利。一言以蔽之,"魔都结界"的背后是上海城市治理的范式创新,长期以来,其巨大的生命和敏锐的前瞻性值得城市管理者们高度关注。

有温度和精度的数字化治理

2021年上海外滩光影秀期间,防汛大堤上峰值客流高达11.7万人。在这样一个狭长的空间里,短时间聚集如此庞大的客流,该如何兼顾城市安全运行与游客的观景体验?

传统的人海战术已经力有不逮,必须在城市治理中引入大数据和高科技的力量。为了光影秀的顺利举行,大客流系统每天24小时监测滨江客流量;气象部门提供精准的天气预报;交通部门对地铁交通和公交进行统一调度;外滩治安派出所负责一线指挥,公安民警在现场维持秩序。"魔都结界"是哪里来的?就是各区、多部门在线上的数据共享,在线下的高效协同处置,使城市运行管理既有灵敏度和精细度,又有品质和温度。

光影秀中有几个感人的细节:7月3日那天下着雨,观众不可能像晴天那样肩并肩,如果按照晴天的标准控制客流,那么看完光影秀,观众身上也湿透了,因为别人雨伞上的水会滴到旁边人的身上。考虑到这个问题,有关部门在调度的时候为每个观众预留了雨伞的距离，将大堤上的瞬时客流控制在6万人以下。

地铁出站口共享单车的配置也令人暖心。如果天气好，乘客通常会选择离目的地最近的出站口。但如果碰到滂沱大雨，人们一定会选择少淋雨的出站口。因此出站口共享单车的投放量不能是一成不变的。光影秀期间，上海根据天气和乘客人数对共享单车投放量进行了动态调整。气象、公安、交通和共享单车企业通过数据共享、精准计算，更好地满足市民的出行需求。

这就是上海的数字化治理，一种以人民为中心的数字化治理。城市治理努力让市民感觉不到生硬管理的存在，但市民对城市的精准化服务是有感的，对美好生活的舒适度、安心度是有感的。这就是"有感服务，无感管理"。

面对超大规模、超高密度、超高速率、高复杂性、不确定性和交互效应，传统的人海战术已经力有不逮，必须综合运用大数据、云计算、物联网、区块链等现代信息技术，用数字化治理来提升城市治理能力，这就是城市运行"一网统管"。

所谓"一网统管"建设，就是以"一屏观天下、一网管全城"为目标，坚持系统治理、综合治理，运用现代信息技术，整合数据资源，构建系统完善的城市运行管理体系，建设城市运行数字体征系统，实现数字化呈现、智能化管理、智慧化预防，聚焦高效处置一件事，线上线下联动，部门互相赋能，做到早发现、早预警、早研判、早处置，在最低层级、最早时间，以相对最小成本，解决最突出问题，取得最佳综合效应。

上海市聚焦城市治理体系和治理能力现代化，从群众需求和城市治理突出问题出发，紧紧抓牢政务服务"一网通办"、城市运行"一网统管"两项"牛鼻子"工作，坚持用改革与技术创新破除体制机制障碍、破解发展难题，整体驱动城市治理模式变革、治理方式重塑、治理体系重构、治理能力升级，全力打造城市"数治"新范式。

上海市"一网统管"的建设，起步于上海市精细化管理的探索与实践。2017年3月，习近平总书记在参加全国"两会"上海代表团审议时指出，城市管理应该像绣花一样精细，要走出一条符合超大城市特点和规律的社会治理新路子。总书记的重要指示，对上海城市治理寄予了厚望。2017年9月，上海市浦东新区成立城市运行综合管理中心，建设浦东新区"城市大脑"系统，提升城市智能化治理水平。2018年11月，习近平总书记考察上海浦东新区城市运行综合管理中心，要求上海探索出一条中国特色超大城市管理新路子。为贯彻习近平总书记的重要指示精神，在浦东新区探索实践的基础上，上海市委、市政府要求在全市层面开展"一网统管"建设工作，并提出"一屏观天下、一网管全城"的治理愿景。

2019年11月，习近平总书记再次考察上海，指出上海要抓一些"牛鼻子"工作，抓好"政务服务一网通办""城市运行一网统管"。习近平总书记将"一网统管"定位为"牛鼻子"工作，这为上海城市治理指明了前进的方向。2020年1月，为更好推进全市的"一网统管"建设工作，上海市委批复同意组建上海市城市运行管理中心。2020年4月，上海市委、市政府召开全市"一网通办""一网统管"工作推进大会，对推进"两张网"建设提出明确要求。2020年5月，《上海市城市运行"一网统管"建设三年行动计划（2020—2022年）》正式发布。2020年9月，上海市城市运行管理中心指挥大厅正式投入使用，"一网统管"城运系统也实现了迭代升级，并在疫情防控、防汛防台、防范应对低温雨雪天气、应对大客流等工作中发挥积极作用。2020年底，上海市委、市政府发布《关于全面推进上海城市数字化转型的意见》，提出要统筹推进城市经济、生活、治理的全面数字化转型，深化"一网统管"建设。

上海市首创的城市运行"一网统管"建设实践，生动地彰显了超大城市精细化治理的上海方案，并正在从上海走向全国。2021年3月，"城市运行一网统管"被写入国家"十四五"规划。2021年4月，国家发展和改革委员会发布《2021年新型城镇化和城乡融合发展重点任务》，提出要全面推行城市运行"一网统管"，拓展丰富智慧城市应用场景。同时，各地也在密集推进城市运行"一网统管"建设，北京、广东、无锡、襄阳等省市都明确提出要大力推进"一网统管"建设。

上海市"一网统管"的建设，是运用大数据等现代技术手段提升城市治理能力的必然要求，是践行"以人民为中心"发展理念的重要抓手。正如时任上海市委书记李强指出的，要深入贯彻落实习近平总书记考察上海重要讲话精神，认真践行人民城市重要理念，把治理数字化作为推进城市治理现代化的关键路径，以完善和用好城市运行数字体征体系为重点，全面提高治理数字化水平，努力打造更具活力、更有竞争力的数字生态系统，实现高效能治理、彰显善治效能，谱写新时代"城市，让生活更美好"的新篇章。

"一网统管"背后的治理哲学

城市运行"一网统管"基于城市是有机体、生命体的理念，力图回答好如何"高效处置一件事"这个城市治理的"元问题"。现代城市治理最大的痛点和难点，就是事与权的不匹配，事件往往不是按照部门职能分工的分类逻辑发生的，一个事件可能横跨多部门、多区域、多层级，让碎片化的城市治理体系无从应对，这就需要围绕事件进行高效的协同处置，城市治理迫切需要从部门化运作迈向平台化运作。

"一网统管"的核心功能是"高效处置一件事"，而要做到这一点，关键在于打造一个标准化、集成化的数字底座。在这个共同的底座上，以大数据为燃料，以数字化技术为发动机，驱动城市资源和要素的高效运营。这样一来，城市治理就是以事件为牵引、以数据为驱动，也就打破了部门之间的信息壁垒和职能缝隙。需要强调的是，"一网统管"不仅仅是一种技术治理，其背后还有一整套治理哲学。

1. 整体主义的数字化治理。"一网统管"要实现整体政府的目标，即政府的平台化运作。而政府的平台化运作，是人才、组织、信息与技术不断碰撞交融的结果。"一网统管"不仅推动了城市治理体系和治理能力的现代化，也推动了公共管理人才的迭代，一批批既懂技术又懂治理的"跨界人才"不断涌现。在平台和技术的加持下，城市治理问题发现率不断上升，事件处置率不断提升。需要指出的是，"一网统管"的数字化治理是基于专业主义的整体主义，不包办、不代替职能部门的工作，充分尊重公共管理的专业性。

2. 风险预警的数字化治理。城市治理理念的整体变革，不再是单向管理，而是进化为政府与市民共同完成的风险管理，实现态势感知，预防风险，减少危机管理需求。譬如，虹口区北外滩街道云舫小区采用无人机对岚桥大厦进行"体检"，通过红外感知系统检测外墙是否存在空鼓。一旦发现问题，立即把数据传输至相关部门，相关部门随即开展修复工作，排除高坠隐患。除无人机外，该小区一共安装了19个类别1 000多个物联感知设备，包括门禁、红外传感器等，社区管理者通过一屏就能直观了解小区各项"生命体征"。

3. 以人民为中心的数字化治理。坚持价值判断优先，而不是技术判断优先。上海市市长龚正提出：持续推进政务服务"一网通办"和城市运行"一网统管"迭代升级，是为了"积极回应群众多层次、多样化需求，促进公共服务体系更加完善，全面提升城市治理现代化水平"。如果按照技术判断，99%或者99.9%的用户满意度就已经接近尽善尽美了；而依据价值判断，数字化治理不是只服务大多数人，而是关注每一个人，每一个少数群体。"一网统管"就是one net for all，即为了所有的市民，这就是人民城市的理念。硬实力能够让城市变得强大，而只有软实力才会让一个城市变得伟大。人民至上不仅强调"服务人民"，也同样强调"人民之力"；人民至上不仅需要坚持包容性，也需要坚持参与性，让市民更加深入、广泛、便捷地参与城市治理。譬如，城市运行数字体征系统除了依靠近1.8亿个智能传感器的数据外，也离不开12345热线、"随申拍"等市民广泛参与的渠道。这些数据从后台汇聚到数字体征中，形成了强大的发现和处置机制。

4. 基于韧性城市的数字化治理。上海力图从源头上打造城市韧性，在机器学习的基础之上，结合大数据、人工智能等技术的赋能，更好地预测城市要发生什么，从而更好地对资源进行整合，防患于未然。譬如台风等极端天气情况下，轮渡无法航行，非机动车无法过江，上海会启动应急预案，在过江隧道实施机动车与非机动车分时段通行，两辆警车在非机动车车流前后护航，形成封闭的安全空间，护送非机动车过江。

5. 法治导向的数字化治理。现代治理是规则之治，数字化治理是法治规则下的制度创新与技术创新的结合。"一网统管"旨在以数字化治理推动城市治理现代化水平的全面提升，需要兼顾城市的安全与韧性，打造国际数字之都，引领城市治理的潮流。一方面，城市安全需要韧性的支撑，需要灵活性与敏捷性；另一方面，城市安全需要筑牢法治的底线，这离不开每一位公职人员、专业人员和普通市民的规则意识。譬如，数字化治理需要数据共享，但同时也必须保障数据安全，在为广大市民创造最大便利的同时，也需要切实保护他们的个人隐私。

当下，上海已经初步建成一个涵盖政府、企业、市民、科研院所的开放数字化生态系统，为广大市民提供普惠性和定制化的公共服务，实现了城市治理体系"可编程"，治理模式"可计算"，治理效能"可感知"，让市民感觉更安全，城市运行更有序，城市生态更健康，城市共同体更有温度。

以"一网统管"为代表的治理数字化本质上是政府的数字化转型，运用现代科技手段，不断推动城市治理迈向科学化、精细化、智能化。需要指出的是，"一网统管"并不是基于技术理性，而是由"人民城市"价值引领与"智慧城市"技术迭代双轮驱动的结果。

"一网统管"不仅仅是对政府运行的技术性变革，还是以数字化技术倒逼体制机制改革，倒逼体系重构和流程再造，推动整体性转变、革命性重塑、全方位赋能，实现城市治理由人力密集型向人机交互型转变，由经验判断型向数据分析型转变，由被动处置型向主动发现型转变，努力绘就数字孪生无处不在、生命体征无所不知、智能监管无时不有、精准服务无处不享的城市治理新蓝图。

"一网统管"背后的治理哲学，就是将城市视为生命体、有机体。超大城市治理不再是经验主义的，而是基于城市的生命体征，建立一套城市体征指标体系，及时发现病灶、找出病因、对症施治，致力于把影响城市生命体健康的风险隐患察觉于酝酿之中、发现在萌芽之时、化解于成灾之前。

建设线上线下整体性政府

上海"一网统管"的实践启示我们：数字化治理离不开线下治理的支撑，"一网统管"需要线上政府与线下政府的有机整合、良性互动。虽然"一网统管"作为新生事物，依然处在探索和起步阶段，离人们对于数字化治理的期望还存在一定差距，但是，数字化治理代表了城市治理的未来样式。要顺利推进"一网统管"，使其达到理想的治理效果，需要特别注意以下几个方面：

第一，"一网统管"需要有一个综合性、专业化的机构作为牵头单位。"一网统管"实质上是对传统行政管理模式的变革以及管理流程的重塑，实际工作中推进阻力大、困难多。尤其是作为应用场景建设的主体，目前仍有部分委办局、单位对此项工作认识不深、重视不够，对本条线应用场景开发、数据归集、业务流程优化等工作缺乏主动性、积极性，一定程度上影响了"一网统管"的建设进程。如何通过体制机制的完善有效激发职能部门参与"一网统管"建设的主观能动性，积极构建经济治理、社会治理、城市治理统筹推进和有机衔接的治理体系，成为当前深化"一网统管"工作的主要难题。

第二，"一网统管"本质上是对政府职能的系统集成与整体优化。数字化治理和"一网统管"不是部门职能，而是对部门职能进行有机整合，打造一个用户友好的整体性政府。"一网统管"的顶层设计尤为重要，需要制定城市运行智能化管理战略和发展规划，研究制定标准规范，加强对城市运行状态的监测、分析和预警，健全分层分类指挥处置体系，统筹协调重大突发事件应急联动处置。

第三，"一网统管"需要形成协同治理的平台组织。城市运行管理中心的设立，旨在实现政府的平台化运作。城市治理涉及大量跨部门、跨层级、跨区域的事项，在条块分割的体系下无法实现高效处置一件事，为此就需要由平台组织打破传统的职能分工，围绕"高效处置一件事"进行流程再造，使部门化运作与平台化运作相得益彰。

第四，"一网统管"需要高效的基层治理作为基础。"基层不稳，地动山摇。"无论是日常的社会治理，还是疫情防控等应急管理，都离不开有效的基层治理。当前的城市基层社会正在经历重大的变化：一是随着经济社会的发展，市民的素质越来越高，眼界越来越宽，改变了中国传统社会中公职人员个人素质与社会资源通常高于管理对象的局面，见多识广、信息灵通、人脉发达的市民对城市公共服务和公共管理提出了更高的要求。在基层治理中，市民既可能是主张私人领域自主性的"个体主义者"，也可以是积极参与社区公共事务、提供志愿服务的"社群主义者"，关键在于畅通基层治理的参与机制。二是治理资源的社会化与分散化。在市场化程度越来越高的情况下，治理的资源不再集中于政府，而是广泛分布在市场组织、社会组织、家庭中，基层治理不能仅仅依靠公共资源，也要善于动员市场的力量、社会的力量、家庭的力量，将工作对象转化为工作力量。三是小区的形态向社群的形态转变。小区形态中的邻里关系是疏离的，是基于产权的陌生人集合体；而社群形态中的邻里关系是亲密的，是基于情感和认同的熟人/半熟人共同体。在应急管理中，居委会等基层组织掌握的资源是有限的，但通过业主群、志愿者群等网络社交平台，社群可以被迅速动员起来。"一网统管"的良好运行，既需要数字技术为基层减负赋能，提高基层的应急处突能力，也需要基层为"一网统管"平台提供一手的鲜活数据，敏捷的现场处置。

  "一网统管"不是一个现成的解决方案，而是以超大城市为情境来探索国家治理体系和能力现代化，为城市治理打开更大的可能性；"一网统管"不是简单地将数字技术应用于政府治理，而是以技术应用为契机推动政府职能优化和流程再造，让每一个市民有更大的获得感、幸福感和安全感。超大城市是有机体、生命体，是一个复杂巨系统，这就决定了"一网统管"不可能毕其功于一役。无论是从学术研究还是从政府创新的角度看，上海都为数字化治理提供了一个内容鲜活、层次丰富的案例，我们期待在其中发现超大城市治理的内在规律，让数字化治理与我们的城市一同进化，共同成长！

第一部分
必须寻找出路

第1章
超级不确定性来袭

胡业飞　张怡梦

1.1　超级不确定性：超大城市运行的根本特征

无论上海、北京，还是伦敦、巴黎，所有的超大城市都正在面临"超级不确定性"。

就像习近平总书记2017年1月在联合国日内瓦总部的演讲中指出的："当今世界充满不确定性，人们对未来既寄予期待又感到困惑。世界怎么了、我们怎么办？这是整个世界都在思考的问题，也是我一直在思考的问题。"

习近平总书记这段话提示我们：在超大城市的运行中，超级不确定性是一个根本特征。超大城市的规模、速度、密度、复杂性和交互性，共同造就了自身的超级不确定性。

不过，从情感上讲，在超大城市中生活的人并不欢迎超级不确定性。相反，人类更加偏爱确定性。

什么是确定性？它指的是，在一定条件下，自然界与人类社会中的事物，其状态、过程、范围、结构、功能和规律在过去、现在与将来都存在唯一性的指向和描述。人类显然希望对自然界的上述情况加以掌握，特别是其中的因果规律。

相比不确定性，人类更热衷于获得确定性。古希腊伟大的唯物主义哲学家德谟克利特（Democritus）曾经这样称赞人们对于确定性因果规律的追寻："只要找到一个事情的原因，就胜过当上波斯人的国王。"①

法国物理学家拉普拉斯（Pierre-Simon Laplace）也是坚定的确定性因果规律的追寻者，他被认为是明确提出"机械决定论"的先驱。拉普拉斯认为，如果给定宇宙在某一个时刻的状态与条件，且如果人类实现了对宇宙定律（因果规律）完备集合的了解，那么宇宙的过去和未来也能够完全被确定下来。

简言之，在这个世界中，人们希望确定性是可以被追寻的，期待过去能够完全解释现在，现在的努力又能完全决定未来。人类的这种逻辑从亚里士多德、柏拉图时期一直延续到笛卡尔、爱因斯坦时期乃至今日。

长久以来，人类偏向于相信自然原理是基于"必然性"而存在的，这也构成了人类对确定性的"崇拜"。②

然而，随着数学和自然科学的持续发展，客观世界中不确定性的普遍存在日渐显露。

不确定性是人类对自然事物某些状态、过程、范围、结构、功能和规律无法掌握的状况。如果说确定性是事物状态、结构与规律

---

① 北京大学哲学系外国哲学史教研室. 古希腊罗马哲学[M]. 北京：商务印书馆，1961：103.
② 霍金，蒙洛迪诺. 大设计[M]. 吴忠超，译. 长沙：湖南科学技术出版社，2011：26.

的唯一性指向和描述，那么不确定性就否定了这种唯一性，无论是在过去、现在还是未来。

人们逐渐意识到，不确定性的存在比确定性的存在更为基本，甚至存在于这个世界最为基础和根源性的物质结构之中。[1]

我们都知道，世间的物质都是由分子组成的，而分子又都是由质子和电子构成的。20世纪人类物理学最震撼人心的发现之一，就是证明了电子这样的基本粒子以不确定性的方式发生着运动。

1926年，德国物理学家马克斯·玻恩（Max Born）提出了一个重要的观点，这个观点被人们描述为"将骰子扔进了物理学的大厦"。玻恩指出，像电子这样的微观粒子，人类尽管可以预言它落在某一个地点上的概率（例如，落在这一片区域的概率是80%，而落到另一片区域的概率只有20%），但究竟它会落在哪里，人类是无法确定的。[2]

德国物理学家沃纳·海森伯（Werner Heisenberg）则在1927年发表了著名论文《量子理论运动学和力学的直观内容》，提出了"不确定性原理"，即同时测准粒子的速度与位置是不可能的。

当然，还有那只最为知名的、由奥地利物理学家薛定谔（Erwin Schrödinger）描述的猫：只要不打开藏着那只猫的箱子，猫的生死就可以处在一个不确定的叠加态之上。

无论是玻恩、海森堡还是薛定谔，他们复杂且高深的自然科学研究成果，都给了人们一个简单且直白的重要提示：完全的"决定

---

[1] 李坚. 不确定性问题初探[D]. 北京：中国社会科学院研究生院，2006：1.
[2] 曹天元. 上帝掷骰子吗？量子物理史话[M]. 北京：北京联合出版公司，2013：153.

论""宿命论"已然破产，不确定性是这个世界一个基本的、不可回避的性质。①

于是，当人类意识到不确定性是存在于一个国家、一个城市、一只猫乃至一个微观基本粒子之上的世界底层逻辑时，我们也就能够理解，超大城市为何必然会面临超级不确定性的来袭。

在超大城市这个动态生命体之中，由亿万微观粒子构成的个人、组织、自然与社会事物汇聚在一起，并时刻发生互动，其结果就不是仅仅将众多微小不确定性加总，而是将不确定性指数级放大，最终形成超级巨大的不确定性。

超大城市面对的超级巨大的不确定性，既存在于人、存在于物，也存在于超大城市所处的环境。

超大城市诞生的那一天，超级不确定性就已然来袭。

1.2 超大城市中人的超级不确定性

超大城市面临的超级不确定性，首先源于人。

人是城市化的原因，也是超大城市的基本组成部件，更是让城市成为有机体的关键因素。个人行为产生的结果与其所在城市的运转状况紧密联系在一起。当我们追溯超大城市的超级不确定性的源头时，很多时候我们会发现，其来源就是人。

源于人的第一个超级不确定性，是人的意识支配下的行为选择。

我国清代思想家黄宗羲在其文章《兵部左侍郎苍水张公墓志

---

① 霍金. 时间简史：插图版[M]. 长沙：湖南科学技术出版社，2002：72.

铭》中贡献了一个耳熟能详的成语：人心莫测。尽管这个成语往往带有贬义，但事实上它揭示了一个基本的道理：作为拥有独立意识和自主行动选择能力的个体，人的意识以及意识所指挥的行为选择，无法被外界全盘规划与完全了解，存在天然的不确定性。

剔除其负面含义，"人心莫测"指向的客观规律，至今一直存在。很多人也曾经期待，随着教育水平的提高和科学知识的普及，城市人的意识流向与行为选择将更具有确定性与规律性。

事实却相反。虽然超大城市的诞生帮助人们吸收了海量信息（尤其是科学技术信息），消除了一部分人理解世界时产生的困惑，也消解了人们对世界的部分未知，然而，人们看到了一个更加复杂、更加变幻莫测的现实社会。甚至，在信息过载、信息鸿沟现象发生之时，这些现象加剧了部分人对于城市的误解，并以更快的速度创造出新的不确定性。[1]

因此，超大城市的治理，就是要坦然接纳人的不确定性。

具体而言，超大城市不能仅仅为应对人的常见行为选择而做准备，而是要充分预料到，每个个体都有可能在不确定的时间点上做出不确定的、超出常见行为框架的行动。

在这方面，城市的轨道交通安全维护就是一个典型场景。

2021年12月，江苏省淮安市的高铁站内，一名正在等候高铁列车进站的男子突然越过黄色安全线向铁轨内吐痰。为了避免这名男子被高铁列车行驶过程中产生的气压差卷入轨道从而发生危险，正在进站阶段的高铁列车不得不采取紧急制动措施。

---

[1] 斯万·欧维·汉森. 知识社会中的不确定性[J]. 国际社会科学杂志（中文版），2003（01）：36-44.

虽然该突发情况最终没有酿成严重的事故，我们也无法得知这名男子在高铁列车进站时突然越过黄色安全线的行为动机，但从结果看，这名旅客的举动还是造成了列车晚点。①

类似的情况也会发生在超大城市的地铁运行中。例如，在站台等车的乘客可能失足跌入轨道，或者乘客携带的物品不经意间掉入轨道等。特别是，有些地铁月台和轨道之间是开放式的，除了月台上一条起警示作用的黄色标识线外，没有实体阻拦物。那么，在地铁运营过程中，月台上的旅客很有可能因为种种难以被城市管理者预判到的原因（例如，出于猎奇心态或者单纯地没有注意到警示线）而靠近铁轨，进而带来潜在风险，甚至酿成重大事故。

2004年，为了避免这种潜在危险的发生，广州地铁1号线成为中国首条安装屏蔽门系统的城市轨道交通项目。② 随后，全国各地的地铁线路都开始加装实体屏蔽门，将月台和轨道分隔，以防止危险的发生。屏蔽门的安装，正是认识到人行为选择的不确定性，预先将乘客和轨道从物理层面分隔，从而减少个人行为选择的不确定性给地铁运行带来的危险。

源自人的第二个超级不确定性，是人的行为可能带来各种具有不确定性的结果。

2021年11月25日，上海市卫健委发布消息，通报上海新增3例新冠肺炎本土确诊病例。调查发现，这3名确诊病例是朋友关系，在11月19日至21日共同到苏州游玩，经判断，3名病例间有明确流

---

① 江苏新闻. 事发淮安东站！男子越过站台安全线吐痰 逼停进站列车被罚二百[EB/OL].（2021-12-18）. https://view.inews.qq.com/a/20211218A05NSZ00.=spider&for=pc.
② 新华网. 中国首次为正在运营的地铁线路加装屏蔽门系统[EB/OL].（2004-04-06）. https://news.sina.com.cn/c/2004-04-06/09562237692s.shtml.

行病学关联。

这一事件产生的影响不仅在上海市内。在上海通报新增确诊病例后，为了防止疫情外溢，与这3名病例有流行病学关联的苏州、徐州、杭州等地也陆续发布通告，进行相关排查和检测工作。

此外，由于这3名确诊病例的密切接触者的行动轨迹涉及复旦大学江湾校区、浙江大学紫金港校区，所以这两所高校采取紧急措施进行校园封闭管理，并对可能存在风险的相关师生集中隔离并开展核酸检测。两所高校师生凌晨排队参加核酸检测的照片，成为当时网络的热门话题。

这就是一个典型的行为结果不确定的例子：由于新冠病毒感染存在潜伏期，这3名游客无法预知自己会感染病毒，其出游的行为也是合理的，但其后续影响是未知的。

这个例子体现的是人的行为后果给超大城市治理带来的超级不确定性。人的很多行为看上去是没有危害甚至是安全的，这些行为背后的动机也可能是正常的。然而，这些行为依然有可能引发意外后果。

就像在这次新冠肺炎疫情中，人的正常流动行为可以使人作为病毒的载体，将病毒携带到外地，使原本正常的行为带来不确定的后果。

美国气象学家爱德华·洛伦兹（Edward Norton Lorenz）提出了人们耳熟能详的"蝴蝶效应"。他说："一只南美洲亚马孙河流域热带雨林中的蝴蝶，偶然扇动了几下翅膀，却可能在两周以后引起美国得克萨斯州的一场龙卷风。"[1] 把小巧的蝴蝶换成一个身形更

---

[1] 徐泽西."蝴蝶效应"和"混沌理论"[J].百科知识，2009（12）：19.

为庞大、行为选择更加多样的城市人，那么其任何举动，都有可能预示着超级不确定性的来袭。

毫无疑问，人就是超大城市中超级不确定性的来源之一。

1.3 超大城市中物的超级不确定性

超大城市是现代社会发展壮大的产物，其超大规模不仅体现在居民与人口流动的数量方面，还体现在城市物资、设备、设施数量与流通规模等方面。

随着科学技术的高速发展，超大城市形成了前所未有的庞大的电网、水网、燃气网、公路网、铁路网，建设了星罗棋布的4G/5G通信基站，有着数以百万计的交通运输工具。

这些超大城市中的"物"，同样也是超级不确定性的来源。

某年8月，一声巨响划破国际知名港口T港宁静的夜空，同时一团蘑菇云伴随着刺眼的光芒腾空而起。T港附近很多居民被剧烈的震动惊醒。在人们怀疑是不是发生地震的时候，蘑菇云产生的冲击波已将许多玻璃震碎。短短十余秒后，又一道刺眼的光照亮整个天空，另外一团蘑菇云随之升起，这便是震惊全国的T港爆炸事故。

根据政府发布的T港特别重大火灾爆炸事故调查报告，T港这次爆炸共造成165人遇难，8人失踪，近800人受伤，300余幢建筑物、1万多辆商品汽车、7 500余个集装箱受损。

为什么一个城市的港口会突然发生这么重大的灾难？经过调查，灾难发生的原因是T港区危险品仓库集装箱内的硝化棉由于保护措施失灵，在高温天气等因素的作用下分解放热，积热自燃，引起相邻集装箱内的硝化棉和其他危险化学品大面积燃烧，最终导致堆放于整个港口运抵区的硝酸铵等危险化学品发生两次爆炸，造成巨大的人员伤亡和财产损失。

这是一个惨痛的城市中由"物"引发超级不确定性的例子。硝化棉作为一种化学性质不稳定、受热可能发生自燃的化学物质，在保存过程中需要采取相应的防护措施。但是在T港爆炸事故中，一连串不确定性的事件接连发生，最终酿成了重大灾难：

——由于存放时间过久、看管人员疏于检查等各种原因，集装箱内硝化棉的保护措施失灵。

——当地气温连续多日保持在较高水平，集装箱内失去保护的硝化棉在热量大量积聚后发生自燃。

——火势在夜间刚起来时并没有被管理人员发现，同时也没有相应的报警设备发出警报，随着时间的流逝火势越来越大，并蔓延至相邻集装箱。

——该片区域集中存放了大量化学试剂，相邻集装箱中存放的也是硝化棉和其他易燃的危险化学品。在这些化学品的助燃作用下，火势愈发猛烈而且蔓延至更多地方。

——硝酸铵是一种化学性质比硝化棉更活泼的物质，在火焰的吞噬下，港口贮存的硝酸铵受热发生爆炸。由于港口贮存的硝酸铵是用于工业生产，所以硝酸铵的储备量巨大，在火焰的作用下，硝酸铵发生了两次爆炸，波及港口外的相邻区域。

面对这一重大事故，许多人追问：为什么要在港口堆放这些危险化工产品？

实际上，化工产品是超大城市运行不可或缺的物资。在这起事故中最初发生自燃的硝化棉在油墨、皮革等日常用品生产中占据重要地位；造成爆炸的硝酸铵则是杀虫剂、冷冻剂和化肥生产的重要原料之一。

可以说，这些化学品的存在，极大地丰富了我们的生活。现代社会的大厦正是建立在对化学品的使用之上。我们不能因噎废食，但是应当从这次重大的爆炸事故中意识到：超大城市运行所必需的许多物资都有着潜在的风险，这是超大城市治理必须注意到的超级不确定性来源。

并不是只有那些有着潜在风险的物资才蕴藏着不确定性。超大城市中，许多没有公害风险的基础设施，依然存在一系列的不确定性，这些不确定性也可能引发重大的突发事件。

2021年12月19日，H省E州一座大桥突然发生侧翻，桥面上行驶的车辆和途经的行人随着侧翻的桥面一同坠地，造成极其严重的后果。在后续的事故调查过程中，调查人员查明，这起事故是由一辆超载货车造成的。

一辆货车，居然能够引发一座大桥的侧翻？

这可能超出了很多人的想象。但实际上，非专业人士不了解的是，在现实生活中，巨型的运输工具虽然表面上不像危化品一样存在潜在危险，但是由于其体积和重量巨大，因此运输过程中如果对这种性质不加以注意，就很有可能造成不确定性事件乃至重大危险。

陆地与海上的巨型运输工具一直在社会中扮演着重要角色。通过新闻，我们经常能够看到火车将我国的火箭运往发射基地，或者万吨货轮运载密密麻麻的集装箱劈波斩浪，从中国起航驶向国外的广袤市场。

对于超大城市而言，许多工业生产所必需的零部件往往体积很大，在运输时，需要用到火车或者半挂货车，这就为超大城市带来了不确定性因素。

H省E州的大桥侧翻事故正是这样一个案例。事件涉及的车辆负责向一家企业运输一种超大型号、超大重量的工业生产零部件。该运输车辆按照相关法律法规，于12月10日在H省省外某地办理了超限许可证，车货总重198吨，其监护方式为自行监护，并申报了拟定的通行路线。但相关部门调取事发车辆行车轨迹后发现，大货车并没有按申报的路线行驶，而是继续往H省方向行驶。由于省界之间没有收费站，所以它在行驶过程中更改路线的行为并未被管理人员发现。

这辆大货车的重量虽然在进入高速公路时符合规范，并进行了报备，但其重量明显超出了H省境内部分道路对于运载车辆的限重要求。特别是，E州境内发生侧翻的那座桥梁采用了独墩设计，因而，单向通车时车辆限重为40吨。可想而知，当这辆总重198吨的大货车，通过限重为40吨的独墩桥时，桥梁发生侧翻的可能性大大提升。

可见，本案例中的桥梁侧翻事故并不是因为货物本身具有危险属性，而是因为在运输过程中人们并没有完全遵守流程规范，没有意识到这也是超级不确定性的来源，这种不确定性被放大从而引发重大事故。

此外，城市基础设施也持续以不同的速度发生着老化与折损。这也为超大城市带来了不确定性。

2016年6月21日，香港牛头角道一处仓库冒出浓烟，由于仓库中有多达200个摆放了货物的货架，所以火势很快变大，浓烟使能见度降至不足5米。仓库所在的大厦修建已久，并没有安装洒水系统,狭窄的通道更增加了现场救火的难度。

经过300多名消防员一天的辛苦扑救,火势在22日终于有所减弱。但是,经过一天的高温炙烤,大厦的混凝土结构强度降低,并且大厦外墙出现剧烈渗水以及龟裂的现象。由于在火灾发生时当地风力较大,因此火灾历经108个小时才最终被完全扑灭。最为令人惋惜的是,在救火过程中,共有2名消防队员以身殉职,还有12名消防队员受伤。

究竟为什么会发生这样一场严重的火灾?在后续调查火灾起因的过程中,调查人员得出结论:这场大火是由仓库中一台冷气机漏电造成的,火焰沿着走廊中的通风管路引燃仓库中堆积的货物,最终在整幢大厦中蔓延。

香港牛头角道的这场大火,是典型的建筑设施老化导致的不确定性漏电事件,最终引发火灾。这也提示超大城市的治理者,在城市治理过程中需要直面建筑设施的不确定性,防止建筑设施本身和相关情况带来的不确定性危险。

进一步来说,城市物资与设施构成的复杂系统,还包含了许多超出现阶段人们认知范围的不确定性。

2021年5月18日,位于S市的G大厦突然发生晃动。作为一座高度近300米、曾是S市第三高的摩天大楼,G大厦的晃动引发了大厦内部人员的紧张,也引起了S市当地居民和新闻媒体的高度关注。

据工作人员反映,G大厦的晃动在5月18日前已发生多次,而18日上午的晃动导致大厦内所有人员紧急撤离,各出入口也被封闭,下午大厦的晃动甚至可以在外面用肉眼观察到。

在接到相关通报后,G大厦所在区政府立即启动应急响应预案，S市相关部门也组织专家到现场对G大厦进行相关安全检测。

据新闻报道，经专家现场勘探和会商研判，当地政府出具了一份初步调查报告并得出以下结论：

一是S市G大厦系上下震颤，而不是左右摆动；

二是大楼周边场地未见地面开裂情况，未见幕墙板块脱落损坏，G大厦主体结构是安全的，内部结构坚固，各种附属设施完好；

三是造成震颤的原因是多种因素耦合，主要是风的影响，还有地铁运行（两条地铁从楼下经过）和温度的影响（近两天气温升高，温差达8℃，对钢结构影响较大）。

这一案例表明：人们对城市中的物资与设备设施状况无法做到完全了解，而超级不确定性就可能蕴藏在城市的"物"中。

1.4 超大城市所处环境的超级不确定性

超大城市并不是一个孤立存在的系统，它与其所处的自然环境紧密联系在一起。因而，超大城市治理面临的超级不确定性，还源于城市本身所处的环境。

相比城市中的人和物，环境是包裹着城市系统的更大系统，包含更多的自然因素，其带来的超级不确定性也往往有着更为庞大的规模效应。

强对流天气是超大城市环境中超级不确定性的一个典型案例。相较于普通降水，强对流天气带来的降水具有突发性，城市在日常治理中采取的防范措施受到成本等因素的制约，不能有效应对这种偶然发生的、极端的状况。在日常防范措施不能有效发挥作用时，如果对强对流天气的响应、应对措施再有不当之处，后续还会引发城市内涝，造成次生灾害。

某年夏季，N省Z州出现了罕见的持续强降水天气，这场强降水天气波及的地区从Z州逐渐向周边扩散，强降水过后的城市内涝更加剧了这场自然灾害带来的严重后果。

当年7月中旬开始，N省全省连续出现暴雨、大暴雨等极端天气。短短24小时，全省降水量超过400毫米的站点就有43处。7月20日16时到17时，Z州1小时降水量超过200毫米。整个降水过程从17日开始一直持续到23日，到23日0时，Z州市政府将防汛应急响应从Ⅲ级下调至Ⅳ级，方才标志着本次强降水过程告一段落。

虽然Z州在进行城市规划和建设时建有完备的排水管网，但是面对这次超过设计流量的强降水天气，整个排水管网一时间也无法将积水及时排出，地铁线路被淹，地面隧道封闭，地面交通暂停运营，各个社区成为一片汪洋中的孤岛。

此外，还有部分地铁列车也因为极端天气而被迫停靠，个别列车还出现了长时间断粮断水、急需救援的状况。其中以地铁5号线最为典型。虽然在建设地铁5号线时，施工方参考了当地气象部门监测的降水资料来进行防洪设计，但是7月20日的暴雨发生时间短，降水量远超往年水平，所以常规的防汛措施大部分失效。外加地铁5号线横穿亚洲最大的编组站Z州站，其地势低于周围，这就导致大量雨水迅速汇集，并冲垮挡水墙进入地铁运行区间。

面对漫过轨道的积水，一趟正在5号线上运行的列车被迫停靠在两个站台之间，500余名乘客被困。即便列车运行方迅速启动应急措施，将列车临时停靠并组织乘客有序撤离，但是积水汇聚的速度远超预期，撤离行动被迫中止，乘客和列车乘务人员不得不返回车厢等待救援。

从当日18时列车终止运行，到21时所有乘客被救援人员转移至安全地带，在这危急的3个小时内，乘客遭遇了手机停电失联、车厢氧气不足、积水漫过胸口等各种危急状况，部分老弱幼孕乘客还出现了体力不支等情况。在乘客积极进行自救不成功，转而选择在列车内等待救援的同时，Z州的消防救援、公安干警、解放军指战员等救援队伍也在地铁员工的帮助下，开始对被困人员实施救助。

21时，消防救援队伍终于在列车顶部开凿通道，将被困乘客从缺乏氧气、充满积水的车厢中救出，并陆续转移到安全地带。虽然经过紧急救援，大部分乘客被安全转移，但仍有14名乘客经抢救无效不幸罹难。

事后，根据官方调查报告，这次特大暴雨是在西太平洋副热带高压异常偏北、夏季风偏强等气候背景下，同期形成的2个台风汇聚输送海上水汽，与N省上空对流系统叠加，遇伏牛山、太行山地形抬升而形成的一次极为罕见的特大暴雨过程，对N省全省造成严重冲击。

这次特大暴雨体现了自然环境的超级不确定性。然而，这场灾难也体现出城市对这种超级不确定性的认识准备不足、防范组织不力、应急处置不当。

有时，源自环境的超级不确定性不仅会在一个地区体现，还有可能对更远的其他地区产生延伸性的巨大影响。

某年，中国南方遭遇罕见的降雪天气，这场灾害就给常年温暖的G省G州市带来了一次巨大冲击。当时，因为这场罕见的强降雪天气，南方许多地区都受到不同程度的影响，许多电塔、输电线路被积雪压塌，铁路和公路上布满厚厚的积雪和坚冰。

在这种情况下，暂停铁路运输、加紧道路抢险维修是唯一的应对之策。为了保障安全，铁路部门不得不临时取消了多趟列车。

然而，当时正值春节前夕，G州火车站宽敞的广场上挤满了准备回家的外出务工人员。往年，虽然春运阶段也会出现拥挤的情况，但这一年G州火车站格外拥挤，只见有人不断涌入，却不见有人离开。尽管车站喇叭不停循环播放着"留在G省就地过年，G省也是你们的家"，但携带大量行李的归乡民众还是持续地汇聚到火车站及其周边地带。

当火车站广场上的旅客得知列车全部停运的消息后，他们并没有选择从火车站离开。这可能是因为，暴雪在G州乃至南方是极为罕见的，这种情况让汇集在火车站的旅客难以相信，也没能了解更详细的情况，因此他们选择滞留在火车站，试图等待情况的变化。

随着人数的增加，G州火车站仿佛变成了一口压力锅，其中是数以万计、情绪激动的乘客。

面对寒冷的天气以及不知何时才能恢复的列车，任何一点摩擦都可能导致人群情绪的爆发。从1月25日起，11天时间内共有超4万名警察到车站维护治安，他们彼此挽着胳膊组成三道人墙，尽管收效甚微，但只有这样才能让激动的人们保持理智。

终于，在2月1日，经过铁路部门和电力部门的紧急抢修，部分列车可以从G州火车站出发了。就在大家以为能松一口气的时候，人群突然变得更加躁动，因为每个人都希望能够出发的是驶向自己家乡的列车，也希望自己可以尽快从火车站离开。在这种急切情绪的刺激下，本就拥挤不堪的人群中发生了踩踏事故，最终造成一名年轻姑娘失去了宝贵的生命。[1]

这场罕见大暴雪作为一起突发事件，虽然没有直接袭击G州，但是它带来的"蝴蝶效应"是G州当地政府与群众没有预料到的。可见，超大城市环境带来的超级不确定性既可能直接对超大城市治理提出挑战，又可能通过后续的延伸效应考验一座城市的治理能力。

1.5 超大城市治理：在超级不确定性中追寻确定性

2020年4月，时任上海市委书记李强在调研市城市运行管理中心时强调，超大城市治理要聚焦"人、物、动、态，充分掌握城市基本体征"。"人、物、动、态"正是反映了超级不确定性的几个主要来源，包括超大城市中的人、物以及所处的环境系统。

超级不确定性的存在，是超大城市治理不可回避的约束条件。我们甚至可以说：超级不确定性的来袭，是超大城市治理必然要面对的"确定性"。

当然，超大城市中的人们能获得的确定性不止如此。

事实上，不确定性存在的必然性，不能掩盖确定性的存在。人们需要认识到，不确定性与确定性是客观世界中同时存在的两类现象。[2]

像电子运动这样的个别微观过程，其发生及结果完全是随机

---

[1] 南方都市报. 广州站公布最新乘车安排 各方指示严防伤亡[EB/OL]. (2008-02-03). http://news.sohu.com/20080203/n255048165.shtml.

[2] 关洪, 成素梅. 决定性、规律性和因果性辨析——兼评《决定论的历史命运》一书[J]. 自然辩证法通讯, 1998 (04): 69-75.

的，可以被认为是一种彻底的不确定性。然而，无数个微观事件的结果汇聚起来，在总体上就会体现出一定的统计规律。同时，相较于这一统计规律，个别观测也会存在服从某种定律的统计偏差。

正如法国物理学家德布罗意（Louis Victor Duc de Broglie）提出的"波粒二象性"，所有的粒子都可以部分地以粒子的性质来描述，也可以部分地用波的逻辑来描述。

不确定性与确定性，正是宇宙中万物的一体两面，不可分割。

同时，面对超级不确定性的来袭，我们依然要回到人们的底层偏好之一，即对确定性的偏爱。这种偏爱驱动着人类一直追求确定性，即使确定性是相对存在的。

人类社会的运转离不开确定性。当我们明确地相信，明天太阳将照常从东方升起时，我们才会在夜晚安然地睡下，并且为第二天的工作与生活做出安排。而当我们难以确定自己的考试成绩或者心仪对象的真实心意时，我们则会感到紧张、惶恐与不安。

正如唐代诗人卢照邻写道："草色迷三径，风光动四邻。愿得长如此，年年物候新。"当诗人看到美好的景象，却又无法确定能否重逢这良辰美景时，便会从心底发出有关确定性的由衷祈愿。

不仅对于个体，确定性对于更大层面的群体而言也是意义重大的。在古代，人类一直坚持为世界与人类的起源寻求一个确定性的解释。

例如，在我国，盘古开天辟地是神话故事中对世界起源的解释：盘古的躯体化为世间万物，他呼出的气成为风云，他的双目成为日月，他的声音成为雷霆。这种对世界起源提出确定性解释的尝试，并不是可有可无的神话故事，而是古代社会实现人与人沟通、共情,维系整个民族与国家的必需。[①]

到了近现代社会,牛顿提出万有引力定律,解释了"为什么成熟的苹果总是从树上落下来"时,人类社会为之震撼,从而激励了无数人投身科学大厦的构建之中,更多的科学规律被人们发现和利用。

即使现代社会的人们已经知道不确定性的存在,但这不影响人们努力实现对越来越多"确定性"的有效掌握与充分利用。这种对确定性的追求,创造了如今人类社会的辉煌与繁荣。

所以,尽管超大城市治理一定面临着超级不确定性的来袭,但我们不能在超级不确定性的面前选择"躺平",而是依然要在城市治理的超级不确定性中追寻确定性。

诚然,如今超大城市的不确定性早已超出了人们搭建的"可能性隧道"(tunnel of possibilities),源于人、物和环境的不确定性正在进行"联合叙事",让这种不确定性成为"超级不确定性"。[②]

但技术的日益进步和制度的逐步完善,让人们得以在超大城市中把握更多的确定性,采取更有效的措施来应对不确定性:

—— 更多的传感器构成了超大城市的"神经元",帮助城市治理者实现对城市情况的快速感知;

—— 借助更为先进的信息技术,建构城市运行"一网统管"平台,让城市更有可能高效处置一件事,做到发现早、行动快、影响小、效果好,实现"一屏观天下、一网管全城";

[①] 仲富兰.我们的国家:风俗与信仰[M].上海:复旦大学出版社,2012:116.
[②] 文军."躺平"非出路,读书破万"卷"[EB/OL].(2022-01-01).https://page.om.qq.com/page/OkYUjQaOSNyPYuJsyavEgSVg0.

——精心设计的城市合作治理制度，使政府、企业、社会能够更有效地协同协作，实现共建共治共享。

今天，生活在超大城市中的人们，至少能够确定一件事：超大城市治理正在变得越来越好。

超大城市治理，就是人类在超级不确定性中追寻确定性的伟大征程。

第2章

"人海战术"的失灵

陈水生

作为城市治理的传统手段,"人海战术"能够快速有效地执行治理任务,高效处理突发性和临时性任务,在传统城市治理中发挥着不可忽视的作用。然而,随着时代的发展变化,"人海战术"渐趋失灵,暴露出诸多问题,已难以满足现代城市治理的需要,也不适应城市数字治理和智慧治理的发展方向。本章主要探讨城市治理中"人海战术"的失灵问题,阐述"人海战术"在传统城市治理中的广泛应用,探讨"人海战术"在数字时代城市治理中为何会失灵。

2.1 城市治理的"人海战术"

"全员参战""大干快上""集中攻坚""全部待命""加班加点""不惜一切代价"……这类口号常见于城市治理的相关新闻报道和城市治理实践中。通过巡查监控、设点检查、值班值守等方式,集中力量完成突发或专项任务,是传统城市治理中"人海战术"的重要体现。"人海战术"是传统城市治理中经常采用的治理方法，主要是指政府通过调动大量人力资源，通过规模化运行实现对城市各领域的监测、控制与管理。一定意义上说，"人海战术"适应了传统城市管理的需要。那么，传统城市有何特征？面临哪些治理任务？在传统城市治理中，"人海战术"又是如何发挥作用的？

2.1.1 传统城市的特征

传统城市是建立在较小城市规模与清晰城市景观的基础上，以政府为唯一管理主体，以层级体制下的单向度管理为主要管理模式，以权力控制、行政命令和制度约束为主要手段的城市类型。较小的城市规模、层级分明的政府体制、工业时代的核心家庭、清晰可辨的城乡景观是传统城市的主要特征。[①]

在城市规模上，传统城市面积较小，人口不多，城市规划简单，规模相对较小。以上海市为例。1949年，上海市面积为636平方千米，其中建成区约82平方千米，常住人口452万。[②] 与当前上海的规模不可相提并论，2020年上海市总面积6 340.50平方千米，建成区面积1 238平方千米，拥有2 488.36万常住人口。[③] 由于当时城市规模较小，城市治理内容重复简单，治理问题集中单一，主要集中在经济建设、公共安全和社会保障等领域，治理难度也相对较小。

在治理模式上，传统城市逐渐形成了层级体制下的政府单中心

[①] 王佃利.城市管理转型与城市治理分析框架[J].中国行政管理，2006（12）：97-101.
[②] 万书元.当代中国城市景观建设：问题与对策[J].同济大学学报（社会科学版），2017（05）：57-64.
[③]《2021年上海统计年鉴》。

管理模式。这种管理模式将政府视作城市管理的唯一主体,以任务目标为导向,强调自上而下的垂直管理,从而实现对城市政治、经济、文化、社会等各方面的管理。由于传统城市治理问题相对集中,在层级体制的基础上,城市管理形成了"领域—任务—职能—部门"的任务导向的单向链接[①],将城市管理内容划分为城市建设、公共安全、社会保障、医疗卫生等主要领域,并将其细分为各项具体任务,以政府职能的形式,指定相应政府部门加以落实。

在管理手段上,传统城市强调刚性管理机制,着眼于政府的管理角色,以权力控制、行政命令和制度约束为主要手段,管理相对简单粗放。所谓刚性管理机制包括两方面内容:一方面,突出政府在城市治理中的管理者角色,从管控逻辑出发,将民众视为单纯的被管理对象,通过监督、约束、控制和惩戒等管理方式,实现对民众的有效管理。另一方面,刚性管理机制并不精细,专业化、职业化水平不高,而是将"人海战术"、运动式执法、被动式执法等治理模式作为主要管理手段。

2.1.2 传统城市治理的任务

维护社会稳定、促进经济发展、推动城市建设是传统城市治理的三大主要任务。为更好更快地完成这些"硬指标",政府通过注入大量社会资源,采用"人海战术",同时将其作为政绩考核的重要指标,从而尽快实现治理目标。

传统城市治理的根本任务在于发挥政府的管理职能,维护城市

---

① 锁利铭,冯小东.数据驱动的城市精细化治理:特征、要素与系统耦合[J].公共管理学报,2018,15(04):17-26.

社会秩序的稳定。^①城市政府主要通过控制各类潜在的社会风险，减少社会冲突的发生，进而实现维护社会秩序的需求。囿于传统的管控思维与"维稳一票否决制"的绩效考核任务，政府管理职能的发挥与公共服务的有限供给都服务于维稳任务，并具化为实现"管、防、控"的各种手段，维护城市平稳有序运行。在"维稳至上"的目标导向下，城市政府忽视了自身公共服务供给职能，忽略了民众需求与利益的表达，使得政府管理难以及时回应并充分满足民众的治理诉求。^②

促进经济发展，加强城市经济建设是传统城市治理的核心任务。相较于其他领域，在传统城市治理中，城市管理者更重视城市经济发展，强调对经济效益的追求。在传统绩效考核框架下，城市政府追求经济的快速增长，城市管理决策呈现"唯GDP"倾向，招商引资等任务更容易受到政府的关注和重视，因为这有利于汲取更多的财政收入。社会保障、社会建设和环境保护等任务则置于管理议程中相对靠后的位置。在此背景下，城市治理目标趋于功利化，城市治理的社会效益、生态效益被忽视，城市化质量有待提升。^③

推动城市建设，优化市容市貌是传统城市治理的另一重要任务。恢宏雄伟的城市景观、规范有序的城市环境是城市形象的重要体现，是城市发展对外展示与宣传的主要窗口。在传统城市治理

---

① 姜晓萍，董家鸣.城市社会治理的三维理论认知：底色、特色与亮色[J].中国行政管理，2019（05）：60-66.
② 姜晓萍.国家治理现代化进程中的社会治理体制创新[J].中国行政管理，2014（02）：24-28.
③ 孙永正，王秀秀.中国城市化和城市治理的反思与转型[J].城市问题，2016，（01）：17-22.

中，城市管理者将推动城市建设作为城市治理的重要任务，并将其作为自身的重要政绩之一。经过多年发展，我国各大城市建设快速推进，城市中高楼大厦林立，基础设施不断完善，市容市貌不断改善，城市形象愈发美观。但在建设过程中，也存在过度重视城市外观建设，忽视城市环境、城市建设质量和城市文化等问题，缺乏全局思维与整体规划，与民众实际生活需求相背离。

2.1.3 传统城市治理的"人海战术"

传统城市治理偏好"人海战术"。"人海战术"脱胎于军事战术，是一种以巨大的人力消耗换取时间、空间、防守、进攻等其他方面优势的战术。城市治理中的"人海战术"，是指政府运用大量人力资源对城市各领域进行监测、控制与管理，以实现城市管理目标，解决城市的各种问题。

在思维理念上，传统城市治理的"人海战术"强调政府的管理责任，坚持传统的管控思维，调动大量人力实现城市管理目标。在工具手段上，"人海战术"强调人力优先，重视发挥人的主观能动性，责任人通过巡查监控、设点检查、值班值守等传统手段，对城市重要管控领域进行监测、控制与管理。在操作执行上，"人海战术"将整体工作内容与责任依照区域、部门等细分，安排具体的责任人，政府通过部署、督查、巡访等形式，按照层级体制将责任逐级压实，保障治理任务的有效执行。

近年来，H省W市的"禁鞭"工作就体现了鲜明的"人海战术"特征。2014年春节期间，W市主城区全面"禁鞭"。市政府调度、部署各区政府"禁鞭"工作，各区政府组织公安、应急、市场监管、城管、交通、环保等部门开展统一清查与巡查工作，并将

"禁鞭"任务向各街道、社区分派下压，要求落实各项禁燃烟花鞭炮措施，严查各类涉鞭违法违规行为。春节期间，该市共出动上万人开展"禁鞭"巡查清查工作，相关部门全员备战；公安部门出动400余台巡警车、治安卡点车在全市主要干道和30个重点地区巡查防控、值守备勤，对全市317个进出城道口进行实兵守护、视频巡控，加强对进入"禁鞭区"车辆的检查；上万名社区民警与街道社区干部组成一千余个"禁鞭小分队"，深入社区宣传"禁鞭"相关政策，及时劝阻、制止违规燃放行为。在严防死守的"人海战术"下，W市"禁鞭"取得显著成效，市民"禁鞭"意识不断提升，春节期间相关警情大幅减少，无相关火情发生，空气污染物浓度较上一年度同比降低，空气质量明显优于往年。[①]

可见，"人海战术"能够通过工作内容的有效划分与责任下压，较大限度地发挥个体的主观能动性，管控城市各区域与治理的各环节，有效执行治理任务，尤其在处理突发性、临时性任务时具有自身的独特优势，因此成为传统城市治理的重要手段。

2.2 城市治理的"人海战术"为何失灵？

在传统城市治理中，"人海战术"能够较好落实治理责任，实现治理目标。但随着经济社会的快速发展与城市问题的日益复杂化，城市治理面临诸多挑战，"人海战术"越来越不适应现代城市

---

① 荆楚网.12月10日起武汉市主城区全面禁鞭　违规者将受处罚[EB/OL].（2013-12-9）. http://news.cnhubei.com/xw/wuhan/201312/t2782099.shtml；荆楚网.武汉市"小年夜"组织万人禁鞭　全市仅查获2起涉鞭案[EB/OL].（2014-01-24）. http://m.cnhubei.com/xw/wuhan/201401/t2825178.shtml.

治理的要求。

2020年年初，新冠肺炎疫情来袭。面对突发的疫情，一些政府部门与基层组织仍采用手工作坊式的"人海战术"，采集信息时，采用手工填表、打电话等方式；疫情防控时，发动大量工作人员扫街巡逻、蹲点防控；封闭管控时，一刀切式地封闭社区，限制民众出行。这种传统的"人海战术"给基层工作人员造成极大的负担，防控效率不高，也没有考虑民众的现实需求，给居民日常生活和复工复产带来很大不便，引发了民众的广泛不满与全社会的极大争议。

传统的"人海战术"在当前治理背景下渐趋失灵，无法进行有效治理，也越来越受到民众和社会的质疑。"人海战术"为何失灵？究其根本，在于城市治理环境、治理主体、治理任务和治理对象发生了深刻变化。

2.2.1 治理环境更加多变

传统城市规模较小，城市人口较少，城市规划简单，城市治理问题比较单一，城市治理难度相对较小。随着城市化水平的迅速提升，城市治理环境发生了翻天覆地的变化，城市治理难度呈指数级增加。

城市规模扩大导致城市治理环境的多变与复杂。中华人民共和国成立初期，我国城镇人口仅5 000余万人，占总人口的10%左右；改革开放初期，我国城市化水平只有17.2%，城镇人口数量为1.7亿人。[①] 经过40余年的发展，截至2020年年底，我国常住人口

---

① 夏志强、谭毅.城市治理体系和治理能力建设的基本逻辑[J].上海行政学院学报，2017（05）：11-20.

城镇化率达63.9%，城市数量达687个，城市建成区面积达6.1万平方千米[①]，涌现出上海、北京、深圳、重庆、广州、成都、天津七座城区常住人口超千万的超大城市。[②]城市规模的急剧增长，使得城市地域、空间不断扩大，城市环境日益复杂多变，伴随着城市发展而形成的各种"城市病"日趋复杂，从而给城市治理带来诸多挑战。

在快速城市化过程中，随着城市规模的不断扩张，以往大城市资源要素带来的规模红利逐步递减，人口、资源等要素的聚集反而为城市带来了更大的治理难题。城市规模越大，地理空间随之扩大，导致管理范围扩大，人口增加导致管理对象和管理事项增多，与城市运行相关的问题也随之增多，资源短缺、交通拥堵、环境污染、城市贫困、治安恶化、基础设施和公共服务不足等"城市病"愈发凸显。[③]治理对象数量庞大，治理内容纷繁复杂，各类城市治理问题不断增加，治理难度不断上升。

城市治理面临的风险与不确定性也随之增加。不可预测性与不确定性成为当代城市治理的重要特征，为城市治理带来了一系列风险。随着经济社会的快速发展，各类风险和不确定性内化于城市的各个方面，极端气候灾害、恐怖袭击、传染性疾病等不可预期事件愈发频繁，城市非传统安全问题日益凸显，各种难以避免的风险与

[①] 中国新闻网.住建部：我国常住人口城镇化率达63.89%.［EB/OL］.（2021-08-31）. https://www.chinanews.com.cn/gn/2021/08-31/9554999.shtml.
[②] 国家统计局.经济社会发展统计图表：第七次全国人口普查超大、特大城市人口基本情况[J]. 求是，2021（18）：1.
[③] 杨旎.城市精细化管理与基层治理创新互嵌：实践模式与理论探讨[J].新视野，2020（03）：73-79.

日俱增。[1]

在城市治理环境日益多变的背景下，传统的"人海战术"难以兼顾数量如此之多、范围如此之广、内容如此之复杂的诸多治理难题，势必会耗费更多的人力物力成本。城市治理面临问题看不清楚、管不过来、处理不了等诸多困境，也难以应对各类不可预测的社会风险，因此，城市治理亟须寻求与治理环境相契合的治理新方法。

2.2.2 治理主体更加多元

在传统城市治理中，"人海战术"将政府视作唯一的管理主体，运用大量人力资源，实现对城市自上而下的管控。在这一管理模式下，民众、企业、社会组织等主体并未参与管理过程。随着治理理念的提出和国家治理体系与治理能力现代化的推进，各社会主体作为城市治理的重要参与者逐渐被纳入治理体系。在新时代，民众对美好城市生活的需求不断增加，其参与城市治理的积极性和主动性也随之不断提升。在此背景下，传统"人海战术"已滞后于城市治理现代化的发展要求，也无法满足多元社会主体参与城市治理的迫切需求，因此亟须构建新型的城市治理模式以满足多元主体的治理需要。

由于历史原因，上海市黄浦区五里桥街道桑城居委会区域的沿街商铺存在乱堆物、乱搭建、跨门经营、占道经营等情况，既占用公共空间，影响市容市貌，也阻碍市民出行，存在严重的安全隐患。此前，针对上述问题，黄浦区曾组织城管、社区工作人员开展

---

[1] 赵静，薛澜，吴冠生.敏捷思维引领城市治理转型：对多城市治理实践的分析[J].中国行政管理，2021（08）：49-54.

多次专项整治行动。整治行动虽在短期内取得一定成效，但时间一长这些问题又卷土重来。而城管和社区工作人员无法全天候监管，以上问题逐渐成为该地区的一大"顽疾"。2016年起，在街道党工委的支持下，桑城居民区党总支部创新建立"三会"制度，探索"商铺自管会"自治共治模式，居民区党总支部召开民主恳谈会与专题协商会，了解并回应商铺相关诉求，协助成立"商铺自管会"，由"商铺自管会"商讨制定《商铺自治管理公约》，明确商铺的权利、责任与义务，要求其文明经营和自我管理。此后，商户自觉查报违章搭建行为，自行商讨拆除，全程无须执法部门干预，并积极参与社区公共生活，在春节值班值守、疫情防控等工作中发挥重要作用。

随着经济社会和城市的快速发展，民众对美好环境、美好生活的追求日益提升，民众的民主参与意识也逐渐增强，要求参与城市治理，保障自身的知情权、参与权和监督权。民众是城市治理的重要主体，对城市需要治理什么、如何治理、治理效果如何具有评判权，城市治理要重视并引导民众参与，构建共建、共治、共享的多元主体治理体系。多元主体的有效参与有助于提升城市治理效能，实现"人民城市人民建，人民城市为人民"的治理目标。因此，城市治理需要鼓励民众、企业、社会组织等多元主体参与城市治理，提升城市治理的民主性、公开性和参与度，促进城市治理现代化。

2.2.3 治理任务更加复杂

传统的城市治理以维护社会稳定为首要目标，把推动城市经济发展与城市建设作为重要任务。随着经济、社会和城市的发展进步，城市治理面临的挑战和治理任务日趋复杂多元，而这些复杂化的治理任务单纯依靠政府，依靠"人海战术"已经难以顺利完成。

当下的城市治理面临着多重任务，既要促进经济发展，也要保护城市环境，实现城市的可持续发展和繁荣；既要维护城市安全稳定，也要保护民众权益；既要加强城市建设，也要回应民众需求；既要重视城市形象塑造，也要重视城市发展质量。城市治理面临的问题是一系列非常棘手的难题，城市治理不再是单一的治理任务，也不能依靠单一的治理主体，更无法通过"人海战术"等传统治理手段达成治理目标。

城市治理会遇到越来越多的新任务与新问题，比如老旧小区加装电梯就是当前城市治理中的热点议题与棘手难题。加装电梯是否可行？如何使居民达成加装电梯的共识？电梯安全如何保障？维护与保修如何托底？小小的加装电梯背后包含着复杂的城市治理问题。上海市长宁区江苏路街道上线"E梯通"加装电梯服务项目，从加装电梯可行性调查、规划审批流程，到后期运维等各个环节实现数字化赋能。街道"一网统管"通过对辖区内500多部加装电梯的数据进行调研、上传与分析，形成加装电梯大数据，通过算法实现加装电梯的可行性分析。同时，建立智能化维保监管机制，为每部电梯制作"电子身份证"，通过梯控装置掌握该电梯的运行情况，由外包的服务企业定期维修，一旦出现故障或报修，则由区城运中心"一网统管"实时派单，维修负责人在15分钟内上门排除故障。同时，针对加装电梯时邻里协调不畅等问题，街道、居委会大力推进加装电梯的"民心工程"，协助居民沟通协调，推动楼道居民达成一致意见。在街道的大力推动下，加装电梯工程取得显著成绩，辖区内一年内加装电梯开工数401台，完工数151台，并在加装电梯的同时，因地制宜叠加楼道美化、小区微更新、精品小区改造等行动，持续提升居民的幸福感和获得感。

相较于传统的城市治理，提供优质和均等的公共服务、及时回应民众需求、提升城市发展质量成为新时代城市治理的三项主要任务。

提供优质和均等的公共服务是新时代城市治理的首要任务。治理现代化的持续推进，要求政府深入贯彻"人民城市人民建，人民城市为人民"的理念，实现从单一发展型政府向发展型、管理型和服务型多元化转变，为市民提供更好的公共服务。

及时回应民众需求、提升民众满意度是新时代城市治理的重要任务。在城市治理现代化转型的过程中，民众的权利意识逐渐觉醒，催生出更为个性化、多样化和复杂化的需求，要求政府积极回应公民的利益诉求，实现创建美好城市生活的治理目标。传统城市治理中的管控思维不仅难以满足民众需求，反而加重了民众的不满情绪，激化了社会冲突[①]，这就要求政府从民众的实际需求出发，通过公共服务的合理供给与公共管理职能的有效发挥，最大限度满足民众的多元需求。

重视城市发展质量、实现城市可持续发展是新时代城市治理的现实目标。传统城市治理中经济效益至上的任务目标导向对城市的可持续发展产生了负面影响。随着城市化进程的不断加速，交通拥堵、环境污染、社会冲突、资源短缺、基础设施和公共服务不足等"城市病"不断涌现。单纯追求城市规模与城市发展速度已难以满足现代城市可持续发展和高效能治理的要求，城市治理应更为关注城市发展的质量，将环境保护、公共服务供给、基础设施建设、城

---

① 姜晓萍，董家鸣.城市社会治理的三维理论认知：底色、特色与亮色[J].中国行政管理，2019（05）：60-66.

市精神文明建设等作为城市治理的重要任务，将城市发展的经济效益、社会效益、环境效益有机结合，最终实现城市的可持续和高质量发展。

2.2.4 治理对象更加精细

随着城市治理愈发精细，治理对象由传统治理中同质性的中观群体单元向异质性的微观个体单元转变，要求治理主体能够更高效、更快速、更准确地发现微观个体的治理问题，并快速做出反应，迅速解决问题。

上海市运用"一网统管"平台，聚焦城市最小管理单元，追求治理对象的精细与治理手段的精准。作为上海著名的城市名片，田子坊吸引着大量游客。但田子坊又不只是一个单纯的旅游景点，其中还居住着百余户居民，同时有三百余家商户，坐落着154幢有近百年历史的老式住宅，商户数量多、疏散通道窄、瞬时客流大，存在诸多安全隐患。如何保障每户商铺和居民的房屋安全、用电安全、消防安全，维护整个景区的大客流安全，是田子坊地区管理的难点和痛点。此前，虽然景区也建立了微型消防站，配备24小时值守人员，但被动式处置还是会付出巨大代价。为了更好地预防火灾，田子坊被纳入上海"最小管理单元"试点。每户居民与每家商铺都安装了摄像头、烟雾探测器、电子烟雾感应报警器等多种物联网设备，相关信息接入数据汇集平台，平台1∶1"复制"建构田子坊数字孪生系统。在管理指挥部的电子显示屏上，大到整个景区立体俯瞰，小到某个商户和居民的房屋安全信息，都能被实时检测和掌握。平台聚合50余家生态伙伴，提供消防安全、房屋安全、大客流安全、高空坠物、非机动车安全、电梯安全等20多种数字治理解决方案。一旦发生安全事故，数字孪生系统就会触发警报，相关部门立即行动，利用平台信息高效排除安全隐患。通过划分"最小管理单元"，田子坊能够精准管理每一个楼房、商铺、居民，初步形成智能管理、高效组织的安全防控体系。[①]

在本案例中，田子坊景区一开始运用传统的"人海战术"，通过24小时人员值守保障景区安全，不仅耗费大量人力，也难以兼顾景区内数百户商铺与居民，一旦发生安全事故，值守人员无法精准识别具体商户或居民，很难在第一时间采取行动。"人海战术"在城市公共安全等复杂问题的处理中缺乏精细化和精准度，难以达到高效能治理的目标。

在传统城市治理中，治理对象为同质性的群体组织和个人。政府按照区域位置、群体特质、偏好诉求等将城市治理对象划分为一个个较大的同质性群体，了解并满足其需求偏好，粗放地针对群体单元进行管理，以维护城市安全与秩序。但随着城市公众需求渐趋多样化、差异化，笼统粗放的治理对象划分方式已落后于时代发展，治理对象从同质性的群体单元向异质性的个体单元转变，要求政府回应每一个个体的多样诉求，兼顾每一个微观治理对象。[②] 同时为了提升治理效能，也需要将治理对象进行分解和细化，实现精细化治理。治理对象的精细化既要求治理过程能够更高效、更快速、更准确地识别每个微观个体的需求与问题，也要求在识别需求后快速反应，采取精准措施积极回应。而传统的"人海战术"无法

---

① 东方网. 探索"最小城市管理单元"数字化转型田子坊悄然"智变"[EB/OL]. （2021-10-28）. https://n.eastday.com/pnews/1635381556030171.
② 锁利铭, 冯小东. 数据驱动的城市精细化治理：特征、要素与系统耦合[J]. 公共管理学报, 2018, 15（04）：17-26.

兼顾每个微观治理对象的需求与问题，也无法快速做出有效回应，因此滞后于城市治理的发展。

2.3 数字时代城市治理面临的挑战

随着数字技术的快速发展，如何将技术嵌入城市治理之中，实现技术驱动与治理变革的双向互动，全面提升城市治理效能，是数字时代城市治理亟待解决的难题。首先，城市规模的快速扩张增加了城市治理的范围和有效治理的难度，超大规模的城市面临着巨大的治理压力；民众对美好生活的需求不断提升，并趋于个性化、多样化、复杂化，要求政府做出积极回应。其次，技术的不断创新也对城市治理提出更高要求，即推动治理流程的重塑，实现城市治理技术、组织、制度的良性互动。最后，作为国家治理现代化的重要组成部分，推进城市治理现代化，需要以现代科学技术手段为牵引，在更大范围、更宽领域、更深层次上推动城市治理全方位变革。

2.3.1 超大规模城市的治理压力

根据城区常住人口数量，我国将城市划分为五类七档。其中，城区常住人口在500万以上1 000万以下的城市称为特大城市；1 000万以上的城市称为超大城市。截至2020年年底，我国特大城市增至14个，超大城市增至7个，上海、北京两座城市的总人口数超过2 000万。[①] 超大规模的城市形成了巨大的治理压力，既

---

① 国家统计局. 经济社会发展统计图表：第七次全国人口普查超大、特大城市人口基本情况[J]. 求是，2021（18）：1.

引发了一系列"城市病"，要求城市治理者努力加以解决，也增加了城市的治理风险与治理难度，城市问题更趋烦琐、复杂与多样。

由于人口及相关要素向城市过度聚集，引发了资源短缺、交通拥堵、环境污染、治安恶化、基础设施和公共服务不足等一系列问题，严重影响了民众的生活品质，制约着城市的可持续发展，也给城市治理带来了沉重的压力与严峻的挑战。以上海市为例。当前，上海市城市面积约6 430.5平方千米，常住人口约为2 488万人，中心城区人口密度高达每平方千米23 092人。巨大的人口与城市规模带来诸多城市问题。在交通拥堵方面，截至2021年年底，上海机动车保有量为494.2万辆，出行高峰时段主要交通枢纽均会出现不同程度的拥堵；全市人员日均出行总量约5 731万人次，中心城区平均通勤出行距离增至11.1千米，平均通勤时长42分钟。在资源短缺方面，以水资源为例，上海可利用的淡水仅占其地表水资源的20%，人均水资源量仅为全国人均值的40%，是中国36个典型的水质型缺水城市之一，处于严重缺水状态。在环境污染方面，上海市空气污染、水污染等较为严重，近年来虽有好转，但浮尘、雾霾天气仍时有发生。在公共服务供给方面，医疗、教育等公共资源较为短缺，"看病难""上学难"等问题成为困扰上海民众的重要难题。这些"城市病"要求政府提升治理能力与治理水平，改善城市居民的生活品质，实现城市的良性运行与可持续发展。

城市规模越大，城市运行的范围越宽广，城市治理风险与问题也就应运而生，治理难度不断上升。一方面，人口高度聚集且高度流动，难以进行集中化的管理与协调，增加了社会失序、违法犯罪、流行性传染病等城市风险；同时，人口规模越大，相应的公共服务需求也更多元，城市治理的任务也愈加繁重。另一方面，作为一个开放且高度复杂的社会网络巨系统，城市规模越大，发展水平越高，城市运行的范围越广、速度越快，城市内部各要素的流动及其互动节奏也就越快，在各要素的流动与碰撞中会衍生出大量的现实问题，加重了城市治理的任务与压力。[1]

2.3.2 美好城市生活的需求压力

党的十九大报告指出，当前我国社会的主要矛盾已转变为人民日益增长的美好生活需要和不平衡不充分的发展之间的矛盾。这在城市治理中体现为，人民群众对美好城市生活的现实需求构成了数字时代城市治理面临的重要挑战与变革压力。

中国很多城市开始步入老龄化社会，民众的养老需求日益突出，如何提供充足的养老服务，使民众"老有所养"，成为当前城市治理的难点与痛点。上海市浦东新区于2013年启动了区级科技助老服务平台建设项目，依托信息技术，为老人提供闭环式服务。针对独居老人的安全问题，浦东新区为全区2 000多户90岁以上独居老人加装烟感检测、燃气探测和一键报警装置，一旦发生紧急情况，可实现第一时间报警，接警后相关部门将立即采取行动；针对老年民众的现实需求，以老年户籍人口数据库为基础，建立街道"为老服务"需求池，借助物联网技术整合相关数据信息，实现老人需求与养老服务的精准匹配，为老人提供更为精准的服务；对养

---

[1] 韩志明.规模驱动的精细化管理——超大城市生命体的治理转型之路[J].山西大学学报（哲学社会科学版），2021（03）：113-121.

老服务资源进行整合，打造"浦老惠"养老服务平台，平台囊括11个养老微场景，整合政府、社会、市场等多方力量，老年民众可通过该平台快速获取服务资源，实现服务资源"一屏可知"、养老事项"一键可办"，为老年民众提供多元化、专业化、个性化的养老服务。[①]

养老需求只是民众对美好城市生活需求的一部分。一方面，随着经济社会的迅速发展与生活水平的不断提升，我国民众需求日趋个性化、多元化、品质化，涵盖物质生活、精神生活等多个方面，涉及政治、经济、文化、社会等各个领域，人们对美好城市生活有了更高的期待与向往，不仅要求物质生活更舒适、更便捷、更舒心，也要求精神生活更文明、更充实、更丰富；不仅期待经济水平更丰足、社会保障更健全，也希望能够参与政治过程，投身于城市治理。另一方面，我国政府也正实现着从管理型政府向服务型政府、从管理角色向服务角色的转变，城市的治理任务与治理对象也发生了相应变化，提供公共服务、满足民众需求、保障民众权益日益成为新时代城市治理的重要目标，要求政府城市治理由管控走向服务、由单一主体走向多元共治、由粗放分散走向精细化治理。

在此背景下，追求美好城市生活已成为民众自下而上服务需求与政府自上而下管理需求的汇通点。传统的城市治理模式已滞后于时代变化，变革城市治理模式已成为时代命题。这也要求政府更多

---

① 人民网.周家渡街道：从疫情防控到日常管理 数字化解决社区难题［EB/OL］.（2020-08-13）. http://sh.people.com.cn/n2/2020/0813/c176737-34225334.html；人民网."大城养老"浦东样板不断升级 "浦老惠"服务平台上线［EB/OL］.（2021-10-04）. http://sh.people.com.cn/n2/2021/1014/c134768-34956105.html.

关注民众的多元诉求，从民众的实际需求出发，再造政府流程，优化政务服务，践行"以人民为中心"的城市治理理念。

2.3.3 技术创新引发的变革要求

数字技术的迅速发展与应用为当代城市治理注入新的活力，也带来了全方位的挑战，驱动城市治理做出相应变革，从权力、规则、组织等层面革新与重构城市治理制度，从而适应技术发展需求，化解技术带来的消极影响，推动技术治理健康发展，最终实现技术驱动与治理响应的双向运作。[①]

LBS即基于地理位置的服务，是指通过定位方式，获取用户移动终端的地理位置信息，并在地理信息系统平台的支撑下，为用户提供与位置相关的信息的一种服务形式。随着大数据与移动互联网的快速发展，LBS相关技术逐渐进入人们的视野，其在公共安全领域的价值逐渐被人看重，并被广泛应用于城市治理中。[②] 外滩黄浦段是上海人流管理的最大难点，其滨水区单日累计客流曾突破61万人次，瞬时客流峰值达8.9万人。为应对外滩大客流，黄浦区将LBS客流实时监测系统应用于人流监测，并利用智慧指挥可视化平台实现集中展示与一键指挥。在新技术赋能下，上海整合各部门资源，重塑处置流程，实现城运、公安、武警、应急、交通、卫健等多部门协同联动。上海市城市运行管理中心发挥指挥协调的枢纽作用，运用实时数据与指挥体系，把握外滩客流状况，指挥调度

[①] 陈水生.技术驱动与治理变革：人工智能对城市治理的挑战及政府的回应策略[J].探索，2019（06）：34-43.

[②] 张冬冬，武西锋，陈溪月，等.LBS大数据在大型聚集活动中的情报预警应用[J].情报杂志，2017（07）：28-33.

相关情况；根据实时客流数据与相关指令，公安民警、武警及时采取疏导拦截、波次放行、单向循环等措施，对人流进行管控；交通部门共享地铁等公共交通数据，并根据相关指令及时进行交通管制，关闭地铁相关站点出入口，停运轮渡与观光隧道，减少人流汇入；医疗卫生部门制定相关应急预案，准备相应医疗物资，以应对突发公共安全事件。在协同联动下，上海对外滩大客流的应对更高效，管理水平大幅提升，景区客流平稳有序，牢牢守住了公共安全底线。

在技术驱动上，技术变革的驱动力主要体现在两个方面。一方面，数字化技术作为重要的治理工具，能够增强决策的科学性、提高信息的传递效率、降低层级的沟通成本、提升治理的反应速度与效率，助推城市治理从数据、信息整合，走向智能、智慧的新阶段。另一方面，技术的运用也产生了技术滥用、隐私侵犯、机器故障等新问题，增加了城市治理的复杂性和不确定性，亟须通过治理变革和转型来解决。在外滩大客流治理中，LBS技术提供了海量的人流监测数据，相关技术的引入也提升了各部门的协同能力与反应速度，成为城市治理变革的重要技术基础。

技术治理的效果很大程度上取决于治理者的管理水平，技术进步及其带来的消极影响也需要治理响应将其消除。城市治理并非被动接受技术，而是通过自身的改革与重塑为技术的运用创造更好的制度环境与治理空间，最终实现技术、组织与制度的有机结合与良性互动。越来越多样、复杂的技术应用于城市治理过程，这就要求城市治理构建治理规则、划分主体权责、重塑组织流程、调整制度架构，形成契合技术创新要求与城市治理需求的制度体系与治理格局，实现城市治理中技术、法治、责任与绩效的有机统一。换言之，单纯引入新技术并不能充分发挥技术的治理效能，还需要重塑治理的组织、制度，使技术焕发更强的活力。以LBS技术与外滩大客流治理为例，只在传统管控模式的基础上引入相关监测技术，对管控并无太大裨益。只有在重塑管控流程、划分各部门责任、协同多主体共同行动的基础上，LBS技术才能成功嵌入治理过程，并在实时监测、信息提供、决策支持、部门协同中发挥重要作用，成为大客流治理和城市安全治理的重要法宝。

2.3.4 城市治理现代化的发展要求

《中共中央关于全面深化改革若干重大问题的决定》提出，推进国家治理体系和治理能力现代化，将治理现代化作为国家治理的重要任务。我国第七次全国人口普查数据显示，我国城镇常住人口超9亿人，占总人口比重为63.9%。城市治理已成为社会治理和国家治理的重要组成部分，国家治理体系和治理能力现代化的关键在于城市治理的现代化。在数字时代，推进城市治理现代化，要求我们广泛应用现代科学技术手段并将其转换为可实用的治理技术，推动城市治理全方位变革。

2017年，上海浦东新区率先探索打造了"横向到边、纵向到底"的城市运行综合管理体系，组建了全市首个区城运中心；2018年，浦东新区依照习近平总书记"城市管理要像绣花一样精细"的重要指示精神，率先探索打造"城市大脑"，探索以智能化应用场景为支撑的城市治理新模式。经过数年发展，浦东新区"城市大脑"已更新至3.0版本，涉及城市安全、经济发展、监督监管、社会保障、公共服务供给等多个领域，已形成10大类57个整合应用场景，以群众和市场主体需求为导向，科学高效配置资源，群防群治重大风险，集成优化公共服务，形成智能化创新治理体系。[①] 2021年7月，台风"烟花"来袭。在迎战"烟花"的7个日夜里，浦东新区的"城市大脑"发挥了重要作用。台风路径、卫星云图、风力监测、雨量监测、潮水位监测等灾情信息，以及全区36个街镇的实时情况等都在"城市大脑"大屏上动态呈现，指挥和处置无缝衔接，不同管理单位联勤联动，确保城市运行安全有序。

党的十九大报告明确提出新时代建设网络强国、数字中国、智慧社会的发展战略，要求各级政府快速适应数字化环境，推动政府职能转变。十九届四中、五中全会进一步指出，将互联网、大数据、人工智能等技术手段应用于社会治理，加快建设数字经济、数字社会、数字政府。城市治理现代化对数字时代的城市治理提出了更高的要求，以技术手段推动治理创新已成为实现城市治理现代化的主要探索路径。

通过技术嵌入，变革城市治理的组织制度基础，探索经济治理、社会治理、城市治理的新路径，进而夯实国家治理体系和治理能力基础，是关系国家治理现代化和国家长治久安的重要议题。上海市浦东新区的"城市大脑"建设深刻回应了城市治理现代化的时代命题。在"城市大脑"平台的建设过程中，浦东新区充分运用前沿技术，推动城市治理手段、治理模式、治理理念创新，不断提升

[①] 新华网.上海浦东用"城市大脑"助力文明创建［EB/OL］.（2020-05-16）. http://www.xinhuanet.com/local/2020-05/16/c_1125993710.htm；唐玮婕."一网统管"浦东"城市大脑3.0"上线［EB/OL］.（2020-07-06）. http://dzb.whb.cn/2020-07-06/3/detail-690161.html.

城市治理的科学化、精细化、智能化水平，既贯彻了"人民城市人民建，人民城市为人民"的治理理念，也实现了"城市管理要像绣花一样精细"的治理目标。通过治理技术创新推动城市治理变革，进而推进城市治理体系与治理能力现代化。

第3章
复杂巨系统的脆弱性

陈水生

城市是复杂的自适应系统，而不是可以随心操控的人工制品，这一认知已成为联合国第三次住房和城市可持续发展大会《新城市议程》和联合国可持续发展目标等全球政策协议的基本概念。[1] 城市的复杂巨系统特性需要我们超越特定的学科视角认识城市和治理城市。本章主要聚焦城市复杂巨系统的构成、表征以及脆弱性，为城市寻找化解脆弱性的治理良策，从而维持城市的平稳有序运作和发展繁荣。

3.1 城市复杂巨系统的构成

现代城市作为政治、经济、文化、教育、科技和信息中心，劳动力、资本、经济、生活基础设施高度聚集，人流、物流、资金

---

[1] LUÍS M. A. BETTENCOURT. Introduction to urban science: evidence and theory of cities as complex systems[M]. Cambridge: The MIT Press, 2021: 24.

流、信息流高度交汇。[1] 据统计，现代城市管理涉及的各类因素多达1 012种[2]，堪称真正复杂、动态和交互的巨系统。复杂巨系统很难被准确定义，我们将城市复杂巨系统归纳为自然子系统、社会子系统、经济子系统和治理子系统四大类。

第一，城市的自然子系统。这是城市其他系统赖以存在的基础和依托。自然子系统决定了城市的资源禀赋、生态质量和城市特征。城市自然子系统的营养结构简单，对环境污染的自动净化能力不如其他生态系统，因此也更容易出现大气污染、水污染、固体废弃物污染等环境问题，对城市环境治理构成巨大挑战。同时也需要城市系统处理好经济发展、城市治理与环境保护之间的关系，实现三者的动态平衡。

第二，城市的社会子系统。城市的社会子系统有其特殊性，由于人流、物流、信息流更加密集，城市的社交网络、人与人之间的关系也更加错综复杂，所涉及的利益关系、人际交往和矛盾类型也更加多种多样。现代社会子系统与身处其中的人相互影响，人在受到社会风气浸润的同时，也在改造自然、社会和自我的活动中将自身的多样性特征赋予城市，从而为城市重塑新的共同行为方式和道德规范。社会子系统的复杂性、多元性和动态性决定了城市复杂巨系统的治理难度。

第三，城市的经济子系统。城市的经济子系统是城市生产力和生产关系的统称，既包括促进经济发展繁荣的经济制度和体制，

---

[1] 宋刚,唐蔷.现代城市及其管理——一类开放的复杂巨系统[J].城市发展研究,2007(02):66-70.
[2] 北京市城市管理综合行政执法局.城市综合管理[EB/OL].(2011-08-23). http://cgj.beijing.gov.cn/art/2011/8/23/art_3228_438450.html.

也包括创造物质财富的系列活动,这是城市赖以生存和发展的物质基石。这就要求城市创设有利于经济发展、物质繁荣和技术进步的制度环境,激发城市可持续发展的动力和活力。在经济子系统的发展过程中,各种要素向城市集聚,不仅赋予城市更多的发展机遇,也提高了城市系统的风险性和脆弱性,城市治理需要加强经济治理能力,积极回应这种挑战。

第四,城市的治理子系统。政治一直是人类社会解决集体行动问题的必要手段,因此治理子系统也是城市复杂巨系统的重要组成部分。城市治理子系统即城市治理赖以运行的治理权力、治理制度、治理结构和治理工具的总和。城市的治理子系统决定了城市治理的具体运作过程、方向和规则,深刻影响城市的治理政策和治理绩效。城市的治理子系统有其自身的运行规则和逻辑,要回应城市巨系统的治理要求,化解各种风险,维系整个城市巨系统的健康、安全和可持续发展。

上海作为一座超大城市,人口多、流量大、功能密,具有复杂巨系统的特征,各类风险隐患复杂交织,这就要求我们加快应急体系建设,不断增强城市韧性,以应急体系和能力的确定性来有力应对各类风险的不确定性,保障城市安全稳定运行,更好服务经济社会发展大局。

3.2 城市复杂巨系统的表征

城市复杂巨系统在运作中呈现一系列静态与动态特征,以此为对象的城市治理也同样呈现多维度、多结构、多层次的复杂巨系统特性。

3.2.1 城市复杂巨系统的静态特征

从静态视角观察城市复杂巨系统，可将其特征概括为嵌套性、整体性和多元性，这要求城市治理关注子系统之间的相互联系，从全局和整体着眼，注重多主体和多场景之间的协调与统合。

（1）嵌套性。城市复杂巨系统存在嵌套性。任何一个系统都包括三种构成要件：要素、连接、功能或目标。[①] 系统是由一系列相互联系和有序组织在一起的要素构成的能够实现某种功能或目标的整体，并且系统间可以相互嵌套。城市复杂巨系统也是如此，有两点需要特别注意：一是相互联系和有序性。城市的各个子系统的发展总是不平衡的，进程有快有慢，质量有高有低，但最终还是能以统一的逻辑实现某种聚合。二是相互嵌套。城市的各个子系统之间存在相互嵌套的关系，一级系统中又包含着更小单位的系统。例如城市社会子系统包含人口、社会管理、教育、就业等更小的系统；经济子系统包括第一产业、第二产业、第三产业等版块。针对这一特性，城市治理要用联系的观点理解每个子系统内部的运行逻辑，理顺各个子系统所服务的对象和目标。

（2）整体性。城市如同一个生命体系，是密切关联、和谐共处的有机整体。首先，四个子系统之间的紧密连接如同多米诺骨牌，任何对城市局部的改变都可能带来复杂的连锁反应，从而进入一个新的动态平衡状态。如果某一个运行系统出现风险，就可能导致风险扩大和蔓延。其次，各个子系统聚合在一起，会产生交叉影响和

[①] 德内拉·梅多斯. 系统之美：决策者的系统思考[M]. 杭州：浙江人民出版社，2012：18.

相互作用，城市中的一切都微妙地相互关联。例如，经济发展、公共卫生与实体场所和城市公共服务有关，而这些问题又与个人财富和城市的财政预算有关。[①] 某一子系统发展的先决条件可能正是另一子系统发展到特定阶段，比如只有当经济子系统发展到一定水平，社会子系统才有条件追逐更高层次的精神需求。例如纽约市曼哈顿区原本只是哈得逊河上一个23平方千米的小岛，正是由于有着良好的人口结构和素质，它才能够打造华尔街、时代广场等传奇，成为美国金融中心。在这种相互作用之下，整个系统如果配合得当，就会产生大于系统各部分之和的总体作用，呈现1+1大于2的效果。反之，如果各个系统之间互相掣肘，就会阻碍城市复杂系统整体功能的发挥。

针对城市巨系统的整体性特征，传统的把城市简单分解为若干子系统分别进行管理的城市治理模式已越来越显露出局限性[②]，比如各个运行系统之间的协同性较差，缺乏平衡与统筹以及有效的信息共享和沟通机制，存在信息壁垒和信息不对称现象。为此，必须确保城市治理的任何举措都不是孤立的，应该使各个子系统的发展目标和治理手段协调统一，在空间上统筹物质与文化环境，在时间上承接历史与未来。城市应当强化复杂的社会、政治、经济和生态之间的相互作用，从而将复杂性浓缩起来。[③]

（3）多元性。城市复杂巨系统的多元性首先体现为多方主体的

---

① LUÍS M. A. BETTENCOURT. Introduction to urban science：evidence and theory of cities as complex systems[M]. Cambridge：The MIT Press，2021：27.
② 宋刚，唐蔷.现代城市及其管理——一类开放的复杂巨系统[J].城市发展研究，2007（02）：66-70.
③ 杰布·布鲁格曼.城变：城市如何改变世界[M].董云峰，译.北京：中国人民大学出版社，2011：111.

参与。城市系统不是特定群体维护自身利益的场所，其运行也不能仅仅依靠政府的某个部门或者单独的政府系统。为了协调整体利益，需要多元力量的参与，重视吸纳社会、企业和市民的意见、建议和力量。目前我国的城市治理越来越重视发挥党、政府、市场和社会的合力；在政府内部，越来越重视不同部门之间的协作配合。基于此，城市治理要充分保障社会多元主体的知情、参与、监督等权利，调动每一个"城市细胞"的积极性，构建党组织统一领导、政府依法履责、各类组织积极协同、群众广泛参与，自治、共治、法治、德治相结合的治理体系。其次，多元性还体现在城市系统面对的不是单一的治理业务和治理问题，城市治理要解决交通、医疗、教育、住房、社保、环保等方方面面的难题，领域广、任务多、问题杂。以目前我国中央和地方政府制定的城市治理方面的政策法规为例，其数量已经超过6 000部，内容涵盖环境卫生、城管执法、综合治理、信息技术应用、数字化建设、城市更新等各个领域。[1]

3.2.2 城市复杂巨系统的动态特征

城市多样性最奇妙的地方在于，它是一种动态的现象。[2] 正如生命有机体的生命指标每时每刻都处于不间断的变化之中，城市复杂巨系统不仅呈现一系列静态特征，在实际运作过程中也体现出鲜明的动态特征：韧性、开放性和发展性。这告诉我们，城市治理

---

[1] 韩志明，李春生.城市精细化管理的精细化运作——基于文本和实践的描述性分析[J].理论与改革，2021（03）：118-129.

[2] LUÍS M. A. BETTENCOURT. Introduction to urban science: evidence and theory of cities as complex systems[M]. Cambridge: The MIT Press，2021：232.

要兼顾城市复杂巨系统的静态特征和动态特征，充分利用好"硬资源"和"软支撑"。"硬资源"是指城市需要提前周密布局基础设施、物资储备和产业发展等，尤其是提升分析和利用信息资源的能力，实现跨部门、跨层级、跨区域互通和协同共享。"软支撑"指的是城市需要抓好社区这一基础治理单位，提升社区的组织动员能力，培养成熟的城市公民，鼓励多元主体参与城市治理，将社区培育成民众参与韧性城市建设的最小治理单元。

（1）韧性。韧性既包含面对压力冲击的承受和适应能力，又包括冲击后的恢复与再生能力。[①] 城市复杂巨系统是以人为主体的系统，而人具有主观意识和行为偏好，在压力之下会与社会形成互动反馈，进行灵活的自我调适。因此城市韧性也不是单纯的生态韧性，而是具备多要素、综合的、结构化的复合韧性。我国"十四五"规划中首次提出要"建设韧性城市"，韧性城市的特点包括鲁棒性、可恢复性、冗余性、智慧性和适应性。韧性城市要凭借自身能力抵御灾害，减轻灾害损失，合理调配资源以从灾害中快速恢复，并从过往的事故中学习从而提升适应能力。具体而言，城市的风险预警体系要在灾前及时预测风险，发出警告，从而让政府有足够时间采取相应的预防和避险措施；事件发生后，要迅速成立专家组进行协调统筹，第一时间安排专业力量处置；等等。2020年席卷全球的新冠肺炎疫情便是一场对城市韧性的大考，暴露出一些城市存在城市治理理念滞后、公共医疗资源短缺、优质医疗设施布局不合理、基层卫生设施数量不足、基层治理能

---

① 邵亦文，徐江.城市韧性：基于国际文献综述的概念解析[J].国际城市规划，2015，30（02）：48-54.

力低下等问题。

当然，城市韧性并不局限于对灾害的应对方面，广义的城市韧性还包含应对多种不确定因素的能力，包括适应国际形势变化、破除国内产业结构调整而导致的城市发展困境、维护城市安全与秩序、提升城市可持续发展能力等。韧性城市要最大化地利用各种资源优势，调动多种经济、文化、人口和技术等资源，促进城市的新陈代谢和健康发展。例如，曾经因为市内运河占尽交通优势的日本小樽市在运河废弃后一度成为没落的港口城市，但其充分利用历史性建筑，着力发展旅游业和电影业，从而逆转了城市衰败，塑造了独特的城市形象，促进了城市的复兴和发展繁荣。

（2）开放性。由于文化历史、资源禀赋、经济条件、地理区位和人口资源等方面的差异，每个城市都难以成为一个稳定封闭的自给自足的系统，它需要不断地从外部获取各种信息、物质等资源并进行交换，城市系统由此成为一个开放的系统。在数字时代和全球化时代，城市复杂巨系统的开放性具有崭新的特征，比如越来越重视城市区域一体化，城市群之间的互联互通日益重要；愈来愈依靠数字技术变革的力量促进城市巨系统之间的互动与交流，秉持开放的治理理念实现城市复杂巨系统的新陈代谢。目前，世界范围内形成了许多区域性的城市群，即在特定的区域范围内云集相当数量不同性质、类型和规模的城市，以一个或两个超大城市、特大城市为中心，共同构成相对完整的城市"集合体"，促进区域城市群的相互交流与共同发展。我国现已形成京津冀城市群、长三角城市群、珠三角城市群和成渝经济圈四大典型城市群，这些地区不仅是经济社会发展最具活力和潜力的核心地区，也是生产力布局的增长点，能有效促进区域内生产要素的流动、集聚与扩散。

基于城市复杂巨系统的开放性特征，推动区域一体化发展，提高现有区域协作组织的权威性，建立有效的利益协调机制就显得尤为重要。这一方面可以让区域内的城市实现优势资源互补，另一方面也能激发整体区域经济活力，发挥规模经济效应。国家层面也应该主动参与和推动经济全球化进程，发展更高层次的开放型经济，支持商品和服务的国际自由流通，促进国内城市与国际城市之间的交流与合作，提升中国城市发展的能级和治理水平。

（3）发展性。任何事物的发展都是一个长期的过程，作为复杂巨系统的城市亦然。城市在不同发展阶段面临的挑战和需要处理的问题不同，同一个阶段中不同领域要解决的问题也不一样。因此，要考虑城市系统及其治理的发展性特征，以动态的、历史的和发展的眼光看待城市系统及其治理。城市管理者需要考虑不同时期的发展要求以及不同阶段的治理任务，在时间维度上进行长期规划和整体布局，树立全生命周期意识，把握过程性要求，既要保证任务顺利完成，又要把握好处置时机。城市治理也要树立"治未病"思维，即事前防范、源头治理、早期控制。不少政府部门经常扮演"救火队"的角色，原因就在于"治已病而非治未病""治已乱而非治未乱"。只有事先针对突发事件制定好预防、预测、预警机制，才能在问题处于萌芽状态时有效遏制，防患于未然，消除隐患于初始。在事中管理中，城市管理部门要重视监督的全过程、全要素和全场景的无死角覆盖，一旦有异常情况则要反应迅速、措施得力。在事后管理中，要注重总结经验教训，针对出现的问题，认真查找薄弱环节，补短板、堵漏洞，不断健全和完善体制机制，否则同类错误将可能反复上演，带来不可逆转的损失；同时，也要不断加强学习，从其他城市系统和城市治理中汲取有益经验，吸收既往教训，避免重复犯错。

3.3 城市复杂巨系统的脆弱性

城市复杂巨系统的运行具有很强的脆弱性，这种脆弱性需要不断地与城市自身优点进行平衡。当这种平衡取得成功，多样性的原动力保持开放和联系，现在和未来的每个人才会从城市的承诺中受益。[①] 否则，这种脆弱性就可能成为制约城市生存和可持续发展的瓶颈。城市复杂巨系统的脆弱性具体表现为城市环境承载力的下降、城市管理的低效、"城市病"的复合叠加、城市贫富分化的加剧以及城市非传统安全风险的增多等。

3.3.1 城市生态环境承载力下降

作为现代经济与社会发展的主要载体，城市的可持续发展对整个城市现代化建设具有极其重要的意义。1987年，"可持续发展"理念由世界环境与发展委员会在《我们共同的未来》报告中首次阐述并得到国际社会的广泛认可，它主要是指经济、社会、资源和环境保护作为一个密不可分的系统协调发展，既要达到发展经济的目的，又要保护自然资源和环境，既满足现代人的需求，也不损害后代持续发展的能力。

---

① LUÍS M. A. BETTENCOURT. Introduction to urban science: evidence and theory of cities as complex systems [M]. Cambridge: The MIT Press, 2021: 232.

在城市化快速发展的背景下，城市自然环境系统的脆弱性进一步加剧，城市生态环境承载力进一步下降，对城市可持续发展造成不容忽视的威胁，主要表现在资源枯竭、生态破坏和环境污染三个方面。其一，以资源为传统支柱的工业的发展，使众多城市的不可再生资源纷纷告急。中国共有资源型城市262个，占全国城市总数的40%。20世纪80年代以来，伴随着资源开发的不断推进，一大批资源型城市相继进入成熟期和衰退期，一些城市甚至出现了"矿竭城衰"的现象。[1] 而这些城市大多支柱产业单一，政府的财政主要依靠矿产资源补给，居民的就业压力也依靠这些产业分担。资源枯竭型城市的发展转型关系到中国城市的生态环境、社会活力和城市发展的质量与未来。

其二，城市建设与扩张导致生态系统遭到破坏，加剧了水土流失、滑坡、泥石流等自然灾害，也让动物栖息环境遭到一定程度的破坏。《城变》描述的孟买城内涝便是城市扩张加剧生态脆弱性的典型例子。连日的大雨让城市在短期内陷入瘫痪，人工排水系统早已过时，而自然排水系统，如河口、沼泽和红树林等又被新建筑占领，导致当地的吸水能力根本不足以解决排水问题。贫民窟成为暴雨的蓄水池，雨水中有毒的化学物质又使大水过后的贫民窟出现霍乱、登革热等流行病。[2]

其三，城市生产和生活造成的污染，尤其是工业"三废"，破坏了所在地区的环境，也为人类带来更多疾病隐患。我国2007年

---

[1] 李虹，邹庆.环境规制、资源禀赋与城市产业转型研究——基于资源型城市与非资源型城市的对比分析[J].经济研究，2018，53（11）：182-198.
[2] 杰布·布鲁格曼.城变：城市如何改变世界[M].董云峰，译.北京：中国人民大学出版社，2011：126.

发生的太湖蓝藻水危机事件、2010年紫金矿业废水污染等都是城市发展污染自然环境的显著例子。

3.3.2 城市管理的低效

城市管理的低效主要指城市管理者无法应对各种城市问题和治理难题，城市管理者的治理理念、资源和能力难以满足现代城市复杂巨系统的治理要求，导致城市管理的低效甚至无效。城市管理的低效可从城市发展规划缺乏系统性、城市建设的单一性和城市管理的分割性进行分析。

首先，城市发展规划缺乏系统性。有的城市陷入"一任市长、一个规划"的发展怪圈，即每一届政府都为了追求政绩和GDP增长，开展大规模"圈地运动"和"造城运动"，采取单一依赖土地经营的方式拉动城市经济增长，随意更改城市发展战略和发展方向，缺乏系统规划和统筹。城市发展规划缺乏对城市发展规律的尊重，也缺乏科学理性精神，未能用系统思维和全局观看待城市发展，这不可避免地会影响城市发展前景和管理效率。

其次，城市建设的单一性。有的城市缺少科学态度和人文精神，无视城市文化空间和历史文脉的重要性，在危旧房改造中将历史街区夷为平地，在导致城市景观变得生硬、浅薄和单调的同时，城市记忆、传统习俗也伴随历史街区一起烟消云散，使城市的文化价值遭受重大打击。很多城市在建设过程中采取"一刀切"的处理方式，容易引发社会冲突，进一步加剧城市生态的脆弱性。

最后，城市管理的分割性。在城市管理中，一定程度上还存在各部门各自为政的现象，缺乏统筹协调，导致职责不清、监管不严、协同不力，最后往往治理效果不佳。以城市信息化建设为例，在智慧城市建设过程中，各自为政的现象较为普遍，各个单位都在按照各自规划进行建设。由于缺乏统一规划，信息系统重复建设，而且很多系统互不兼容，在机房、硬件设施、软件、数据以及运行维护方面没有统一规范，存在大量的重复投资[①]，这不仅给民众办事带来了诸多不便，还造成巨大的资源浪费。

3.3.3 "城市病"的复合叠加

城市是一个生态系统，城市中各要素高度集聚能够提高生产效率，创造巨大的经济效益，但与此同时也会不可避免地引发"城市病"。在人口快速集聚的过程中，由于城市空间相对有限，一旦城市基础设施和公共服务的供给跟不上迅速增长的城市人口的需求，就会引发住房、交通堵塞和公共服务非均等化等问题。

（1）城市住房问题。中国城市住房问题主要是房价过高，且住房保障体系尚不完善。有研究指出，我国城市化过程中最突出的矛盾是人口城市化慢于土地城市化，即大量流动人口和新市民无法在城市获得正常的居住与生活保障。根据中国科学院区域可持续发展分析与模拟重点实验室副主任陈明星的统计，中国21个超大和特大城市的房价收入比在8.2～54.9，也就是说，一个人在深圳需要花54.9年时间完成资金积累，才能购买一套房子。[②] 这将给城市居民包括未来有意向来到城市工作和生活的人群造成巨大的经济压力。

[①] 中国城市规划协会. 全国人大代表李秋：智慧城市建设应当避免各自为政 [EB/OL]. （2015-03-12）. http://www.planning.org.cn/news/view? id=2434.

[②] 程晓玲. 超、特大城市到底多"大"最合理？[EB/OL]. （2021-10-09）. https://m.thepaper.cn/baijiahao_14817723.

（2）城市交通拥堵问题。通勤拥堵已成为城市居民生活中不可承受之重。根据百度地图发布的《2021年第2季度中国城市交通报告》，北京、上海、天津、重庆的平均通勤时耗均超过40分钟，已经超越世界平均水平。交通拥堵会对工作效率、城市吸引力、居民健康和城市生活满意度带来严重影响。我国城市的"行车难"和"停车难"问题已经日益突出，拥堵的路况耗费了巨大的社会资源、人力资源和时间资源。而现有的城市治堵政策并不能有效缓解交通拥堵问题，城市拥堵进一步加剧了城市的脆弱性。

（3）公共服务非均等化问题。城市公共服务在不同城市、城市内部不同区域和不同社会群体中存在着不均衡状态，不仅破坏了社会公平和公正，也影响了经济效率的进一步提高。特别是城市不同群体，比如户籍人口与非户籍人口的公共服务非均等化问题较为严重。大城市通过各种政策吸纳有较高学历、技能和资本的人才，给予他们较好的公共服务；但是广大外来务工人员没有城市户籍，也就无法享受相应的医疗、教育、社保等均等化的公共服务。这就导致"就业在城市，户籍在农村；劳力在城市，家属在农村；收入在城市，积累在农村"的半城市化现象，影响城市发展与社会的和谐稳定。

3.3.4 贫富分化的加剧

城市化在带来资源和信息集聚等一系列红利的同时，也无法逃避贫富差距扩大的问题。城市贫富分化的加剧成为影响城市经济社会发展稳定的重要问题。2019年10月，中国人民银行调查统计司对中国城镇家庭的资产负债情况进行了专项调查。调查数据显示，城镇居民家庭总资产均值为317.9万元，中位数为163.0万元。将家庭总资产价值由低到高分为六组，最低的20%家庭所拥有的资产仅占全部样本家庭资产的2.6%，最高的10%家庭的总资产占比为47.5%。从数据可知，居民家庭资产的集中程度已经相当严重。①

城市贫富分化的加剧具有显著的"马太效应"，富者恒富，穷者愈穷，这将导致一系列不良后果。首先，贫富分化加剧会引发城市居民在居住上的空间隔离。在美国，经济不平等也带来了空间不平等，富人和穷人越来越倾向于居住在完全不同的空间；1970—2012年这40多年中，住在全富人或全穷人社区的美国家庭占比从15%上升到34%。② 居住空间的隔离将引发一系列城市社会问题，给城市发展和治理带来诸多挑战。

其次，贫富分化还会导致严重的政治问题。当人们感到不公正时，治理困境就会出现，社会问题就会向政治问题转化，怨气就会迅速指向政治，社会成员对社会公正的寻求，就会转向对国家体制乃至政治体制的改造要求。③ 人们会倾向于采取非法或不道德的生存策略，而这也可能导致犯罪率的进一步提高。如土耳其的伊斯坦布尔，其外围的大型棚户区成了城市藏污纳垢的阴暗角落，被描述为"另一个伊斯坦布尔"，成为"恐怖分子""黑手党"和其他犯罪组织聚集的场所。在那里生活的人们也被描述为"落后""乡

---

① 中国人民银行调查统计司城镇居民家庭资产负债调查课题组.央行报告：中国城镇居民家庭户均总资产317.9万元［EB/OL］.（2020-04-24）. https://www.shobserver.com/zaker/html/240893.html?from=groupmessage.
② 理查德·佛罗里达.新城市危机：不平等与正在消失的中产阶级[M].吴楠，译.北京：中信出版集团，2019：110.
③ 张静.社会治理：组织、观念与方法[M].北京：商务印书馆，2009：7.

村""无知""无礼"。[①]贫民窟的人们习以为常的贿赂、权钱交易等腐败行为也会进一步腐蚀整座城市。

最后，城市要花费巨大代价才能重新找到发展之路。"危机之城"孟买的尝试就一度以失败告终，在这里，每天都在持续扩张的贫民窟甚至容纳了全市55%的人口，人数多达650万人。不同社会的经济群体采用不同方式建设城市，以争夺并巩固自身的利益。而每个群体越是用尽全力与他人争权夺利，竞争就越残酷。城市本身成为一个典型的"公地悲剧"，分裂性增长进一步阻碍了区域规划或投资的发展。[②]

3.3.5 城市非传统风险的增多

随着城市规模的不断扩张，城市面临更多来自水、电、油、气等生命线工程和高层建筑等的传统风险；与此同时，非传统风险也逐步增多。习近平总书记创造性地提出总体国家安全观，将"既重视传统安全，又重视非传统安全"作为总体国家安全观的重要内容，更是突出强调了应对与化解非传统风险的必要性与重要性。

在城市面临的非传统风险中，数据安全方面的风险尤为突出，其风险发生频率的显著增加主要归因于很多城市在大力推进智慧城市建设。虽然建设初衷是增强城市服务能力、提高城市运行管理水平和智能化水平，从而更大程度地实现便民惠民和城市治理的高效，但由于目前技术应用还存在不成熟和不完善之处，信息安全也

---

① 史蒂夫·派尔，克里斯托弗·布鲁克，格里·穆尼.无法统驭的城市：秩序与失序[M].张赫，高畅，杨春，译.武汉：华中科技大学出版社，2016：57.
② 杰布·布鲁格曼.城变：城市如何改变世界[M].董云峰，译.北京：中国人民大学出版社，2011：127.

存在诸多隐患，如信息存储方式集中、信息权属不清、信息主体恶意使用信息、第三方主体窃取信息等。[1] 这些信息安全隐患导致个人信息泄露的风险不断被放大，个人信息自由流通与个人隐私权保护之间的矛盾更为突出。

尽管数据安全已经被提上议事日程，但是数字化治理作为一种新生事物，在给公共管理和公共服务带来巨大便利性、快捷性的同时，难免存在一些规则和技术上的漏洞。数据共享与数据安全、便利与隐私这两对关系相生相克、相辅相成，不能因噎废食，要在发展中不断达成新的平衡。

目前我国很多城市都在努力推进智慧城市建设和数字化建设，但建设热潮也带来一系列有待解决的难题。比如法律法规尚不成熟，对信息隐私保护的重视程度不够，对问题爆发的反应灵敏度不强。世界上诸多国家的智慧城市系统建设，已经出现多起数据安全风险案例，相关城市也为之付出了巨大代价。2018年6月，新加坡SingHealth网络（新加坡最大的医疗保健提供商）遭受攻击，导致150万名公民的个人资料遭黑客盗取，其中包括总理李显龙的开药记录，成为新加坡历史上"最严重的侵犯个人数据事件"。[2] 2020年5月，谷歌旗下的子公司放弃了多伦多滨水区域投资超13亿美元的未来城市项目，其重要阻力便是传感器安装和数据收集等隐私问题引起居民担忧，而公司无法有效解决，项目最终未获政府批准。

互联网给城市治理带来的另一大非传统风险便是社会舆情，其

---

[1] 毛子骏，黄膺旭，徐晓林. 信息生态视角下智慧城市信息安全风险分析及应对策略研究[J]. 中国行政管理，2019（09）：123-129.
[2] 南博一. 黑客窃取，包括李显龙开药记录［EB/OL］.（2018-07-20）. https://m.thepaper.cn/newsDetail_forward_2280919.

原因主要有三：一是网络空间发言具有匿名性与虚拟化的特点；二是网络言论传播具有时效性高、传播面广、互动性强等特点；三是城市网民活跃程度高，尤其一、二线城市比三、四线城市网民的情绪加工指数更高。[①] 因此，城市管理者需要更加"谨言慎行"，一旦疏忽，导致线上线下的言行不一致或者违背自己的角色定位，顷刻间就可能被推至舆论的风口浪尖。此外，城市管理者还要实时关注各大社交媒体上汇聚的社情民意，对于可能持续发酵的问题做到早评估、早判断、早发现、早应对。尤其是在发生重大突发事件时，如疫情防控封城、自然灾害等，要按照规定时间进行多渠道的新闻发布，并持续对信息进行动态更新，及时回应社会关切，从而引导网民形成积极健康的社会舆论。否则，一旦处置不当，不但无法与网民达成共识，还有可能在更大层面上刺激社会情绪，进而导致舆情的无序发酵，增加城市治理难度，影响城市稳定和有效治理。

---

① 林翎. 2020年度中国城市网民性格画像"中山指数"报告发布［EB/OL］.（2021-09-03）. https://view.inews.qq.com/a/20210903A0EUOP00.

第4章

城市智慧化的愿景

胡业飞　张怡梦

4.1　技术赋能城市

2021年2月，在上海市南京东路一侧的南京大楼中，一名游客突然打开窗户，将手机伸到窗外拍照。

几乎同时，南京大楼一名保安的手环发出强烈振动，提醒他有人将物品伸出窗外，并向这名保安提示了该突发事件对应的楼层和具体位置。

于是，当那名游客刚刚拍完照片，尚未将手机从窗外收回、关闭窗户时，收到手环提醒的保安已经来到他的身边，提醒他不要擅自将手机探出窗户拍照，以免手机坠落误伤楼下行人。

或许有人会追问：保安的手环为什么能够探测到游客将手机探出窗户拍照？他的手环又是如何做到精确显示该名游客的位置呢？

这一切都要归功于南京大楼安装的数字孪生系统，该系统通过在各重点区域安装感知探测器，实现了对整座大楼重点场所的实时监测。

南京大楼数字孪生系统最大的特点是能够对潜在的危险举动发出预警，而不是当危险已经发生才做出反应。例如，游客将手机探出窗户拍照，虽然在这个事件中没有造成真正的意外伤害，但如果类似的事件反复发生，依然可能在某一天发生高空坠物事件。

所以，在游客打开窗户并将手机伸出窗外时，大楼的数字孪生系统便对这一行为进行实时监测、识别和报警，保安及时出现并对游客进行警示教育，就可以避免游客以后再次做出类似举动，从源头上降低了高空坠物事件的发生概率。

实际上，南京大楼数字孪生系统的功能远不止于此，而是覆盖了大楼管理的各个方面。例如，现在多数高楼大厦的烟雾报警器只有在房间内出现火焰并产生烟雾时才会发出警报，但南京大楼的数字孪生系统能够在楼内有人掏出香烟或者做出用打火机点烟的动作时就进行智能识别，并向管理人员发出预警。这种超前的识别和预警，能够最大程度地在危险发生前将其扼杀在摇篮中，从而尽量避免风险或使危险对整个社会造成的损失最小化。

南京大楼的案例提示我们：城市治理水平的进步离不开新技术的应用，新技术可以全方位地赋能城市治理。

超大城市治理，需要具备选择技术、吸纳技术、运用技术的智慧。而智慧化，也正是超大城市发展的愿景。

4.2 智慧城市：超大城市的建设愿景

2020年11月，习近平总书记在浦东开发开放30周年庆祝大会上指出："要提高城市治理水平，推动治理手段、治理模式、治理理念创新，加快建设智慧城市，率先构建经济治理、社会治理、城市治理统筹推进和有机衔接的治理体系。"

习近平总书记讲话中提到的智慧城市（Smart City），是21世纪人类社会正在广泛探讨的新兴概念。智慧城市不仅是新技术在城市场域中的汇聚，也是新技术的应用场景。建设智慧城市，是全球超大城市的共同宏愿。

据报道，新加坡在1993年首次面向全球提出了智慧城市的概念，其目的是强调通信技术基础设施投资和新技术应用在城市发展建设过程中的重要作用。[1] 而如今，在世界各国政府与产业界的共同推动下，智慧城市的概念已经传遍全球，并得到普遍采纳。

随着全球智慧城市建设的开展，先进的通信基础设施在世界范围内铺设，以信息技术为代表的各类新技术得到广泛应用，类似"数字孪生城市"（Digital Twin City）这样的新概念也在智慧城市领域内被创造出来。人们对智慧城市建设赋予高度期望，希望借助智慧城市的力量让超大城市居民的生活质量得到显著提升。[2]

不过，一个底层问题依然存在：究竟什么是智慧城市呢？

即使智慧城市的概念已传遍全球，但人们对智慧城市这一概念

---

[1] DAMERI R P. Smart city definition, goals and performance [C]. DAMERI R P., Smart city implementation: creating economic and public value in innovative urban systems, Cham: Springer International Publishing, 2017: 1-22.

[2] CHONG M, HABIB A, EVANGELOPOULOS N, et al. Dynamic capabilities of a smart city: an innovative approach to discovering urban problems and solutions[J]. Government Information Quarterly, 2018, 35（4）: 682-692.

的内涵与指向并不是十分清楚。学术界和智慧城市的建设者也尚未在智慧城市的定义上取得统一的见解，可谓众说纷纭。

出现这一现象的原因在于智慧城市的概念具有极高的包容性，其内涵极为丰富。

智慧城市总是广泛地利用智能技术工具来解决现有的城市治理问题，同时，广泛吸纳多方利益相关者参与城市治理。因而，智慧城市必然会拥有非常丰富的内容。

经济合作与发展组织（OECD）[①]对智慧城市做了非常细致且具有包容性的描述，即智慧城市善用数字技术提高公民福利，并为多方利益相关者创造更具包容性、更有效、更可持续性协作的城市环境。此外，智慧城市能够从多方位考量如何应对现有的城市治理挑战，鼓励利益相关者参与城市内部的合作伙伴关系，鼓励民众及私营部门参与政府决策过程，政府则开放公共数据的访问，让民众能够随时获取并利用政府数据，最终扩大社会各层次的合作。OECD还提出，智慧城市会在城市治理和基础设施投资方面进行数字化创新，最终改善全体城市居民的生活。

遵循类似于OECD的思路，有学者（Giffinger 和 Gudrun）[②]将智慧城市定义为"一种良好的城市，其公民拥有独立决策意识以及一定的资源禀赋，且城市功能也能够智慧地发挥"。最重要的是，两位研究者从多个方面提出了智慧城市所具备的一系列特征（见表4.1）。

---

① OECD. Smart cities and inclusive growth [EB/OL]. https://www.oecd.org/cfe/cities/smart-cities.htm. 2020.
② GIFFINGER R, GUDRUN H. Smart cities ranking: an effective instrument for the positioning of the cities? [J]. ACE: architecture, city and environment, 2010, 4 (12): 7-26.

表4.1 智慧城市的特征及对应指标

智慧城市特征	对应指标
智慧经济	加强城市竞争力，利用智慧技术提高生产力，发展灵活的劳动力市场，使城市持续保持竞争力
智慧用户	向城市居民传输终身学习和参与社会发展的驱动力，帮助居民营造具有创造力的开放心态，自我发展为更优的人力资本
智慧治理	实施透明、可视化的政府治理，提供更优质的公共社会服务，并鼓励利益相关者参与政策制定过程
智慧交通	实现超大城市与其他城市之间的无障碍通行，建设信息通信技术基础设施和创新的交通系统
智慧环境	重视环境保护，以期实现最大化的可持续发展，增进自然资源的管理与绿色产出
智慧生活	将城市的科教卫文设施、居民个人安全、房屋质量和社会凝聚力等各方面提升至更优水平

在上述认知框架的基础上，后续出现的一系列研究继续补充了智能建筑和智能市民等新关键特征。智慧建筑指的是高度数字化的商业建筑，这些建筑能够匹配现代工作场所的需求、支撑各类技术创新，以提高生产力。智慧市民则指向超大城市居民的优势——有能力、有资源、有技术，他们能够最大限度地利用智慧城市中的信息通信技术简化和优化日常生活与工作过程。

相比之下，另一组研究者（Tan和Taeihagh）[①] 则详细列举了智慧城市建设过程中的典型活动，描绘了智慧城市的建设行动（见表4.2）。

---

① TAN S Y, TAEIHAGH A. Smart city governance in developing countries: a systematic literature review[J]. Sustainability, 2020, 12（3）: 899.

表4.2 智慧城市的建设行动

智慧城市的建设行动	详述
为智慧城市建设融资	智慧城市建设应当汇聚各方资源。政府应运用多种融资工具（如税收、众筹、债券等），积累智慧城市建设与发展所需的金融资本
对技术应用的监管	国家与城市层面都应推进法律和政策的出台，以规范智慧城市中的技术应用，提升智能城市发展建设的透明度、可信度以及公众可接受度
技术设备和基础设施建设	建设安全可靠的无线通信基础设施与通信技术系统，搭建面向社会开放的公共数据集成管理平台，广泛布局物联网，利用传感器等技术设备协助智慧城市进行实时数据的获取与利用
人力资本建设	培育受过高等教育、精通科技的市民，使其可以利用信息技术响应智慧城市的倡议并助力智慧城市发展
打造坚实的经济基础	吸引外部投资者的青睐，以此促进智慧城市建设
城市居民的积极参与	人力、金融与技术资源广泛沉淀于城市居民，鼓励城市居民积极参与智慧城市建设并在政策制定过程中做出贡献
私营企业的广泛参与	私营机构在融资、技术支持、孵化新兴企业等方面与政府实现广泛互补
建设促进创新和持续学习的城市生态系统	培养具有创意和积极性的科研人员，使智慧城市成为创新之城

世界知名的咨询公司麦肯锡也对智慧城市的建设与运营模式做了非常详尽的描述。[①] 在麦肯锡看来，技术基础、智能应用平台及城市治理支撑平台是智慧城市建设与运营的三个基础模块。

第一个基础模块是技术基础，顾名思义，就是在城市原有的基

---

① WOETZEL J, REMES J, BOLAND B, LV K, SINHA S, STRUBE G, TANN V. Smart cities: Digital solutions for a more livable future [EB/OL]. (2018-06-05) https://www.mckinsey.com/business-functions/operations/our-insights/smart-cities-digital-solutions-for-a-more-livable-future.

础设施中纳入创新性的新技术，如利用5G技术连接各类设备、运用传感器建立物联网等。技术基础模块的建设目的，是使智慧城市的居民可以实现虚拟与现实的交互连接。

第二个基础模块是智慧城市的智能应用平台。这些应用平台在支持超大城市居民日常活动方面起到关键作用，并提供城市治理的数据分析基础能力。

第三个基础模块是城市治理支撑平台，该平台对超大城市的智慧城市建设而言是最关键的。在这个平台上，城市公共事务的利益相关者会基于第一个基础模块的技术基础及第二个基础模块的数据分析结果，做出恰当的城市治理行动选择。

综上可见，无论是OECD、学术研究者还是麦肯锡这样的商业机构，与其说是他们提供了一组智慧城市的定义，不如说是他们都对智慧城市的内涵做了广泛且具有包容性的解读与呈现。这再一次验证了智慧城市这一对象包含着丰富的内容。

因此，我们与其为智慧城市的概念下一个明确的定义，不如对智慧城市的可能样貌做出广泛的想象，并且找到一个最为关键的智慧城市建设的切入点，从而在超大城市系统中激励更多创新发生，实现智慧城市的建设愿景。

4.3 智慧治理：智慧城市的升级路径

那么，什么是智慧城市建设的最关键切入点？我们认为，是智慧城市中的智慧治理。智慧治理（Smart Governance）是智慧城市的核心建设路径。

前文呈现的南京大楼识别游客潜在危险行为的事件，正是智慧城市打造智慧治理、用新技术赋能超大城市治理的典型案例。过去，游客将手机等物品探出高楼窗外的行为很常见，也十分危险。但由于这些行为的动作并不大，也往往发生在一瞬间，因此超大城市的治理者只能扮演"事后诸葛亮"的角色，在事故真正发生之后才做出有限的纠偏与补救措施。

智慧城市中的智慧治理正试图改变这一不利局面。智慧城市的建设和新技术的应用，让超大城市的治理者面对社会问题，前所未有地实现了预防性的、事前的、更富有智慧的干预与处置。这正是智慧城市建设、新技术赋能城市治理所释放的强大能量。

理解智慧城市中的智慧治理，应从概念出发。实际上，智慧治理与电子政务（E-government）、数字治理（Digital Governance）等一系列经典概念有着紧密的关联。其中，电子政务在20世纪末就已经成为城市治理的重要组成部分，并且在近年来向着数字治理演化。

而所谓数字治理，指的是电子政务的更高级形态，即政府、公民和私营企业之间利用信息通信技术进行互动并协同开展城市管理的一类治理模式。经过二十余年的发展，数字治理在全球各个超大城市都取得了令人瞩目的成绩。

智慧城市以及智慧治理概念的流行，相对晚于电子政务与数字治理概念。这就产生了一个疑问：既然电子政务与数字治理概念业已存在并被广泛接纳，那么，智慧城市的诞生与发展究竟有没有催生一种崭新的治理模式，即所谓的"智慧治理"？

这对于超大城市治理与智慧城市建设而言是最重要，也是最亟待解答的核心问题。

事实上，智慧治理的本质特征，是更大程度地将"人"置于城市治理的核心，即充分响应和满足市民的需求。更进一步来讲，智慧治理本身是智慧城市实现上述目标的核心机制与路径。[①]当智慧治理实现之时，智慧城市的发展与建设也就实现了质的跃升。在智慧城市系统中生发的智慧治理能够使超大城市的数字治理实现显著的提升，也能进一步实现智慧城市的升级。

智慧治理对智慧城市建设的升级作用，主要体现在以下几个方面：[②]

第一，智慧治理可以让政府官员更好地使用智能基础设施来提高政府生产公共产品的效率，而这个优化过程也会帮助更高层级的政府领导者监管公共产品的质量和产出速度，解决委托代理中的信息不对称问题。

第二，在智慧治理中，城市公民的生活质量可以通过更好的公共服务来获得提升，且可以借助智慧城市建设来集体应对紧迫的全球挑战，如能源资源枯竭、基本医疗保健服务不足、全球性公共卫生危机来袭等。

第三，在包容性治理的理念下，智慧治理提供了一系列容纳利益相关者沟通与协调的平台，以建立和提升超大城市内部各界对智慧城市本身及其运营者（城市政府）的信任。

第四，智慧治理有助于解决城市生活中的结构性不平等，实现

[①] 武英涛，付洪涛.全球城市数字化转型的典型案例分析及对上海的启示[J].全球城市研究（中英文），2021，2（03）：1-12.

[②] TAN S Y, TAEIHAGH A. Smart city governance in developing countries: a systematic literature review[J]. Sustainability, 2020, 12（3）: 899; SZAREK-IWANIUK P, SENETRA A. Access to ICT in Poland and the Co-creation of urban space in the process of modern social participation in a smart city—a case study[J]. Sustainability, 2020, 12.

对欠发达社区的包容和扶持，并利用先进的信息和通信技术保障弱势人群的基本需求。

第五，智慧治理能够让市民获得更多的公共信息与数据，强化市民参与公共事务、为城市做贡献的能力，加强市民和政府之间的合作，优化超大城市治理政策的制定。

当然，智慧治理的内涵与功能并不局限于上述几个方面，因为智慧城市本身就是一个包容性的概念。不过，我们依然可以勾勒出智慧治理的基本特征，并体现智慧治理相对于电子政务、数字治理的显著差异，同时也彰显智慧治理对智慧城市的升级促进作用。

首先，相比于传统模式，智慧城市中的智慧治理对前沿治理技术有着更好的应用，对城市治理问题有着更高效、更精准、更敏捷的应对与处理。

其次，相比于传统模式，智慧城市中的智慧治理能够更好地超越政府部门的组织边界，营造政府、企业、社会组织以及市民的合作治理氛围，并基于数字技术实现更优的多方协同。

再次，相比于传统模式，智慧城市中的智慧治理能够更加体现出"人"的智慧，更加深刻地洞察城市居民的冷暖，更加迅速地响应城市居民的需求。

不过，需要注意的是，智慧治理无法一蹴而就，而是要分阶段实现，每一阶段必须匹配城市当前拥有的资源禀赋与现实条件。各国政府应该结合对各自的智慧城市发展进度评估和拥有的资源及能力的分析，采取最适合的智慧治理建设模式，以期事半功倍，达到最佳效果。

4.4 智慧治理的亚洲实践

21世纪以来,全球各国的超大城市都开展了形式多样的智慧城市建设实践,形成了各具特色的智慧治理模式。

其中,亚洲地区结合其自身的经济、社会与自然条件,成为智慧城市与智慧治理实践的高地。本章将列举亚洲一组知名城市的智慧治理建设成果,同时通过比较来彰显上海智慧治理建设在整个亚洲的独到之处。

4.4.1 韩国首尔

曾经在联合国世界电子政务评估领域连续五次获得第一名的首尔,其智慧城市建设最早源于2004年韩国实施的U-City计划,该计划鼓励城市在其基础设施中配备相关的信息通信技术,并强调将信息通信系统与U-City服务相结合,为地方治理探索新解决方案。[①]

2011年,首尔专门推动了"智慧首尔2015计划"(Smart Seoul 2015),希望能够通过提升城市的智慧化水平,增强首尔在全球的竞争力以及可持续能力。"智慧首尔2015计划"更多地把着重点放在以人为本上,在增强科技应用的同时,促进城市与市民之间的良性互动。

在政府角色上,首尔市政府一直致力于推动智慧城市的发展,通过建立多方协作平台加强首尔的智慧城市建设,并应用相关科技

---

① OECD. Smart cities and inclusive growth [EB/OL]. https://www.oecd.org/cfe/cities/smart-cities.htm.

改善市民生活。同时，政府又可作为引导者，鼓励市民使用智能工具，并持续开放大数据供市民以及私人机构使用，提升他们在城市建设中的参与度以及方便度。

此外，首尔市政府持续推动政府与私营企业在智慧治理中的合作。比如，私营企业通过竞争获取政府的智慧城市建设订单，为市民提供更多的公共服务应用程序。最为典型的案例就是当地广受欢迎的首尔巴士应用程序。

在推动首尔智慧城市建设过程中，首尔政府强调以人为本的原则，希望能够通过应用智慧科技改善市民的生活。这一点从首尔政府提供的利民措施中可见一斑。

例如，首尔提供了一整套的安全服务，通过摄像头以及手机定位，确保小学生上下学路程中的安全。此外，政府还利用"社区地图"（Community Mapping）这一程序，让市民标记地图上的特定位置并向市政部门提出意见和建议，从而让市民与政府合作，协同制定这些城市问题的解决方案。

此外，首尔政府还注意到智慧城市中的数字鸿沟问题，有意识地引导部分重点市民群体使用智能科技、下载智能软件，还有针对性地实施了免费捐赠计划（为穷人以及低收入人士提供二手电子设备）、网络课程资助计划（资助市民修读相关智能科技课程）以及提供免费公共无线网络服务。这些举措提升了市民的智慧治理参与能力。

特别值得一提的是，首尔恩平区的智慧城市（Eunpyeong U-City）项目于2011年完工，可以说是首尔智慧城市建设的标杆。区域内的城市居民并不需要借助私人智能移动设备连接政府平台才能享受城市服务，而是在政府的帮助下，在客厅安装了智慧设备。这种智慧设备连接了智慧城市的多项功能。例如，该区街道的每个街角都安装了智能闭路电视,自动检测非法入侵者并将信息传输到家庭的指挥设备上,保障市民的生活安全;政府在区域周边投放了检测水和空气质量的传感器,并将检测结果直接传输到公共场所以及市民客厅的设备上,帮助居民实时了解生活环境状况。

此外,政府也向首尔恩平区内有需要的老人发放了侦测设备。如果这些老人不小心离开了恩平区或者触动了家里的报警铃,系统会给其监护人发送老人所在的地理位置,尽快解决老人的问题。

在建设智慧城市、开展智慧治理的过程中,首尔市政府主要使用两套技术工具:

第一套是市民平常能够接触到的"移动首尔"(m.Seoul)。这是一个基于内容管理系统的、可在移动端直接使用的政府网站App,除了整合政府相关服务提供给市民使用之外,还为市民提供更贴心的个性化服务,接受市民投诉及综合建议。

第二套是首尔市政府自建的"首尔网络系统"(u-Seoul net)。这套系统把光纤电缆嵌入首尔的地铁隧道中,用以连接城市的主要公共建筑、其附属的办公室以及其他机构。之后,在数据收集方面,首尔市利用了城市的公交系统,通过公交站台摄像头以及感应器收集相关信息并传送到首尔网络系统上。此外,这套网络系统还连接了另外三个子系统,一个是用于行政功能的内部管理网络,一个是连接首尔30 000个闭路电视装置的视频数据网络,还有一个是连接首尔市政府下属所有公共办公室网站的"u-"服务网络。首尔市政府基于"首尔网络系统",实现了对智慧城市的整体把控,推动了智慧治理的实施。

4.4.2 新加坡

新加坡的智慧城市与智慧治理建设,更多地集中在智能城市的平台之上。新加坡希望能够通过智能平台的建设加强政府部门之间的互动，提高处理城市事务的水平。

新加坡的"智慧国家计划"开始于2014年。当地政府期望通过数字经济、数字政府以及数字社会三个方面的建设，打造一个匹配智慧城市发展建设的协作型政府，促进政府、公民和私营部门之间更多地进行共同创造和互动，为新加坡带来更大的价值。该计划旨在以提供在线服务的方式，将城市治理从"政府对你"转变为"政府与你"，目的是鼓励企业、市民等社会主体与政府发生更多的互动。同时，新加坡政府积极推动政府部门和私营部门在城市治理中的协同合作。[1]

新加坡的智慧治理集中体现在六个方面：

第一，数字化整合政府服务，以更好地满足市民及企业的使用需求；

第二，加强政策与科技之间的结合，强化政策的技术能力；

第三，建立城市公共数据平台；

第四，强化行政系统对新技术、新环境的适应能力；

第五，提升公务员本身的科技使用能力；

第六，通过政府与市民、企业合作，强化整个社会对数据的有效应用。[2]

在技术工具层面，新加坡主要应用手机App给市民提供智慧治理服务，其中包括：

---

[1] LIM K. Why do Singapore 'co-source' digital services? [EB/OL].（2016-06-23）. https://govinsider.asia/smart-gov/why-does-singapore-co-source-digital-services/.

[2] AISYAH K. Singapore's smart nation strategy [EB/OL].（2021-12-22）.https://opengovasia.com/singapores-smart-nation-strategy.

——虚拟助力手机应用程序"Ask Jamie"。这个App能够利用自然语言处理引擎,理解公众提出的问题并提供相应的答案。

——政务事项办理手机应用程序"MyInfo"。市民在做事务申请时,可以通过这个应用程序在手机上直接提取相关资料并自动填写表格,最后只需要确认一下就可以提交。

——政务信息公开手机应用程序"Moments of Life"。这是一个方便市民提取相关政府资讯的App。

——国家电子身份计划(National Digital Identity Initiative)。该计划对市民数据进行整合,市民只需要向政府提供自己的电子身份,就能取用自己所需的信息和数据。

为更好地实现智慧治理,新加坡政府建设了一个综合的数据共享平台,让所有的政府机构都可以访问政府数据资源。为支撑这一平台,新加坡也建立了统一的数据服务标准(Digital Service Standards),提供给参与城市治理的各个部门使用。[1]

不过,新加坡没有建设统一的城市智慧治理运营中心,只在智慧治理的数据整合规则和行动条例方面达成了一致。因此,各个行政部门会分别设立自己的运营中心。比如,新加坡的道路交通管控局下就有两个运营中心,用于监测交通状况和收集实时交通信息。[2]

---

[1] Government Technology Agency. Singapore government tech stack [EB/OL]. https://www.tech.gov.sg/products-and-services/singapore-government-tech-stack.

[2] LEE S, KWON H, CHO H, KIM J, LEE D.International case studies of smart cities Singapore, republic of Singapore [EB/OL]. https://publications.iadb.org/publications/english/document/International-Case-Studies-of-Smart-Cities-Singapore-Republic-of-Singapore.pdf.

因此，在应对城市治理中的紧急事件时，新加坡政府的处理方式依然是召集机构高层召开紧急会议。这也是新加坡城市智慧治理的突出特色：保留人的最终决策权。

4.4.3 中国香港

中国香港的城市智慧治理承接了当地的电子政务建设成果，主要可以分为三个阶段：首先，从2001年到2006年的基础平台建设阶段；之后，从2006年到2016年的优化电子政府平台、拓宽电子政府服务阶段；最后，从2017年至今的电子政府普及化、跨平台化的现实深度结合阶段。中国香港特区政府也迈向了数字治理乃至智慧治理，从以前的单一平台化向多平台技术化发展。

香港特区的数字治理起源于1998年首次发表的"数码21新纪元"资讯科技策略，后在2001年以及2004年修订为"数码21"资讯科技策略，以配合日新月异的科技发展需求。"数码21"相关政策在1998年颁布之后一直定期更新，在十余年中取得了较大成功，并最终在2017年7月正式停止运作。

之后，我国香港特区重点实施的公共服务电子化计划，是在2006年推出的香港特区政府"一站通"。这个网站综合了香港特区政府不同部门的资讯，方便市民获取并享受政府服务。

在数字治理建设中，香港特区政府的"一站通"可以说是香港城市数字治理最核心的平台。该平台提供了数字治理的总体框架以及支撑架构。

香港特区政府的"一站通"以一个总网站的形式，设立不同的分网站，打造了一个完整的政府平台为市民提供服务。直到今天，这个网站依然提供了一系列政府资讯和服务链接，并按照社会群体以及相关主题进行分类，包括本港居民、商务及贸易、非本港居民等。"一站通"中每一组社会群体的版面都会分别划分为多个主题，例如入境事务、运输及驾驶事务、就业等，让市民无须知悉政府部门的分工及服务范畴，亦能够寻获所需资讯和服务。

此外，"一站通"也在2010年12月推出了个人平台"我的政府一站通"，让市民可以基于自身的需求，更加便利地获取与自己相关的政府资讯。例如，香港的大学生可以通过这个网站轻松登入学资处电子通服务平台，提交贷款申请。

"一站通"这个一站式政府门户整合了当地所有政府部门提供的电子政务服务，有效改善了电子政务服务使用率偏低的问题，提高了电子政务服务的使用率。并且，以"一站通"为核心平台，香港特区政府日后持续拓展了智慧城市的公共服务内容。

除此之外，特区政府也以引入公私伙伴关系的方式，邀请相关私营组织提供市民所需的社会服务，并推出了电子采购公共系统，方便私营机构直接使用网站投标，节省交易成本，提升了数字治理的水平。

近年来，随着智能手机的蓬勃发展，城市治理的数字化转型需求日益迫切。因此，香港特区政府推动了数字治理迈向智慧治理的新一轮变革，即从以前的单一平台网站、被动式的电子政务服务，转变为依托多个平台协同开展工作，并主动提供服务，让市民感受到智慧城市为日常生活带来的裨益。

为达成这一目标，香港特区政府公布了新的《香港智慧城市蓝图》，并在2020年12月更新为《香港智慧城市蓝图2.0》，提出在智慧出行、智慧生活、智慧环境、智慧市民、智慧政府及智慧经济六个方面,继续优化城市管理与扩大城市服务,打造智慧治理与智慧城市。[①]

首先,香港特区强化了城市数据收集工作。例如,政府推行多功能智慧灯柱试验计划,通过灯柱远程传感器设备来实时监测空气污染、公共场所清洁度以及垃圾箱使用情况。

其次,经典平台"一站通"也同时进行优化以适应智慧治理的要求。2016年,特区政府强制所有政府部门保证"一站通"完成升级,使其提供的移动端服务与网页端服务具有完全一致性。

此外,特区政府也注重提升公共服务的智慧化水平。一方面,特区政府重视满足香港居民的信息化需求。比如,香港的公共图书馆普遍提供电脑设备,公众可以使用这些设施免费上网。此外,政府的Wi-Fi计划已经在香港600多个地点提供免费的无线上网服务。

另一方面,其他满足改造条件的公共服务也开始采用数字化形式运作,包括电子采购、税务管理、本地大学招生、移民服务、许可证申请,港口手续和账单支付等。[②] 一个典型的案例是新冠肺炎疫情期间发放给每人的5 000港币电子消费券。这不仅推进了香港市民日常生活的电子化,也加快了政府柜台服务电子化的步伐,城市智慧治理也由此迈上了一个新台阶。

---

① 香港创新及科技局.香港智慧城市蓝图2.0 [EB/OL]. https://www.smartcity.gov.hk/tc/vision-and-mission.html.

② LUK S. The impact of leadership and stakeholders on the success/failure of e-government service: using the case study of e-stamping service in Hong Kong[J]. Government Information Quarterly, 2009, 26(4): 594-604.

4.5 智慧城市与智慧治理的上海之路

相比亚洲其他城市,上海走出了一条与众不同、具有中国特色的智慧城市建设与智慧治理发展之路。

理解上海的智慧城市建设与智慧治理发展,首先要了解智慧城市与智慧治理在中国的发展历程。2009年,广东广州启动智慧城市建设,并与提出"智慧地球赢在中国"的IBM公司签订了合作方案。这也是IBM公司在中国签订的第一个智慧城市合作项目。[①] 随后,江苏昆山、湖北武汉等地方政府也相继与IBM公司签订了合作协议。[②] 这些合作建设项目可以说是中国智慧城市建设与智慧治理发展的起点。

紧接着,智慧城市建设进入中央政府的政策视域,这成为我国智慧城市建设与智慧治理发展的重要里程碑。

2011年,党中央国务院发布的《中华人民共和国国民经济和社会发展第十二个五年规划纲要》提出了"推动数字城市建设,提高信息化和精细化管理服务水平"的目标。

在这一政策的引导下,2012年,国务院发布了《国务院关于大力推进信息化发展和切实保障信息安全的若干意见》,其中明确指出要"推动城市管理信息共享,推广网格化管理模式,加快实施智能电网、智能交通等试点示范,引导智慧城市建设健康发展"。"智慧城市"一词更加频繁地见诸顶层设计政策文件之中。

同年11月,住房和城乡建设部发布《关于开展国家智慧城市

---

① 杨清霞.怎样迈向智慧城市[J].决策,2009(12):54-55.
② IBM."智慧城市"解决方案[N].电脑商报,2009-11-23(011).

试点工作的通知》，确定上海市浦东新区和北京市东城区等90个城市（区、镇）为创建国家智慧城市的第一批试点。后又增加了两批次国家智慧城市试点，最终智慧城市试点达290个。

2014年，中央办公厅和国务院办公厅联合发布《国家新型城镇化规划（2014—2020年）》，将智慧城市作为城市发展的全新模式，提出到2020年建成一批特色鲜明的智慧城市。

在中央政策的引导下，一批智慧城市建设与智慧治理发展的典型案例不断涌现。

例如，首都北京在2012年正式投入运营"城管通"手机应用程序。城市管理监督员可以使用该应用程序拍照上传并填写表单，随时随地向北京市的信息化管理系统中心报告城市运行的实际情况，实现从下而上的城市治理问题实时反映。广大的北京市民也可以通过这一手机应用程序随时举报和反映城市问题。

在广东广州，智慧城市建设再造了城市治理流程，推进了智慧治理。广州市政府从2015年开始推动"五个一"概念的社会治理方式，即"一卡通行、一号接通、一格管理、一网通办、一窗服务"。其中"一卡"即电子证照建设，"一号"即12345统一服务号，"一格"即社区网格化服务管理，"一网"即网上办事大厅，"一窗"即政务服务大厅，打造15分钟线下政务服务网络，按照"前台综合受理、后台分类审批、统一窗口出件"的要求，再造审批业务流程链条。广州市的移动政务服务也充分考虑了城市居民的需求，集成了747项服务以及62种电子证照，实现了654项"零跑动"，公安部门、人力资源和社会保障部门、教育部门下的许多高频服务事项都能在移动App上完成办理。

在我国智慧城市建设与智慧治理发展的时代大潮中，上海也是起步较早的城市之一。

上海早在2010年便提出"创建面向未来的智慧城市"战略，并于2011年制订出台《上海市推进智慧城市建设三年行动计划（2011—2013年）》。这一行动计划的成果直接体现为：2013年，在国务院工业和信息化部组织的中国信息化发展水平评估中，上海的综合指数得分排名全国第一。[①]

2014年9月，《上海市推进智慧城市建设2014—2016年行动计划》正式出台，将信息感知和智能应用作为发展重点，着力实施"活力上海（LIVED）五大应用行动"。

经过十余年的发展，智慧城市已成为上海城市核心竞争力的重要组成部分，是上海建设具有全球影响力的科创中心和卓越全球城市的重要载体。

近年来，上海进一步确立了超大城市的智慧城市与智慧治理建设新核心，即"一网统管"。这一概念的问世，不仅是对前期工作的有效承接，也标志着上海智慧城市建设与智慧治理发展迈入新阶段。

2017年，上海印发了《关于加强本市城市管理精细化工作的实施意见》的通知文件，为"一网统管"概念的出现提供了新的支撑。

2018年1月，上海又发布了《贯彻落实〈中共上海市委、上海市人民政府关于加强本市城市管理精细化工作的实施意见〉三年行动计划（2018—2020年）》，其中提到，在2020年要做到"智能化，是城市管理的重要手段"。

---

① 工业和信息化部信息化推进司，中国电子信息产业发展研究院. 2013年中国信息化发展水平评估报告［EB/OL］.（2022-03-12）https://www.docin.com/p-799379848.html.

在上述政策颁布的同时，2018年4月上海市大数据中心成立，各区也相继组建城市运行中心、大数据中心等。无论是城市精细化管理、城市大脑建设还是城运中心与大数据中心的建成，都为"一网统管"造就了底层支撑条件，"一网统管"呼之欲出。

2019年初，时任上海市委书记李强提出了"一屏观天下、一网管全城"的建设愿景，"一网统管"概念正式成形。

2020年，上海陆续发布《关于进一步加快智慧城市建设的若干意见》《关于加强数据治理促进城市运行"一网统管"的指导意见》《上海市城市运行"一网统管"建设三年行动计划》等指导意见和规划，并且在应对新冠肺炎疫情的实践中，实现了"一网统管"建设目标与实际应用场景的磨合与匹配。

2021年7月，在上海发布的《上海市国民经济和社会发展第十四个五年规划和二〇三五年远景目标纲要》中，"加快数字孪生城市建设，加快城市管理主题数据库建设"以及"做强三级平台功能，推进数字管理流程再造"成为"一网统管"的主要发展内容之一。

随后，2021年9月，《上海市促进城市数字化转型的若干政策措施》正式生效，该政策提出，"到2025年形成上海城市数字化转型的制度框架体系"，同时"全面提高治理数字化管理效能，数字化转型建设多元化参与"。这对上海市"一网统管"做出了新的描绘。

总的来看，作为上海市智慧城市与智慧治理建设核心的"一网统管"平台具有灵敏感知、部门协同和事项闭环等特点。

首先，"一网统管"平台依靠广泛的手机数据信息，灵敏感知城市的"一吸一呼"，着力实现智慧治理。截至2020年12月，上海已经安装了约110万个烟感、广告牌振动传感器。[1] 并且,"一网统管"系统实现了与警务系统的互联互通,这对于灵敏感知城市的细微变化有极大帮助。以普陀区长征镇建成的"鹰眼图像智能比对技术"系统为例,执法人员通过智能巡检系统,能够对违法建筑进行全方位无死角的巡查监控,并快速纠偏。[2]

其次,"一网统管"注重提升行政部门的协同水平。在现实生活中,很多超大城市治理问题远非一个部门所能处理的,往往需要多部门通力配合方能妥善解决。例如,在发生紧急社会事件时,各部门基于"一网统管"平台协作开展工作,当地公安机关可以对管控目标采取精准管控措施,当地党支部组织成立志愿者队伍配合居委会与网格员处理善后,以求实现整个事务的多部门协同、工作配合井然有序。[3]

再次,"一网统管"平台力求实现公共事项的多层级闭环处理。以杨浦区为例,该区"一网统管"系统通过构建高效联动的处置机制实现了街道内部的联勤联动。一个事件在杨浦区处理时,首先会根据复杂程度被分成不同等级,简单的事项可以在小循环内解决;这一层级无法解决的事项则上传至街道层面联动处理;如果还是无

---

[1] 赵奇.关于"一网统管"工作情况的报告[EB/OL].(2021-04-23).http://www.spcsc.sh.cn/n8347/n8407/n8938/u1ai234759.html.
[2] 普陀区人民政府.普陀区长征镇通过"鹰眼"显神通[EB/OL].(2021-11-09).https://www.shanghai.gov.cn/nw15343/20211110/32ebdfbb987744b7b889b5fae3c6b934.html.
[3] 上海市人民政府.松江:相关超市所在广场全封闭 涉及小区连夜核酸检测[EB/OL].(2021-11-09).http://service.shanghai.gov.cn/SHVideo/newvideoshow.aspx?id=6A55A3D2D68A1E98.

法处理，则进入区级大循环层面予以解决。[①] 在每个层级的循环中，系统会将事件派给指定部门，该部门在解决后会同时向系统和当事人反馈。所以，"一网统管"让每个事件在具体处理过程和处理层级两个方面都实现了闭环，这种闭环保证了每一个事项都会得到有效解决。

综上，"一网统管"让上海的智慧城市建设与智慧治理发展闯出了一条特色之路。这套系统将"技术铁三角"（算力、算法、数据）转化为"管理铁三角"（思路、算法、方法），从整体视角出发，合理调配资源，满足群众时刻变化的需求。同时，"一网统管"在超大城市风险来临时，能够及时捕捉风险要素，实现"关口"前移，减少风险损失。

在超大城市的超级不确定性来袭、复杂巨系统日益彰显脆弱性以及传统治理的人海战术失灵后，上海的"一网统管"智慧治理方案，不仅在亚洲智慧城市与智慧治理实践中独树一帜，也提供了一套极富实践价值的解决方案与"出路"。

超大城市智慧化的愿景，于是拥有了实现的可能。

[①] 杨浦区人民政府. 优化"城市大脑"杨浦"一网统管"不断改善居民日常生活［EB/OL］.（2021-12-28）. https://www.shanghai.gov.cn/nw15343/20211229/3834552887084f-5d98e13e1e2ed23948.html.

第二部分
"一网统管"是如何炼成的

第5章
一屏何以观天下

刘哲昕　谷望舒

"一屏观天下",就是要通过搭载着数据的"屏",展示城市运行的各项要素,以此"观"城市管理的需求。"一屏观之"体现了管理需求数字化的内在逻辑,使城市治理者能在最低层级、最早时间,以相对较低的成本,解决最突出的问题,以有效解决城市管理中"看不清、管不过来、处理不了"的问题,提升城市治理的数字化效能,提高超大城市治理精细化水平。

城市规模和空间越大,城市运行管理的面越宽,各类城市运行问题和风险就越多;城市生活有多丰富,城市治理就有多复杂。依靠传统的人海战术和一般的技术手段,导致很多问题看不清楚、管不过来、处理不了。"一屏观天下、一网管全城",就是运用现代科技手段,建设超级大脑,把城市全面"数字化",便可以从海量数据资源中及早预见潜在风险,为城市治理带来更加持久的推动力。这在横向上拓展了城市治理的物理空间,探照了城市治理的边角,在纵向上也对接了需求、研判了形势,能够在最低层级、最早时间,以相对最小成本,解决最突出问题,取得最佳综合效应。

国土空间治理体系和治理能力现代化是国家治理体系与治理能力现代化的重要内容。在数字化改革背景之下，思考如何布建国土空间数字化大棋局，如何利用空间数据技术提升治理纵深与疆域，是推动城市治理模式变革、治理体系重构的迫切需求和必然选择。"一屏观天下"是探索国土空间治理体系和治理能力现代化的前奏，只有看得见，才能治理得好。

5.1 用"何物"观天下

"一屏观天下"的运行模式就是将"屏"与"天下"通过系统平台联动起来，使其互为支撑，对物理空间内的人、事、物进行扁平化、可视化管理，在一个端口上实现城市治理要素、对象、过程、结果等各类信息的全息全景呈现。在"一屏观天下"过程中，"屏"上的内容绝不是"天下"的简单映像，屏幕上汇集的是城市管理的需求，展现的是数字化治理的技术更新。"一网统管"以"互联互通、上下联动"为原则，挖掘"城市大脑一朵云"的算力，生成治理要素的一张图，让数据汇集成一个湖，激活移动应用这个总门户，聚焦数据的汇集效率和质量，真正让城市治理实现全方位的数字化。

5.1.1 用电子眼观天下

近几年，上海进一步加快"感知端"建设。依托市域物联网运营中心，聚焦人物动态，逐步将分散在各处的、碎片化的、可共享数据的物联感知设备汇集起来，进一步摸清感知端"家底"，进一步提升感应速度和反应能力。

在线上空间，"一网统管"通过建立整合的大数据中心，构建统一的公共服务网，归集原来分散在各个部门的数据，明确政府部门的数据和信息"以共享为原则，以不共享为例外"，实现政府部门内部的数据联通和共享，为高水平的公共服务和高质量的公共管理提供技术支持。在线下空间，城市治理者推动各个相关职能部门集中和协同工作，推进城市管理者的资源整合，为高效处置好一件事提供整合性的支撑和保障。2019年以来，上海市城运系统利用"智慧公安"建设成果和大数据、云计算、物联网、人工智能等先进技术，建成城运系统1.0版，以硬件、软件和数据为基础，推出了一套较为完整的城市运行基本体征指标体系。这套体系运行后，可以直观反映城市运行的宏观态势，通过全方位织密的网络，可以从不同角度观察城市的"呼吸与脉动"，初步实现"一屏观天下"。

作为上海城市大脑的重要组成部分，城运系统充分利用智慧公安建设成果，结合大数据、云计算、物联网、人工智能等先进技术，创造性地推出了一套较为完整的城市运行基本体征指标体系。在一个端口上实现城市治理要素、对象、过程、结果等各类信息的全息全景呈现。[1] 在这样的平台治理模式下，平台的辐射范围可以不断扩展，服务业务和服务对象持续增多，公共服务的空间与容量限制不断突破，这张日渐织密的网，将会逐步实现公共事务治理与公共服务在空间上的"全覆盖"。[2]

---

[1] 丁艳彬. 上海"一网统管"建设三年行动计划出台[EB/OL].（2022-04-24）. http://www.chinajsb.cn/html/202004/20/9524.html.
[2] 陈水生. 数字时代平台治理的运作逻辑：以上海"一网统管"为例[J]. 电子政务，2021（8）：6-7.

5.1.2 用数据记录天下

从宏观层面看,上海市"一网统管"系统平台以全市为发现域,重在全时空、广覆盖、抓关键,关注气象、交通、安全、城市保供、环境、人口、舆情民意、社会稳定八个方面。依托市、区两级大数据资源平台,"一网统管"的平台系统接入了公共安全、绿化市容、住建、交通、应急、民防、规划资源、生态环境、卫生健康、气象、水、电、气、网等领域的多家单位;完成了公安感知网及市防汛水务的海洋网等专网的整合联通;市政务微信平台也已延伸至全市,承载各类"一网统管"应用,覆盖了住建、水务、交通、防汛防台等业务领域和人口管理、养老服务、特殊人群管理等社会领域。从微观层面看,以街镇、网格、居村、园区、楼宇等为发现域,平台能够聚焦区街一体、社区自治共治,突出实战性和精细化,构建基于不同管理单元的各类体征,这样的布局在空间的广度上最大程度地覆盖了城市大小单元的每个角落,在事项上也能够涵盖人民群众日常生活的方方面面。

"城有千万楼,楼是最小城"。上海大约有480万栋建筑物、4.75万幢高层建筑、24万台电梯。[1] 聚焦这些城市运行管理中的最小管理单元,"一网统管"平台能够通过数字化手段进一步提升街镇村居等基层的精细化管理水平。2021年7月,上海数字治理"最

---

[1] 上海市黄浦区人民政府. 数字化赋能大上海的"城市最小管理单元"[EB/OL]. https://www.shhuangpu.gov.cn/xw/001009/20210816/c1f0ce90-0da2-4507-b0aa-5eb8bc70ed2f.html.

小管理单元"二期成果发布。在一期成果的基础上，将试点范围扩大至景区、商铺和居民小区等"最小管理单元"，借助一系列智能设备和科技手段，通过分级分类治理，努力实现城市数字化转型下的精细化管理新模式，让城市更安全、更有序。当前上海的"最小管理单元"建设已聚合50多家企业，提供了消防安全、房屋安全、大客流安全、高空坠物、非机动车安全、电梯安全等20多种数字治理解决方案，探索出了可复制、可推广的城市安全管理新机制。[①] 从一幢楼到一条街、一个区、一座城等数字治理"最小管理单元"的试点，也将助力上海和全国其他城市探索符合超大城市特点的治理新路子。

5.1.3 用一网联通天下

"一屏观天下"是"一网统管"的基础功能，"一屏观天下"技术基础是将政府部门内部各类专网接入"一网统管"平台，"一屏观天下"的组织基础是三级城运中心的建成和运行。"一网统管"以"三级平台、五级应用"为核心，打造了"王"字形城运架构。在"王"字形城运架构中，三横代表的是三级平台，一竖代表的是连通三级平台的信息管道。这种架构把三级城运平台打造为各级的核心枢纽，实现同级的协同共享、上下级的互联互通。可以在最低层级、最早时间，以相对最小成本，解决最突出问题，取得最佳综合效应。

市级城运中心主要负责加强顶层设计，大力推进"一网统管"建设，加强对三级城运中心的建设和指导，为全市"一网统管"建

---

① 吴颉.上海：数字治理"最小管理单元"二期成果发布[N].解放日报，2021-07-11.

设提供统一规范和标准,完善全市重大事项现场指挥处置功能。重在抓总体、组架构、定标准,依靠兼容开放的框架,汇集数据、集成资源,赋能支撑基层的智慧应用。区级城运中心要发挥枢纽、支撑功能,强化本区域个性化应用的开发和叠加能力,为区级和街镇、网格实战应用提供更多有力保障。街镇一级城运中心要对城市治理具体问题及时妥善处置,对重点难点问题开展联勤联动。主要负责统资源、抓处置、强实战,统筹调动街镇一级的资源和力量,处置城市治理的具体问题,赋能基层干部更多的智能化工具和手段。此外,在应用场景开发方面,也实现了分层分级的统一部署,在市级层面,聚焦跨部门、跨层级、跨领域的应用场景建设;在区级层面,围绕重点领域"一件事"开展处置流程的梳理、优化、再造;在街镇级层面,要高效率、低成本地建设一些轻应用和小程序。

5.2 观天下的"何物"

"一屏观天下"是基于数字系统的感知端、传输链、认知端、使用端等对城市的"人、物、动、态"等对象的全要素全方位观察;借助"一网统管"实现业务感知、数据传输、信息分析与处理、城市应用的完整闭环,构建完整的数字化体系,融入城市全要素,让城市运行更加顺畅、发展更加均衡。

5.2.1 城市生命体征全面感知

城市生命体的概念,是从人类社会发展的角度来理解城市的,即将城市看作有骨骼、有神经、有思维、有智慧的"生命体"。这样一种认知看到了城市本身存在的内在秩序，以及城市所具有的类似于生命体相关特征的功能。现代城市内部各要素既彼此独立又相互联系，城市需要依靠这些要素的有机作用来实现其健康运转与活力发展。城市生命体是对城市发展与城市治理内在规律的认知突破，这一概念从市民的幸福感、获得感、归属感出发，站在人的价值角度重新思考和构建城市治理思路。通过在城市与人之间建立一个良性互动的生态关系，引领城市的高质量发展。未来的城市智能生命体将不只是若干功能的简单叠加，而是一个智能的生命体。

城市生命体理念强调的核心是人，作为与人们生活息息相关的场所，城市应该以人民为中心，保障市民安全，关注人的感受。[①]这种理念会给城市治理带来根本性变革，它会更多关注影响城市健康运行的要素与系统。例如，城市公共安全、公共卫生、重大疫情防控、民生保障、城市设施的人性化、职住平衡等因素。[②]"一网统管"的治理模式便是把城市当成一个有机体、生命体，围绕城市全周期管理的"人、物、动、态"四个方面，从"城市动态""城市环境""城市交通""城市保障供应""城市基础设施"5个维度进行城市治理。城市作为生命体、有机体，有其呼吸、脉搏和一系列丰富的"运行体征"。

基于海量、多维、全息数据打造城市运行生命体征，上海市城市运行管理和应急处置系统已经初步完成"观管结合"的治

[①] 刘玲.城市生命体视角：现代城市和谐建设初探[M].上海：复旦大学出版社，2012：70-71.
[②] 李文钊.城市生命体有机体思想带来治理变革[N].长江日报，2020-08-13.

理构架，基本实现城市运行"耳聪目明可感知"：围绕"城市动态""城市环境"等5个维度、86个一级指标，直观反映城市运行宏观态势，实现"一屏观全城"；整合接入22家单位和33个专题应用，为跨部门跨系统联勤联动增效赋能，实现"一网管全城"。

5.2.2 全域问题快速发现

"一屏观天下"对于城市治理的核心要义在于它能发现问题，以高效的发现机制为核心，通过多维度的视角，利用实时在线数据，更为精准地发现问题和研判形势。"一网统管"通过"一屏观天下"这个高效运行的发现机制，最大程度地延伸了管理空间，以实现"空间全覆盖"。除了空间广度上不断延伸，在空间深度和细微程度上，"一网统管"也在不断做深、做精、做细。随着越来越多应用场景开发上线，"一网统管"的空间覆盖不断延伸，以上海市普陀区2021年9月上线试运行的地下空间"一网统管"场景为例，地下空间"一网统管"应用场景分属"公共管理"栏目，这一栏目已开发了沿街商铺、河道、气象、防汛防台、社区内的垃圾分类及二旧改造等多个应用场景。此次地下空间应用场景的加入，让"一网统管"的触角深入地下，填补了普陀区地下空间数字化管理的空白，并为加快试点经验推广、形成全区地下空间"一网统管"做好了准备。

当然，"一屏观天下"有明确的"观"的界限，并非"观"全部，而是要聚焦需要政府管理的关键领域和核心环节。政府的管理职能要不失位、不缺位，不越位，做到"放管结合""有放有管"；要把握好"统"的定位，实现统一、统筹和统领，为更好地"管"

提供支撑和保障，通过"统"推动高效处置、科学预测、有效治理。总之，"一网统管"平台以线上信息流、数据流倒逼线下业务流程再造，以线上"一屏观天下"精准地"发现问题"和快速及时地"处置问题"，解决政府服务和管理效能的问题，最大化地织密这张网，引导全社会共建、共治、共享。

5.2.3 难点堵点集中聚焦

"一网统管"通过"统管"筛选"处置"的要素，可以快速聚焦城市管理的难点、堵点，回应人民群众的急难愁盼，及时解决人民群众最为关切的现实问题。

聚焦城市管理的难点、堵点，首先要聚焦公共管理、公共服务、公共安全和应急处置等方面的事务，要应用智能化分析和预警预测手段，发力培育汇集人、地、事、物、情等关键治理要素的智慧应用生态体系，增强对各类风险的精细预知、精准监管、精确响应。其次，要坚持问题导向、需求导向，聚焦解决群众面临的突出问题，尤其是最关心、最直接、最现实的利益问题，以及超大城市运行中的重大问题。特别是各种可以预判和难以预判的重大风险，包括公共卫生事件风险、安全生产风险、重大活动风险、自然灾害风险等，梳理形成高效处置一件事的清单，并根据轻重缓急科学排序，分步实施。再次，要更新机制、频率、管理阈值及协同处置流程，同步增强不同指标的关联性和逻辑性。从市民、企业、政府等多视角出发，梳理城市管理的难点堵点，持续不断地为城市管理者提供感知态势、认识规律、思考管理的新角度。

5.3 观天下的过程如何

"一屏观天下"秉持城市是有机体和生命体的思想，通过"一网统管"平台持续打造城市免疫预警系统（负责城市安全的监视、防御、调控）、呼吸系统（负责城市自然生态、气象、环境的监视和预警）、运动系统（负责支撑城市运行的各类软/硬件设施的安全监测和预警）、新陈代谢系统（负责城市新旧更替、资源循环利用的安全监测和分析）、消化系统（负责城市运行所需能源、物资的供应、监视和调控）、循环系统（负责城市车流、人流、物流、数据流等的安全监测、预警和调控）和神经系统（负责城市各类感知体系的运行监测和调控），目的就是实现全生命周期、全方位的事态感知。

5.3.1 全天候动态监测

"一网统管"依托各类物联感知设备和数据的汇聚，将物理城市中所有的人物、事件、建筑、道路设施等，都投射成数字世界的虚拟影像，在静态建模基础上叠加了多维实时动态数据，实现对城市运行管理问题的实时预判、实时发现、实时处置。通过汇聚政务系统、神经元系统、第三方等多维、海量、全息数据，打造城市运行生命体征指标体系；利用大数据、人工智能等现代技术手段对经济、社会、生态环境、城市日常管理等领域的风险隐患进行分析研判，掌握实时动态；设定安全阈值，提前预警，突出一个"防"字，把管理端口最大限度前移，更好地防范"黑天鹅""灰犀牛"事件，发现风险隐患并将其消除在萌芽状态，实现城市管理由被动处置型向主动发现型转变。

截至2021年4月，上海市"一网统管"系统2.0版，已实现对气象、防汛防台、公共卫生、应急、交通、大客流、舆情感知、水电燃气等城市运行管理实时数据的共享交换、分析研判和闭环处置。城市的管理者可以全天候通过"一网统管"平台掌握城市运行态势和指挥调度相关力量。上海市城运中心是全市城市运行的动态数据枢纽，也是全市指挥和资源调配的核心节点，城运中心能够将感知触角延伸到城市运行的各个角落，第一时间发现问题，并进行扁平化调度、可视化协调，全力发挥"一网统管"线上线下协同联动作用，初步实现总书记提出的"四早"（早发现、早预警、早研判、早处置）。以上海市防汛防台指挥系统为例，其同一时间段在线值班值守的人员可达到400多人次，依靠该系统对全市范围内台风、暴雨、寒潮、洪水等气象灾害进行实时监控，如有灾情发生，除了预警之外，也会将灾情实时反馈给系统。此外该系统还开通了热线灾报，市民反映的灾情也将纳入统计系统，提示相关区域值班人员及时处理。

5.3.2 全方位计算分析

数据经过算法模型且在算力的支撑之下，才能转化为有用的信息，让管理者能真真切切地看到。在个性化、有温度的城市治理背后，是大数据思维和人工智能算法的支撑。让算力跟着人力转，是大数据赋能城市管理的重要理念。"一网统管"的自动化，离不开信息算法平台的搭建。城市管理系统可以运用实时在线数据，从多维的角度，更准确地发现问题，研判形势，在智能化手段的帮助下，推动线上线下协同的高效闭环管理[①]，让城市治理越来越聪慧。

搭建信息算法平台需要在明确管理职责的基础上，理清应用场景管理要素。在明确管理要素后，再通过相关数据后台共享数据，把管理要求、管理经验转化为算法模型，对后台数据进行算法分析，实时发现问题并自动派单，推动工作流程的优化和提升，实现城市管理由经验判断型向数据分析型转变。以上海市公安局牵头建设的"城市之眼"系统为例，上海市建设了统一视频可视、可算平台，接入了30.8万路视频，从人眼、鹰眼视角可快捷查询城市和事件实景，实现"一屏观天下"。同时又汇集了多家企业的150多种算法并建立算法库，针对跨门营业、违停、下立交积水、墙面松动、人员异常集聚等各类城市管理问题，采取拖拽算法覆盖视频的方法，快速得出智能分析结果，并推送至管理部门处置。既节约了大量硬件投入，实现共享和利旧，又可以不断优化算法以提升智能管理效能，还解决了各部门智能化管理能力参差不齐的问题，整体提升了全市对视频资源利用的速度和水平。

5.3.3 全时空展现展示

"一屏观天下"直观上就是通过一屏全时空地展现展示城市的当下和过去。"一屏观天下"的背后是信息与通信技术的硬件、信息系统软件和数据处理系统等硬软件构成的数字系统。"一网统管"稳定高效的数据支撑和开放包容的运行平台是其能够顺利运行的基

[①] 上海建设"一网统管"平台，让城市更智慧[N].人民日报，2020-04-29（11）.

础保障。上海市已完成了新基建大基座、数据大基座、系统大基座这三大基座的建设。其中新基建大基座侧重于资源支持，数据大基座侧重于数据赋能，系统大基座侧重于能力共享，三者有效形成了从硬件到软件、互相支持、互相促进的一体化大智慧基座，能够有力支撑各相关政府部门、企事业单位线上线下协同履行管理服务职能，提升其对城市公共管理和公共服务精细感知、精确认知和精准行动的能力。

截至2022年8月，上海市城运系统已形成以下系统基座：城市之眼视频应用系统、IDPS交通管理系统、气象先知系统、网络舆情监测处置系统、大客流监测系统、防汛防台系统、"1+3+N"网格化系统、公共卫生防疫系统、人口综合管理系统、经济风险运行监测系统、应急联动融合指挥系统等。在数据赋能基础上，创造了系统赋能模式，解决了同一管理对象的不同管理要素由于分别隶属于不同部门而带来的碎片化管理问题，也大大降低了各部门针对各自职责内管理事项从底座建设到应用的成本。例如，市公安局、市交通委共同建设的IDPS交通管理系统，针对道路管理和人、车、货管理的不同需求，对全市主要道路进行了数字孪生，汇集"人、车、路、企、场、警"等数据，精准计算路网，全量检测人车，可满足各部门、各区对人、车、货等的计算需求，如危化品车、渣土车、黑车、网约车等跨部门管理难点。今后路政执法、交警、城管、应急等部门无须建设自己的交通管理系统，只需将管理需求和相应的数据资源置于IDPS系统，并根据系统计算的结果进行社会管理即可。同时，管理行为产生的时空数据又将不断夯实全市基于IDPS系统打造的交通管理基座，既解决了敏感数据的安全共享问题,又解决了打破部门壁垒协同处置的问题,还能够有效节约全市交通管理系统建设成本,形成可持续发展。

5.4 "一屏观天下"有何用

"一网统管"平台遵循"发现问题"和"处置问题"的运行逻辑,"一屏观天下"重在发现问题,但最终目的是"处置问题"。"一屏观天下"是城市在技术方面实现全方位数据的实时共享,并在大数据的基础之上,根据治理需求搭建算法工厂。以线下管理需求引领线上智能化系统建设,以线上信息流、数据流倒逼线下业务流程的全面优化和管理创新,做到线上线下高度协同,才能实现城市管理由人力密集型向人机交互型的转变。

5.4.1 支持人机交互型城市管理

城市结构和构成越来越复杂,城市管理耗费愈来愈多的人力和物力。然而,因城市人口老龄化和管理成本的约束,数字治理成为"人海战术"的替代方案。数字治理在城市管理中的应用,离不开大数据、云计算、区块链、人工智能、物联网等现代技术在发现、管理、预防等方面的强大功能。在科技赋能之下,"一网统管"通过数字化、智能化的手段,使城市管理者对城市运行有了"实时、动态、鲜活"的感知,对事态趋势、规律和风险有了更加"科学、智能、高效"的研判和预警,不仅精准提升了对风险的感知力、抵抗力、处置力,更提高了精细化城市治理效能与城市的自适应力,"一网统管"平台让城市更聪明,也让城市的管理者更从容，为上海打造"安全、有序、美好"的城市名片提供了有力支撑。

上海在市、区两级搭建了"城运云"，整合了各部门数据、系统和网络，城市大脑的算力、智力实现再度跃级。这种技术上的智慧化，使基层工作人员的思路和方法发生了变化，不仅帮助基层工作减负赋能，打造了一个拿起来就能用、好用、爱用的平台系统，更促进了管理流程的不断优化，推动了管理服务走向智慧化、精准化。例如，上海市长宁区江苏路街道坚持从群众需求和城市治理的突出问题出发，通过科学采集、综合应用、云计算、人工智能等技术，构建起多场景、一站式"AI社区解决方案"，将智能化融入社区治理全流程，提升事件自动发现的比例和核查效率，实现AI研判处置全闭环管理。[1] 再如，上海市徐汇区"一网统管"的精准救助场景，构建了困难家庭致困精算公式，通过对一项或多项数据进行勾连，智能发现困难群众中"沉默的少数"，由系统自动派单，将社会救助服务事项推送给相关街镇，并同步派送给社会救助联席会议相关单位，实现社会救助服务事项跨层级、跨部门、跨区域协调联动，把救助政策主动送到居民家中，把救助服务做到百姓开口之前，大大缩短了工作流程和工作时间，提高了救助效率。[2]

---

[1] 上海市黄浦区政府. 始终紧扣民生关切，上海"两张网"持续进阶迭代［EB/OL］. https://hpq.sh.gov.cn/xw/001009/20200525/a61df2ca-1c63-4077-99d6-660498c3aa36.html.
[2] 上海市民政局. 一网统管+精准救助，赋能徐汇社会救助工作高质量发展［EB/OL］. http://mzj.sh.gov.cn/2021bsmz/20211202/901188d058ea46cd8136a22ea981b4da.html.

5.4.2 助力"秒级"反应处置

"一屏观天下"强调看到就要处理掉。"一网统管"强调的是及时、精准地发现问题、研判形势、预防风险、对接需求,在最低层级、最早时间,以相对最小成本,解决最突出问题,取得最佳综合效应,实现处置事件的快速和精准。

从大客流管理力量的精准调度,到街头占道事件的快发快处,有了城运平台做支撑,数据做导航,城市管理者对城市生命体的各种实时状况有了"及时反应"的能力。比如,上海市城运中心与多个单位合作开发"智能巡屏"功能,通过AI场景分割等技术将区域内620个探头转化成为智能感知神经元,解决监控探头"看得见"图像但"看不到"问题的弊端。针对中心城区最集中的垃圾暴露、单车停放、人群聚集3个场景进行试点,逐步拓展到街面违规经营、机动车违规停放等10个场景,实现全业务、秒发现。[1] 江苏路街道城运中心通过梳理形成144条自动化智能派单规则,对自动捕捉到的事件做出最优派单决策,连接政务微信系统,将事件自动发送到具体处置人员的移动终端,大大提高工作效率。截至2020年5月,自动派单率已达80%,一般简易事件3分钟即可处置完毕。[2]

时至今日,上海市、区、街镇三级系统,都可以做到第一时间

---

[1] 上海市黄浦区政府. 始终紧扣民生关切,上海"两张网"持续进阶迭代[EB/OL]. https://hpq.sh.gov.cn/xw/001009/20200525/a61df2ca-1c63-4077-99d6-660498c3aa36.html.

[2] 顾一琼. 始终紧扣民生关切,上海"两张网"持续进阶迭代[N].文汇报 2020-05-24(4).

实时响应、协调资源、调拨力量、即时处理。上海市交通、公安等部门和铁路、机场、地铁等单位与市城运中心数据互联互通，在网客流、轨道交通等方面做到实时数据"秒"级刷新，对有效疏导虹桥火车站、虹桥机场等大客流起到重要作用。

5.4.3 协同线下力量联动

"一屏观天下"既要让城市管理决策者能观看城市全域，更要让一线工作者或城市基层治理者直接用得到。"一网统管"以城市运行管理中心为运作实体，以城市运行管理系统为基本载体，打造"三级平台、五级应用"的基本逻辑架构，形成"六个一"技术支撑体系。制度上围绕城运运行体系，建立涵盖平急融合、领导轮值、联席指挥、多渠道发现、分类处置、联勤联动、分析研判、监督考核的一整套工作制度。市城运平台投入实践后，随着各部门间数据相互赋能，线上线下协同处置效率大幅提升。

"一网统管"面向的是政府管理部门，主要呈现城市运行宏观态势和实时指标，针对突发状况或预警问题，能够统筹调度各个部门集中解决。依托统一的"互联网+监管"系统，"一网统管"能够高效整合各方资源，集中力量发现问题，形成监督合力。

上海市城运中心以机制和标准建设为主线，规范各委办局之间的协作模式；各委办局根据城市运行综合管理的需要，依照统一的标准和机制完成"协同执行"的任务。基于上述协同执行的模式，上海市城运中心牵头研发了事件触发模式的联动指挥系统，围绕高效处置重大突发事件，汇集事件相关的全量多维实时动态数据，通过大数据和智能算法筛选关键要素，为事件处置提供全方位决策支撑。通过多种通信方式的融合，包括视频会议、政务微信、语音、短信、集群呼叫等，可以实时获取各渠道反馈的最新情况。同时，上海市打通了市城运总指挥中心和市级专业指挥中心以及16个区城运分指挥中心，支撑市城运总指挥中心统筹支援、现场指挥部现场决策、移动指挥车移动指挥，实现前线指挥部、后方指挥部、专业指挥部跨地域的联动指挥。此外，在药品、医疗器械、化妆品产品和企业安全管理等领域，也可以对药械化企业审批许可、法院判决、行政处罚等数据进行分析，提前对相关企业、产品进行风险预警。在疫情防控的背景下，"一网统管"还深化了智慧公安和应急联动建设，加快完善立体化、信息化社会治安防控体系和应急管理体系。聚焦常态化疫情防控，按照闭环式管理要求，通过开展数字化流调工作，更好地支撑和优化口岸联防联控，强化进境人员、进口货物防疫检查管理。

未来，上海市城运中心将整合公安、城管执法、市场监管、综合治理等基层力量，打造一支在社区（单位）网格7×24小时全天候响应的处置队伍，全天候承接一般事件的全程处置和重大应急事件的先期处置。继续推动基层实有人口管理、非警情业务分流等七项业务流程再造的试点和推广。

5.5 "一屏观天下"的价值观

"一屏观天下"一方面可以让城市治理决策者统筹治理城市，另一方面以人民群众为用户。用户在数字背景下对公共服务、城市治理提出了新的诉求和需要，那么政府各部门就应当在更大范围、更宽领域、更深层次，优化整合资源，及时回应。在不断织密线上"一张网"的同时，"一网统管"系统通过整合接入公共安全、绿化市容、住房和城乡建设、交通、应急、生态环境、卫生健康等领域多家单位专题应用，为线下跨部门、跨系统的联勤联动发现问题、解决问题增效赋能。从民众的需求出发设计场景，秉承人民性和务实性的价值取向，能够从根本上解决城市面临的挑战和问题，提升人民的安全感、满意度和获得感，真正做到实战管用、基层爱用、群众受用。

衡量一个城市治理的好与坏，必然要考虑居民的幸福感、获得感和安全感。在明确"一网统管"的对象要素方面，必然要树立一定的价值取向。一是树立人民性的价值取向。习近平总书记在2019年考察上海时提出了"人民城市为人民，人民城市人民建"的重要理念，明确了城市发展"依靠谁、为了谁"的问题。从宏观角度看，"一网统管"起到了良好的平台效应，促进社会自治和共治，调动多方力量参与城市建设和发展，体现"人民城市人民建"的取向。从微观角度看，建设"一网统管"的切入点、着力点，就是要致力于满足人民群众最关心、最直接、最现实的需求。同时，也要着力破解当人民群众需求难以满足时产生的"一网统管"建设瓶颈问题，并在解决"一网统管"自身发展问题的过程中，推动城市管理能力和管理水平持续同步发展。二是要树立务实性的价值取向。在明确"一网统管"要素和对象的过程中，必须强化"应用为要、管用为王"的价值取向，以人民为中心，着眼于"高效处置一件事"，着眼于防范化解重大风险，着眼于跨部门、跨层级的协同联动。在"一网统管"推进过程中，通过群众监督、热线舆情等一些参与路径，让人民群众切实参与到城市的建设管理当中，推动城市的善治，由此形成美好的环境，人民群众既是建设者，也是受益者。政府将不再仅仅承担管理的角色，而是在数字经济建设中扮演实践者、引导者、服务者的角色。

　　面对这样一个复杂庞大的治理空间体系，如何实现超大城市的精细化管理成为摆在城市治理者面前的重要命题。纷繁复杂的治理需求，加上"把科技支撑纳入社会治理体系"的召唤，[①]"一屏观天下"的目的在于发现或找到城市的风险隐患点，可以说，"一网统管"平台的搭建成为数字化时代推动城市治理转型的重要途径。

[①] 参见《中国共产党第十九届中央委员会第四次全体会议公报》。

第6章
一网何以管全城

张扬　顾丽梅

如果你看过沪语电影《爱情神话》，就会注意到这样一个情节：一位市民想要在街边的小店喝杯咖啡，当他把自行车停在路边时，城管立马过来和他说车辆不能随意停靠在路边，于是他只能放弃了喝咖啡的想法。从秩序的角度看，"临时停车难"在超大城市里似乎是一个无解的问题；但在上海实践中可以找到包容与秩序相融合的解法：依托"一网统管"，将公共停车信息平台对接城市运行管理系统，探索实施"主动感知、动态监测、协同处置、智慧监管"，使停车运行服务和监管更加科学化、智能化、精细化。而这仅仅是"一网统管"发挥治理成效的冰山一角。一座超大城市就如同一个精密仪器或复杂应用，对于上海而言，是如何以"一张网"实现整座城市的敏捷治理，探索超大城市治理的有效路径与创新模式，又面临怎样的挑战与难题？本章将围绕"一网何以管全城"的问题，结合具体案例进行理论与实践的阐述。

6.1 超大城市的"一网统管"

6.1.1 "敏捷"的城市治理

城市是人类社会与文明演进的结晶。北京、上海、深圳等多个城市在人口、经济、社会等方面呈现超大城市特征,而超大城市治理也逐渐成为实践部门与理论研究关注的重要议程。从2017年3月习近平总书记在两会期间参加上海代表团审议时强调"城市管理应该像绣花一样精细",到上海市开始建设"一网统管",截至2022年3月,"一网统管"已经接入全市50多个部门的198个系统、1 000多个应用,并正式上线国内首个超大城市运行数字体征系统,初步构建起较为完备的指标体系。[①] 小到垃圾分类、高空抛物,大到抗击疫情、防汛防台、大客流管理,"一网统管"在城市治理实践中发挥着愈发重要的作用。2021年,《上海市全面推进城市数字化转型"十四五"规划》中提出,"一网统管"要聚焦于"一屏观天下,一网管全城",推动态势全面感知、趋势智能预判、资源统筹调度、行动人机协同。这说明"一网统管"是城市数字化转型的"牛鼻子",而城市数字化转型将整合数字资源持续推动"一网统管"建设。在此过程中,"一网管全城"既是"一网统管"的目标之一,也是衡量"一网统管"成效的重要标准。

从理论视角看,"一网统管"与智慧型政府、服务型政府等政府形态的打造密切相关,指向敏捷治理的过程与结果。"敏捷治理"(Agile Governance)最初作为一种工具被用于强调企业目标、绩效

---

① 根据调研资料整理。

和风险管理的战略协调。[①] 价值路径下的敏捷治理则主要强调其价值取向[②]，如用户优先、协作理念、回应适应等。范式视角下，敏捷治理已不仅限于经济管理领域，而是发展为包含企业、政府以及社会组织在内的多元主体相互融合的研究取向，得到多个学科的关注。在公共管理领域，敏捷治理旨在构建一种能够快速且灵活应对公众需求的治理模式来提升公共部门行动效率并改善公众评价。

目前，学界对敏捷治理内涵的定义仍未达成一致，既有研究将其界定为战略工具、管理能力、治理模式或组织机制等不同形态。在城市治理中，敏捷治理是指组织领导者以实现公共价值为目标，通过快捷、灵敏、高效的方式适应不断变化的内外部环境和公众需求的决策过程，旨在回应公众诉求以推动经济社会发展，它强调治理的灵活性、适应性和可持续性。[③] 有学者进一步归纳了敏捷治理的框架要素，包括兼具稳定性与灵活性及集权与分权的二元组织的建立、快速动员利益相关方合作能力的培养、跨部门合作的达成、自我组织的能力和自组织的形成、复杂任务的分解、灵活的基础设施、拥抱变化、充分沟通、信息的开放与共享和容错的组织学习十大要素。[④] 由此丰富了中国城市治理情境下的敏捷治理的内涵与特征研究。

[①] Qumer A. Defining an integrated agile governance for large agile software development environments[C]//International Conference on Extreme Programming and Agile Processes in Software Engineering. Springer, Berlin, Heidelberg, 2007: 157-160.
[②] 吴磊，冷玉，唐书清.数字化时代敏捷治理的学术图景：研究范式与实现路径[J].电子政务，2022（08）：77-88.
[③] 容志.数字化转型如何助推城市敏捷治理？——基于S市X区"两网融合"建设的案例研究[J].行政论坛，2022，29（04）：71-80.
[④] 于文轩.奔跑的大象：超特大城市的敏捷治理[J].学海，2022（01）：139-149.

在城市治理数字化过程中，可以从治理对象、治理节奏、治理方式、治理关系四个维度来理解基于敏捷思维的城市治理转型思路。[①] 具体而言，多元的治理对象要求公共部门建立"以人为本"的行政价值；风险社会下的高频率治理节奏需要多方快速回应、尽早介入；复杂多变的治理难题强调灵活应变、动态调整；而在敏捷治理中的关系网络则具有协同、平等特征。也有研究从灵敏感知、快捷响应、协调平衡三大机制出发建构数字化转型促进城市敏捷治理的分析框架。[②] 它强调在城市治理数字化转型背景下对现有治理结构和治理流程进行升级，从而建立起更具现实意义与公共价值的治理模式。

一方面，敏捷治理要求推进政府部门横向与纵向之间的整合与协调机制建设，从而有效改进政府部门在面对公共事务时产生的职能混乱、被动滞后等问题。按照"敏捷"这一标准审视城市治理的优化与改进，例如在全球范围内掀起的智慧城市建设，便指向了协调、无缝隙的运作机制与现实实践。[③] 无论是智慧城市建设或城市数字化转型，城市管理者都在探寻如何通过一种融通技术而又不失温度的精细化治理与每一位市民实现有效连接。另一方面，敏捷治理也强调政府、企业、社会组织等相互之间的协调补充与资源整合。从结构维度看，政府、公众、社会组织以及企业等是治理的重

[①] 赵静，薛澜，吴冠生.敏捷思维引领城市治理转型：对多城市治理实践的分析[J].中国行政管理，2021（08）：49-54.
[②] 容志.数字化转型如何助推城市敏捷治理？——基于S市X区"两网融合"建设的案例研究[J].行政论坛，2022，29（04）：71-80.
[③] 沈霄，王国华.基于整体性政府视角的新加坡"智慧国"建设研究[J].情报杂志，2018，37（11）：69-75.

要主体，形成复杂的耦合网络结构，彼此间具有资源、利益、能力及优势的差异。[1] 敏捷治理要求在数字化转型中促进多元主体间的协同行动，实现优势互补、资源共享与共同发展。

"一网统管"包含整合、协同与融通的治理理念，这又与敏捷治理理论中的积极响应、以人为本及结果导向相契合。原则上，"一网统管"尤为关注城市治理中的各类动态要素，在追求城市整体管理运行有序的同时，将"以人民为中心"的思想融入政府管理与社会治理之中，通过政府内部理念革新引导全流程变革，提升城市治理效率与公共服务质量。同时，"一网统管"使城市各行动主体得以具备快速感知、灵活响应和持续协调的能力，为了让城市更聪明一些、更智慧一些，政府各部门不仅"刀刃向内，自我革命"，也通过实施系统整合和信息数据集成、推进流程再造、绩效评价以及合作治理等方式，打通纵向与横向的部门、业务与区域壁垒，实现智慧化、个性化、全面性的超大城市良治、善治与智治。因此，基于敏捷治理的"一网统管"体现了对公共价值和人民期盼的快速响应，与城市治理数字化转型所强调的以人民为中心的理念不谋而合。[2]

在内涵上，"一网统管"意味着要以治理数字化推动治理现代化，它的每个字都有特定含义。"一"主要强调一套城运系统，"网"主要强调纵向横向和线上线下协同，"统"主要指资源的统筹，重视统一、统筹、统领，"管"主要指全生命周期的管理理念和模式。因此，"一网统管"建设的目标是"搭建一网平台，统筹

---

[1] 曹海军，侯甜甜.敏捷赋能视角下的数字政府建设：实践缘起与理论建构[J].吉林大学社会科学学报，2021，61（06）：170-178.
[2] 陈水生.城市治理数字化转型：动因、内涵与路径[J].理论与改革，2022（01）：33-46.

管理事务"；本质是通过快速迭代的数字技术，构建并完善城市运行综合管理系统，形成横向整合政府各委办局，纵向打通各区、各街镇，有效进行统筹管理和跨部门协作的现代化治理体系，依托城运系统中汇集的实时在线数据、信息资源与各类智能化的算法模型，及时、精准地发现城市治理过程中的问题，研判动态形势、预防复杂风险、对接多样需求并开展联勤联动，以早发现、早预警、早研判、早处置为目标，全力推动实现在最低层级、最早时间，以相对最小成本，解决最突出问题，取得最佳综合效应，不断提升城市的"智治力"。

在上海，一些现实案例即体现了"一网统管"的敏捷特征。例如，黄浦区老西门街道开展"一网统管"综合试点项目，当一处地下水管爆裂致人行道破损时，街道城运中心的值班员在监控等感知设备中快速发现异常，并立即依托"一网统管"平台将其转至街道网格工作站。网格长第一时间调动应急处置力量并牵头相关部门及时处置，从而修复水管及路面，使通行得以恢复。又如，当老西门街道居民想要在社区、街道申请场地进行休闲娱乐活动时，他们只需要在手机小程序上提交服务申请，相关部门人员就可及时知悉需求并在线审核，满足公众需求。①

6.1.2 人民城市为人民

"管"不是单纯的管理或管制，更是对城市要素的整合与治理，强调将治理理念与智慧化的数字技术手段相结合，用智能化赋能业

---

① 上海市黄浦区人民政府."一网统管"助力民生服务［EB/OL］.（2021-01-25）. https://lwq.sh.gov.cn/xw/001001/20210126/fe663f9a-b11e-42c8-8852-65da8a7b1095.html.

务处置流程，推动一件事情的高效处置。目标上，"一网统管"既要"网"得住，也要"统"得好、"管"得了；而价值取向既包括"应用为要、管用为王"的工具价值，也涵盖"人民城市人民建，人民城市为人民"的服务价值。

"一网管全城"的工具价值在于强调"应用为要、管用为王"，即向包括政府部门与基层人员在内的城市管理者赋能，为公众打造、提供参与城市治理的机会与渠道。"应用"既是智能化应用平台，也是多样化应用场景。依托人工智能等各类技术开发的应用平台组成"一网统管"的触手，政府部门、政府人员、城市居民、事件部件得以无缝隙交互。2021年3月，上海成立"一网统管"轻应用开发及赋能中心，目前上线运行超过200款轻应用，包括防疫管控、联勤联动、民生服务等各类应用服务，以解决基层单位需求响应慢、缺乏技术经验、应用集约化不足等问题。[①] 而应用场景是"一网统管"落地的体现与实践。城市数字化转型已提出要牵好场景应用这个"牛鼻子"，不断丰富智能化应用场景。这是"一网统管"得以发挥效应、解决问题的关键。"管用"是"应用"迭代更新、不断完善的结果，它从不同主体视角衡量"一网统管"的效用。对于基层干部而言，"一网统管"力求做到让政府部门及其人员爱用，赋能与减负并重，而非增加技术性制约和负担；对于市民而言，"一网统管"也追求满足市民的需求，推动跨部门、跨层级、跨业务的协同以及时解决市民难题。

---

① 解放日报."一网统管"接通200多款应用服务 轻应用为基层"万张表格千通电话"减负［EB/OL］.（2021-03-26）. https://www.shanghai.gov.cn/nw4411/20210326/db2695dacea84b138e4ccec1ccbbcb0f.html.

以垃圾分类政策的推行为例，最初是由小区里招募的志愿者或网格员进行定时定点的垃圾分类管理，而"一张网"建设让垃圾分类实现了全流程精细化治理。在松江区九里亭街道，针对垃圾分类工作的实际需要建成了集"实时监看、末端处置、数据融合、智慧上报、大屏指挥"等功能于一体的动态管理系统。通过安装智能公共视频设备，结合人力与AI的优势，可以观测到垃圾分类的实时动态，发现问题时便可以形成一事一档，实时将相关信息推送至管理人员，并对违规行为人进行相应的批评教育。同时，上至街道下到保洁员都可以使用小程序，参与到垃圾分类巡查整改工作中，形成了"智慧发现—分类处置—动态反馈—实时监督—溯源评价"的闭环处理流程。[①]

另一方面，"一网管全城"的服务价值或人本价值在于追求"人民城市人民建，人民城市为人民"，重视市民满意度、获得感。传统的数字化政府聚焦于技术应用，强调在城市管理中的技术嵌入而容易忽视内在的人本价值。智能化或智慧化的城市治理则将"人"置于政府与技术之间，在强调政府理念革新的同时，以技术推动政府事务与公共服务的全面提升。这要求政府在城市治理中直面市民、企业和城市管理者等主体的真实痛点与需求，从业务中来，到场景中去，协同创造公共价值。"一网统管"的关键也在于以数字化手段解决城市治理中"人"的难点、痛点、堵点，紧紧依靠群众、积极发动群众，坚持开门建设，充分调动各类主体参与的

[①] 上海市松江区人民政府."一网统管"引领垃圾分类科技范——九里亭街道打造垃圾分类精细化管理模式［EB/OL］.（2021-12-14）. https://www.songjiang.gov.cn/xwzx/001001/20211214/eb4561c0-c7db-47c6-abdd-6decd9422ab5.html.

积极性与创造性。

目前，上海"一网统管"已将触手延伸至村居，对于村居来说，"一网统管"应该选择最符合自身需要的场景，以满足市民的需求。在嘉定区南翔镇永乐村养老院共有300多名老人，老人走失是一个大问题，相关部门便联合有关企业借助"一网统管"的平台和契机开发了"智能手环"。一旦失能失智老人的活动轨迹超出设定范围，系统就会自动预警，工作人员可以第一时间介入处理。2020年8月，一名老人走失，社区人员借助手环发出的预警，结合视频信息比对，半个小时后就将老人安全送回了养老院。[1]

6.2 "一网"如何"网"得住

6.2.1 数字基座与开放平台

"一网统管"在定位上就是要构建线上与线下联通，横向与纵向协同，技术与价值兼顾的全流程城市治理模式，致力于打造超大规模的城市创新实践。在实践视角下，"一网管全城"的重要基础在于云、数、网、端建设。"一网"作为先行的组织基础、系统底座，强调以整体政府形态实现及时快速的城市治理，形成汇集多部门的不同系统与应用，以及连接市、区、街镇三级，覆盖经济治理、社会治理和城市治理等多领域的"一张网"。"网"的基础则在于打造一体化数字政府基础底座，包括具备整合特征的城市运行综合管理系统、具备统一标准的城市数据以及信息资源、具备支撑功

---

[1] 凤凰网. 上海"一网统管"推动基层治理"在线"[EB/OL]. (2020-08-16). https://news.ifeng.com/c/7yzCrHRb6HY.

能的数字技术多元体系等。将与数字政府相关的政府云、物联网、大数据以及一系列基础设施集中在智能化平台之上，通过人工智能等算法和技术手段将数据转化为预测模型，让城市要素流动起来、智慧起来。因此，"一张网"既是由无数城市元神经构成的全覆盖数据信息收集网，也是城市治理主体尤其是政府部门间横纵贯通的协同行动网。"统管"建立在"一网"之上，既是对治理主体与资源的统筹协调，也是对治理对象的梳理分类，进而以智慧化方式形成超大城市的全生命周期管理。"一网统管"使政府在城市运行综合管理系统的基础上，得以重塑城市治理的业务规则与流程，在部门工作中推进面向城市与市民的"一件事"快速处置。

"一网管全城"的运作实体是城市运行管理中心，但"一张网"得以织密还有赖于"一网统管"开放的平台与架构。上海市提出，要按照"三级平台、五级应用"的基本架构，坚持分层分类分级处置，坚持重心下移、资源下沉，推动各类事件处置、风险应对更主动、更及时、更高效。[①] 在上海这个川流不息、纵横交错的复杂"机器"里，数据要素、治理要素与技术要素以不同的方式嵌于"骨架"之中，正努力形成规范有序、弹性适应、实践导向的城市运行综合管理系统。

包容是海派文化的显著特征，而"一网统管"也毫无意外地将这样一种开放式的情怀融入城市治理的全过程——无论是学生、上班族，还是退休人员，无论是生活在上海，还是一个匆匆旅客，都可以成为"一网统管"平台的建设者与受益者。这也正是上海"一网统管"体现的"魔法"，它尝试将每一个人、组织、事物散发的

---

① 澎湃新闻.超大城市治理"牛鼻子"这样抓！上海推进一网通办、一网统管[EB/OL].（2020-04-13）. https://www.thepaper.cn/newsDetail_forward_6955087.

微光汇聚成超大城市治理的华彩。

作为连接公众与"一网统管"的重要桥梁，12345市民服务热线的服务功能越来越完善，尤其在技术加持之下，它更是将温情与包容刻入城市治理。在2020年春节期间，普陀区的一位湖北籍"沪飘"因为没地方住，便拨通了12345，随后"一网统管"平台上便出现这样一个工单。很快就有一名街道工作人员联系他，解决了他的临时住宿问题。刚开设不久的外语座席也彰显了城市治理"一网统管"的开放性。12345热线的话务员接到一名外籍人员的电话，对方受特殊情况影响无法及时办好出入境证照。工单派发后，公安部门及时回应并协助办理事项。类似的来电有很多，尤其是在疫情期间涉及多种外语。

6.2.2 技术与管理的"铁三角"

传统的城市管理从人、地、事、物、情、组织等方面关注静态的要素；但在城市这个具备生命体征的复杂体中，要素状态并非静止的，而是活跃、交互、动态的，它们彼此关联又相互依存。当AI的概念在全世界掀起新一波浪潮时，城市管理者也在思考如何用人工智能和大数据技术赋能城市治理。在"一网管全城"的实现过程中，技术是一种手段与方式，而好的管理则可以为我们迈向美好城市生活提供更多的活力、张力与创造力。从技术和管理这两个"铁三角"中，我们可以更清晰地看到"一网统管"是怎样将流动着的、实时变化的要素纳入"一张网"的。

技术"铁三角"由算力、算法与数据组成。算力被称为社会经济发展的核心生产力，代表着对数字化信息处理能力的强弱，因而更多地从硬件、基础设施支撑的角度考量；可以将算法理解为计算模型或问题的解，它更多地考量技术工程师们的智慧，例如怎样把复杂的工作和流程梳理得更加科学、更加有效。[①] 数据则是现代城市发展的宝贵原材料与资源。

在金山区吕巷镇城运中心，信息员之所以能够对秸秆焚烧等类似的案件进行精准识别和快速处置，技术发挥着至关重要的作用，使用物联感知、智能监控等技术，后台能够自动及时报警，为灾害预警、城市管理和应急指挥提供决策依据。目前，对应86个一级指标，金山区"一网统管"系统整合接入了公共安全、绿化市容、住建交通、应急民防、气象卫健等数十家单位系统。全区层面，已接入"雪亮工程"公安视频监控资源5 556路，物联感知终端1 686个。[②]

在技术"铁三角"中如果没有数据，算力和算法就只能浮于技术层面。数据要素能够反映城市运行的动态态势，帮助城市管理者了解实时状况，及时、精准地发现问题并采取行动。与我们生活息息相关的就是视频探头，"一网统管"推进视频监控等元神经全覆盖及数据资源共享，在烟感、广告牌振动、水质监测等感知设备的基础上，整合各类实时感知数据资源，准确了解城市生命体的基本体征信息。通过城市运行态势的数据资源采集、汇总、分析与呈现，"一网统管"在极大程度上能够做到将发现和处置前移，实现"底数清、情况觉、处置畅"。因而，"一网统管"不仅是数据的使用者，也是数据的生产者、制造者。

[①] 复旦大学数字与移动治理实验室.徐惠丽：我们这样理解上海"一网统管"和数据要素的关系［EB/OL］.（2020-10-26）. http://www.dmg.fudan.edu.cn/?p=8492.
[②] 东方网.金山依托大数据建设"一网统管"平台 用数据编织智慧城市的基因密码［EB/OL］.（2020-08-10）. https://j.eastday.com/p/1597024225023190.

2020年盛夏里的一天，吕巷镇城运中心值班员正在通过屏幕对事件进行监测，突然报警声响起——颜圩村生态林附近的"热成像"由蓝色转为红色。他立即联系前方网格管理员，15分钟后网格管理员赶到现场，对附近村民燃烧秸秆的行为进行制止。事件处理刚结束，"一网统管"平台后端便立刻收到了网格管理员的反馈。这是由于该村生态林附近高塔上安装了"热成像"探头设备，借助数字技术进行实时监控、数据收集，一旦温度高于50摄氏度，系统就会将数据转化为实时报警。

管理"铁三角"包括想法、算法和办法。对于城市管理者而言，需要以创新思想让这座城市充满活力和朝气。管理需求或者管理问题的存在会不断激发新想法，而想法只有在技术算法的帮助下，才会变成城市新的发展动能，才会进一步变成推动城市治理不断迭代更新的办法。

在这里，我们需要思考如何将技术"铁三角"与管理"铁三角"关联起来。譬如，当台风来临时，要如何提前感知、及时防范？传统的井盖、指示牌等城市部件能帮助我们感知川流不息的车辆信息吗？技术手段要如何用到高层建筑坠物和抛物的治理环节当中？技术"铁三角"和管理"铁三角"让我们得以进一步思考技术、个体与城市的关系。假如使用大水漫灌式的方式将所谓的"海量"数据放到管理领域，可能会带来一些领域管理水平的提升，但更多的是在思想观念上的纠结和资源的消耗。因而，无论是技术"铁三角"还是管理"铁三角"，都需要落到实践中经受考验。可以将技术"铁三角"视为管理"铁三角"的支撑和基础，"一网统管"正在做的便是将前者转化为后者，让技术更好地为治理服务，从而实现"一网管全城"（见图6.1）。

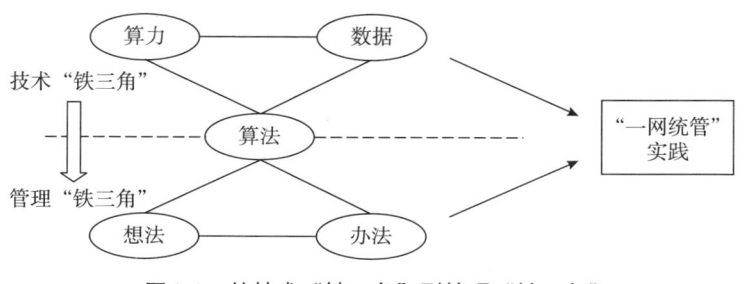

图6.1　从技术"铁三角"到管理"铁三角"

6.3 "一网"如何"统"得了

6.3.1 理念革新：实战管用方为王

传统的城市管理以政府部门职能分工为基础，在强调城市公共事务专业化处置的同时，可能导致管理过程和结果的碎片化，如信息分散、管理标准不统一、职能交叉重叠、多口行动等。"一网管全城"并非强硬、单向的管理和管制，而是坚持"人民城市人民建，人民城市为人民"的理念，坚持从群众需求和城市治理的突出问题出发，让人民群众有更多获得感、幸福感、安全感。在探索超大城市治理"一网统管"新路子的过程中，伴随着这一价值取向而来的是"把数字打造成'趁手'的工具""实战势必要管用"的理念革新。

"一网统管"围绕"以人民为中心"推进城市治理现代化。将"以人为本"作为"一网管全城"建设工作的出发点、落脚点，坚持以人民需求为核心、以人民满意为导向。概言之，"一网统管"不仅仅是为了优化政府部门间的协调能力，它更希望通过数字化手段倒逼政府部门改进城市治理模式，快速、及时、协同处置市民在城市公共事务中的"急难愁盼"问题。数字理念与"以人民为中心"的理念在"一网统管"中得以融合，围绕城市动态、城市环境、城市交通、城市保障供应、城市基础设施等维度实时响应，多部门联勤联动，提高处置效率，保障城市有序运转。

人民至上的价值逻辑与实战管用的理念革新是有机联系的，"一网统管"既能够在日常管理中发挥作用，又可以在应急场景中凸显力量，二者的融合让城市治理做到防患于日常与未然，实现"一网管全城"。当人们走在黄浦江畔欣赏着城市夜景，或穿梭于繁华的南京东路商圈，又或者徜徉在某一条梧桐小巷时，都能感受到这座城市的井井有条；无论是突如其来的疫情，还是在国庆、中秋等节假日，以及进博会、花博会等重大活动期间，"一网统管"都致力于牢牢守住上海这座超大城市的公共安全底线——城市运行总体平稳有序的背后，一张看不见却又无处不在的"网"正一刻不停地高速运转，这正是人们希望看到的理想之城。

实战管用的理念还体现在让不同职能部门、单位得以开展联合响应与处理，提前发现市民可能遇到的"急难愁盼"问题，提前关注，化被动为主动。一方面是在协同中管用。渣土车管理就是典型例子，它涉及环保、市容、城建、交警等多个部门，如果没有"一网统管"，那么实际的治理就很难收到成效；"一张网"实现了各部门数据共享，只要在渣土车出发时扫一下二维码，运输和倒渣土的全过程都可在"城市大脑"的屏幕上实时监控，使多部门协同作战成为可能。[1]另一方面是关照城市治理中"沉默的少数"。以干部管用、群众受用为目标，"一网统管"借助智慧化的基础设施与算法模

---

[1] 新浪科技.上海探索超大城市精细化管理新途径［EB/OL］.（2020-04-16）. https://tech.sina.com.cn/roll/2020-04-16/doc-iirczymi6626685.shtml.

型，帮助政府部门、基层干部发现城市中需要关注而容易忽略的群体需求。例如，针对老年群体，积极探索智能门磁等智慧化设施在"一网管全城"中的应用场景拓展，对危急情况借助算法技术及时预警，协调社区志愿者、社工、物业等的行动，守护老年群体的安全。

截至2021年4月，杨浦区户籍60岁及以上老年人口有39.49万人，占该区常住人口的31.8%。该区目前有91家长护险定点机构，6 318名长护险服务与评估人员，4.51万名失能老人。因此，长护险评估护理全过程监管是杨浦区"一网管全城"的重要应用场景，致力于实现对长护险机构、老人、评估员、护理员的画像分析、信用评估、风险预警、问题处置、反馈总结、数据展现的全过程监管业务闭环。2021年9月，长护险大屏弹出预警信息，一位护理等级被评估为"严重失能"的老人频繁出入健身房。区城运中心工作人员通过调阅健身房监控画面及走访，未发现其有任何身体不适。因此对老人重新发起主动评估，并和长护险护理人员及当初评定的护理公司沟通。最后根据监管要求，对评定老人等级的护理公司进行诚信扣分，确保护理资源得到有效利用。

6.3.2 技术驱动：全面赋能与减负

全面技术驱动逻辑内含于上海市"一网统管"之中，物联网、人工智能、区块链、5G、云计算等关键技术贯穿城市运行体系全流程，并赋予城市数字治理更多可能性。[1]但"一网管全城"并非简单地提升硬件设施条件或提高信息化水平，又或者应用纷繁复杂的

---

[1] 陈水生. 数字时代平台治理的运作逻辑：以上海"一网统管"为例[J]. 电子政务，2021（08）：2-14.

前沿技术，而是以数字底座为基础，以数字技术为牵引，在实战管用的理念革新之上更大范围地驱动城市治理效能提高。其中关键是"一网统管"带来的精准化、多层次、多维度赋能与减负的转变。

通过"一网统管"中枢平台和系统可以为政府部门，尤其是基层工作人员赋能减负。技术的应用并不必然提升公共部门在城市治理中的能力，反而可能增加基层干部的行政负担。"一网统管"的长处在于借助互联网技术、人工智能以及区块链等新一代信息技术，打造线上智能化管理"一张网"，构建起城市运行的智慧"大脑"，从而有效地向政府各职能部门赋能，实现"一网管全城"。基于"一网统管"开发的各类专业化应用，可以帮助基层工作人员快速、精确地完成信息登记等任务，并及时将数据接入"一网统管"平台，打造可留痕、可溯源的城市治理，实现信息共享并辅助相关部门进行预估和决策。更重要的是，它使协同能力更为显著，"一网统管"在技术应用的基础上推进了问题发现前移、部门间联勤联动，在一定程度上节省了问题在政府部门间流转的时间，并减少可能出现的推诿情况。

可以从一个小案例来理解"一网管全城"是如何赋能基层工作人员的。[1] 上海的"爱心牛奶工程"是一项针对90岁以上老人的关爱工程，符合条件的老人每天都可以得到免费配送的鲜奶。虹口区内90岁以上的老人有上百人，基层工作人员每个月都需要手工填写并核对老人名单以及配送情况。看似简单的牛奶配送，对于基层

---

[1] 中新网.上海"一网统管"采取新办法"桌面机器人"打造基层工作智能化助手［EB/OL］.（2021-10-15）. https://www.sh.chinanews.com.cn/bdrd/2021-10-15/91988.shtml.

的工作人员来说却不轻松。在城市管理当中，大部分事项都需要在基层解决，这也就意味着居村委汇聚着来自公众以及上级单位千头万绪的工作任务：基层工作人员日常使用着近20个系统；居委干部需要经常进行社区走访、登记……这样不仅消耗了基层工作人员的时间和精力，也难以有效应对一些突发状况。如今，通过与"一张网"连接的应用桌面机器人，他们可以大大地提高牛奶配送的信息核准效率。基层工作人员凭专有账号登录工作台后，就能操作并调取名单并核对数据；每日牛奶配送完成后，系统可以一键形成报表上报，并下发任务、核对和统计数据。

在实践中，"一网统管"并不仅仅依靠政府部门自身发现城市治理中的问题，也提倡多方参与以推进治理效能提升。概言之，"一网统管"技术应用的目标之一在于打造调动各方主动参与城市治理积极性的"一张网"，并提供更加可用、好用、易用的参与方式。那这"一张网"又是如何通过开发适用、受用、好用的应用和软件赋能公众参与城市治理的呢？"一网统管"开发搭载的各类轻应用成为政府部门与市民沟通的智慧化"桥梁"。例如，市民通过"随申拍"应用或小程序，随时随地发现、举报违法行为和隐患，提高对城市隐患和风险的发现能力，快速得到相关部门的回应和处理，切身参与到城市治理中。这样既可以减轻基层工作人员的工作负担，又让公众体验到"一网统管"的魅力所在，充分实现共建、共治、共享。

"一网统管"中的技术得以精准赋能与减负还在于它将整座城市视为一个"可感、可观、可管"的城市"生命体"。《上海市城市运行"一网统管"建设三年行动计划（2020—2022年）》提出，未来"一网统管"建设将推动实现"治理要素一张图、互联互通一张网、数据汇聚一个湖、城市大脑一朵云、城运系统一平台、移动应用一门户"。①"一网统管"的技术基础将智慧触角延伸到城市治理最末端，降低城市风险发生的可能，从整体上促进城市治理能力现代化，让城市具有更为鲜活的生命力与创造力。人力无法做到的实时监测由探头来帮忙，探头看不出的问题由AI解决；避免"拍脑袋"式的"自我加压"，追求从"人海战"向"人"与"机"的交互转变，这最终都将落到"人"的身上，为城市中的每一个个体服务，这才是技术与管理相融合并赋能城市治理的最佳状态。

技术驱动的另一面是技术风险。尽管"一网统管"的初心与实践都在努力通过数字技术提升超大城市的治理效能，使技术成为多元主体的行动"桥梁"，但仍不可避免地出现技术与治理二者间的矛盾，出现的技术性困境也成为潜在次生风险。在城市面临突发事件时，公众可能面临来自市、区、街镇甚至居委的信息填报要求，各种App以及系统的层层加码、重复建设，消耗了市民、基层工作人员等主体的时间与精力，无法实现赋能与减负，影响超大城市"一网管全城"的治理效果，这也是未来"一网管全城"要解决的问题之一。

6.3.3 场景应用：打造最佳试验场

在看电视剧或者电影的时候，观众可以看到很多不一样的场景、画面。但什么是应用场景？我们可以把它理解为一个时空的交互点，里面包含不同主体、时间、地点、遇到的问题以及如何解决

---

① 联合时报."一网统管"："网"得住、"统"得好、"管"得了[EB/OL].（2020-05-08）. http://www.shszx.gov.cn/node2/node5368/node5376/node5390/u1ai105830.html.

问题等要素。数字时代下的超大城市、超大城市治理正在不断走向场景化。场景化是城市数字化转型落地的重要逻辑起点，通过应用场景可以助力"一网统管"从理念转化为实际效能。上海"一网统管"的应用场景聚焦于重点领域、区域、人群，将大数据与人工智能等技术嵌入城市运行管理过程中的微观场景，以公众需求为导向打造务实管用、高效灵活的场景"森林"。

人的需求是"一张网"寻找应用场景的最重要依据，因而"一网统管"应用场景开发围绕着"高效处置一件事"的目标。一方面，凸显"事件触发"的开发理念。从存在的问题、管理的需求、服务对象的感受出发，围绕具体事件场景，汇集事件相关的全量多维实时动态数据，为事件的高效处置提供决策支撑。另一方面，坚持问题导向、需求导向，聚焦解决市民最关心、最直接、最现实的问题。

对于老年人而言，如何让他们享受到切实的养老服务是"一网管全城"的重要发力点。在陆家嘴街道崂山五村，老年人口占社区人口的三分之一，有千余名独居老人，因而社区和街道一同将原有的工作机制进行数字化转型，利用好市级平台社区云和区级平台智治通的数据底板，创新开发了街道的独居老人风险分级管理平台，根据老人的健康状况等要素，系统自动生成高、中、低三档风险评估等级，保证人员的精准发现并根据不同风险等级向老年人提供服务与关爱。目前这套应用场景已经在街道全面铺开，对辖区内一千多名独居老人进行全覆盖管理。[①]

---

① 新浪网.这个上海老年人口总量最大的区域，给出了一份"大城养老"样本[EB/OL].（2021-05-14）. https://k.sina.com.cn/article_2010666107_77d8547b02001003t.html.

在"一网统管"应用场景建设中，有一个非常有趣的比喻："盆景"与"森林"。"盆景"是一枝独秀，"森林"则是百花齐放。位于南京东路、河南中路路口的南京大楼已被当作数字孪生系统的典型，"一网统管"让这栋大楼建立起高空坠物、共享单车停放、楼内水电管道运行等应用场景。而公众可能会疑惑：应用场景是否只能成为"盆景"，而不能进化为"森林"？在"一网统管"的建设过程中，这样的应用场景正在逐渐普及到公众的日常生活中，技术与生活的"距离感"正在不断缩小。"一网统管"城市智眼解决方案突破了过去只能针对固定摄像头做智能解析的局限，借助智能车对城市进行实时动态建模。目前智能车已在浦东新区建交委上岗，每天为路网做一次"3D检测"，大到陆家嘴广场上的客流，小到地面上的裂缝，都能被准确感知。以前浦东新区"物业微平台"还只是单一的"盆景"，而今，拥有算法算力和国产芯片加持，"物业微平台"得以规模化拓展，覆盖了整个浦东新区所有约1 200个老旧小区的智能化改造。[1]

"一网管全城"既要因地制宜，也要根据反馈进行调整，不断优化的应用场景才能得到认可与推广。"一网统管"结合市、区、街镇的实际需求因地制宜、分层分类设计、推进应用场景就是如此。街镇层面是应用场景落地的主力，"一网统管"便结合区域特点和具体问题，高效率、低成本地建设集约、节约、简约的轻应用和小程序。应用场景的建设与完善是"一网统管"能够"管"得了的重要原因，因而需要从是否有跨部门、跨层级的数据共享和协同

---

[1] 新华网.城市数字治理"盆景"如何变"森林"[EB/OL].（2021-10-25）. http://sh.news.cn/2021-10/25/c_1310266451.htm.

联动以及使用人员的感受等方面评价应用场景的好坏，例如，开展应用场景"市民体验评价"。2021年，浦东新区形成了可复制可推广的"1+3+7"清单，"7"指的就是首批7个群众需求强烈、面广量大的民生类治理场景。同样，其他各区、街镇都在"一网统管"实践中形成了一批极具推广价值的应用场景，而上海也正在推广优秀经验。由此，方能练就超大城市治理的最佳试验场。

但超大城市治理的复杂性与动态性意味着应用场景不可能一成不变，而需要在"一网统管"的牵引下不断拓展、丰富、创新，推进智能化应用场景建设以适应场景化的城市治理。超大城市面临着更大的疫情常态化防控压力，北京设置"5G数字化便民核酸采样工作站"，通过AI智能精准识别高效采样，让市民得以实现一键查询采样点位、排队人数。而上海虽然快速设置了超过1万个常态化核酸采样点位，但在智能化核酸检测场景建设上有待进一步强化，以解决排队时间过久、采样流程复杂等问题。此外，在实践中，一定程度上还缺乏对应用场景开发、建设的评价指标，市民评价、政府需求等具体指标内容有待通过调研、走访、意见征询等方式持续细化。

6.3.4 多向联动：持续推动共同生产

一些研究认为，公共服务生产与供给已发生从强化公共部门自主权到公共服务市场化，再到动员公共服务用户共同参与的转变。[1] 共同生产被定义为公共服务用户自愿或非自愿参与公共服务

---

[1] SICILIA M, GUARINI E, SANCINO A, et al. Public services management and co-production in multi-level governance settings[J]. International Review of Administrative Sciences, 2016, 82（1）: 8-27.

的设计、管理、提供或评价。[①] 这意味着，公共服务用户可以扮演不同角色，其作为共同生产者参与可以带来积极效应，如创造更精准、更具响应性的公共服务，降低公共部门成本以及形成协同治理效应。根据一些学者（Brandsen和Honigh，2018）的观点，共同生产既指公民对公共服务的投入，也指公民与公共部门等服务提供者之间的合作。[②] 因而，共同生产可视为对经典多元参与模式的一种扩展。在中国情境下，微信等数字平台就促进了包括网格员、志愿者、物业公司、业委会、社区民警、社区医生等主体在内的协同治理，也促进了更大范围的共同生产。[③] 在公共服务共同生产中，物质、知识与技能构成了共同生产的资源基础，政府、市场和社会力量在不同环节中积极发挥着各自的作用并实现价值共创。[④]

社会和市场等主体既处于"一张网"的管理之下，也是推动城市治理精细化与城市服务高质量发展的共同生产者。"一网统管"坚持赋能与赋权相结合，广泛动员多元主体参与，以政府、社会和市场的治理合力形成协同共治格局。同时，"一网统管"能够"管"得了，并有效服务于城市管理运行、百姓日常民生，以及各类市场主体的关键还在于其不断强化跨区域、跨部门、跨层级协作，提升

[①] OSBORNE S P, RADNOR Z, STROKOSCH K. Co-production and the co-creation of value in public services：a suitable case for treatment？[J]. Public management review，2016，18（5）：639-653.

[②] BRANDSEN T, HONINGH M. Definitions of co-production and co-creation[M]//Co-Production and Co-Creation. Routledge, 2018：9-17.

[③] 曾渝，黄璜.数字化协同治理模式探究[J].中国行政管理，2021（12）：58-66.

[④] 容志，张云翔.从专业生产到共同生产：城市社区公共服务供给的范式转型[J].甘肃行政学院学报，2020（06）：91-101.

主体间联动能力和智能化水平。

"一网统管"中"一张网"的建设将居民群众、社会组织等社会力量纳入城市治理之中。"随申办"App是上海市数字化转型的重要载体，在"随申办"互动频道，可以看到人民建议征集、"随申拍"等相关功能，公众可以上传图像、视频及文字，随时上报在城市运行中发现的问题，为"一网统管"提供多渠道、多来源、及时有用的鲜活数据。同时，12345市民服务热线的处置效率越来越高，每一次拨打的电话、反映的问题都将成为"一网统管"了解公众"急难愁盼"事项的重要来源。这是因为通过大数据、人工智能等前沿技术，"一网统管"平台可以对12345热线数据进行分析挖掘，实现热线业务流程再造和全流程跟踪管理。由此，充分调动了公众通过热线参与城市治理的积极性，又让微观个体成为感知城市运行的"神经元"，成为"人民城市人民建"的参与者。

除了作为个体的市民外，社会组织也借助数字化平台在"一网统管"中发挥作用。上海中致社区服务社（简称中致社）是经上海市浦东新区民政局登记设立的民办非企业单位，在服务重点青少年的工作中发挥重要作用。但以往中致社的工作多依靠当地团委联系各职能部门获取相关数据，再进行一系列的青少年服务工作，效率不高。因此，浦东新区团区委依托"一网统管"建设了重点青少年管理服务平台，通过打造中致社社工的平台工作端，让中致社可以在接收到重点青少年的预警信息后进行核验并派发给街镇社工处置，由此简化信息查询和任务派发流程，提高了工作效率。

"一网统管"还发挥企业在数据沉淀、创新人才以及数字技术等方面的优势，构建多元主体共同参与的新型合作关系，助推城市运行管理。企业等市场主体配置的摄像头等智能化设备在日常经营中积累了大量的社会数据、公共数据。但公共部门应该如何合理、有效利用这些数据？在城市运行管理中心，可以看到许多来自企业的数据，如外卖、物流等，"一网统管"将不同领域、层次的数据接入大数据平台以支撑城市运行与社会治理。在应用场景的建设中，还建立"揭榜挂帅"工程以鼓励市场主体参与投入，在发挥企业技术优势的同时也对本土科技企业予以扶持。许多企业在市域物联网建设和应用场景研发上产生积极作用，在"一网统管"创新探索与实践中，黄浦区就与企业共同打造了一系列数字孪生的应用场景，成为城市数字化转型的标杆。

多元主体间跨区域、跨部门、跨层级的共同生产使"一张网"在城市治理过程中更具活力、更有效果。一方面，政府发动各方力量开门建设"一网统管"，形成城市运行管理新型生态系统。另一方面，"一网统管"整合跨部门数据提升条块协同能力，倒逼线下流程全面优化。例如，徐汇区通过"汇治理"小程序及时接收公众意见，发现违规渣土车辆，由区生态环境局在"一网统管"指挥平台的"扬尘智理"监管系统上将信息发送至区城管执法局，由后者下属的机动中队迅速处理。由此，政府、社会与市场共同发力，市、区、街镇三级城运系统互相赋能，智慧化、全周期、闭环式地实时响应城市运行问题，使城市治理从"自建、自治、自享"走向"共建、共治、共享"，实现"一网管全城"。

而另一方面，"一网统管"在共建、共治、共享上面临的一个挑战在于以共建、共治扩大共享的主体范围、深度与广度，其中最典型的是如何以"一张网"释放超大城市数字治理的"数字红利",而非拉大"数字鸿沟"。"数字伙伴计划""智慧课堂""长者数字生活工作坊"等活动和项目有效提升了老年人的数字素养和技能;但"一网统管"要做的不仅是让这些数字治理中的"弱势群体"跟上技术发展的脚步,也要在技术融入治理的过程中更多地考虑他们的特点和需求,在更基础的层面缩小"数字鸿沟",还要发挥好社区"能人",尤其是青年骨干等群体的作用。

6.4 "一网"如何"管"得好

2020年年底公布的《关于全面推进上海城市数字化转型的意见》提到,要坚持整体性转变,推动"经济、生活、治理"全面数字化转型。"一网管全城"事关数字化转型,其关键在于"高效处置一件事",并服务于城市治理现代化;"一件事"又广泛存在于上海这座超大城市的经济、生活、治理这三个层次之中。因而,作为城市发展的见证者与参与者,我们可以就此审视"一网统管"的"一张网"成效如何。

6.4.1 让经济发展迸发活力

2020年,上海3年有效期内的高新技术企业数量增长至17 012家,较2016年的6 938家增长145.2%,每万户企业法人中高新技术企业达380户,居全国第一。2021年,上海有效期内高新技术企业数超过2万家,产业数字化增加值规模超过1万亿元,产业数字化占GDP比重超过40%。这些数字说明市场主体在上海的高速发展中起着显著作用，而经济数字化转型非常重要的一个方面就是"一网统管"如何让市场主体更有活力，让经济发展更加蓬勃。

一方面，需要看"一网统管"是否提升了政府为企业解决困难、问题的效率，是否让企业参与城市治理的过程更加便利。在杨浦区政务服务大厅，由大数据中心首创的"创业地图"经过不断完善，已经成功在政府、企业和园区之间搭建了一个"三赢"的服务平台，创业青年通过手机即可获得最新、最及时的创业资源。浦东新区花木街道数字孪生系统的大屏幕就接入了辖区内商务楼宇中的企业信息、沿街商铺和商圈中的店铺等数据信息，由此，工作人员可以精准地接收到他们反馈的问题并及时处置。

另一方面，"管"得好不好还要看城市运行这一张"网"有没有让企业运行得更加有序。奉贤区正式上线"一网统管"企业信用应用场景，以信用为基础的分级分类监管，通过大数据为企业信用"画像"，有效引导行业自律，促进服务升级。在市场中，一些企业、商家造假的情况难以避免。而通过"一张网"，不仅能够抓取全区企业的信息，还能够综合评价企业信用状况，根据数据模型将企业信用等级从高到低分为A、B、C、D四等，全区40余万家企业都有了全生命周期、全方位的"画像"。在规范企业运作的同时，强化了政策扶持与信用监管的精确性，也让上海的经济发展更加数字化、更加生机勃勃。

6.4.2 让城市治理高效有序

评价"一网管全城"是否"管"得好，还需要看它有没有扭转传统城市治理的低效与无序状态,对于公共部门有没有起到帮助作用。如同一场运动会中的裁判员和后勤人员,城市治理不仅考验着政府部门办事的精细程度,也将运作的速度、城中大小事的秩序视为重要标准。

一方面是高效。在城市数字化转型中,"管"得好即提高治理效率。徐汇区武康大楼是上海的热门打卡地,每天都有许多市民和旅客在这里驻足拍照、游玩。但是如果要拍一张以大楼为背景的照片,只能等待主干道交通信号红灯的间隙,还有可能影响交通秩序。而今,在"一网统管"的支撑下,这一需求逐渐得到满足:徐汇区在"一网统管"平台预设了大客流场景,为武康大楼周边划定了100米的电子围栏。当客流量达到最大承载量的80%,或共享单车停放达到500辆时便会触发预警。例如,某一日徐汇区城运中心后台收到了一条数据,显示武康大楼电子围栏内瞬时人流超出预警值,系统立即自动预警;而在预警工单发送到相关部门时,街道网格员已经前往现场对客流和道路停车进行疏导。这样的高效行动就是"一网统管"的"一张网"管全城的体现。

另一方面是有序。超大城市总是会像一个生命体一样,出现各种问题,因而"一网统管"的"管"得好还需要让城市治理呈现秩序井然、有条不紊的景象。占道经营是城市治理中的一大痛点。对于城市郊区而言,由于地域面积大、经营分散,单纯依靠执法人员不定期巡查难以完全解决占道经营等违法违规问题。而松江区依托技术力量打造了"一网统管"新样本,通过智能AI巡检和数据模型,一旦街头摄像头里的视频画面具备人、遮阳棚、三轮车、锅等元素,就可初步判定为占道经营,并快速发出预警、流转到平台，分发到具体事件负责人，从而解决占道经营等问题；同时还可以实现24小时监管，降低了人工巡查频次。①

6.4.3 让市民生活幸福美好

在生活领域，"一网统管"的本质就是要实现"数字惠民"。只有让冷冰冰的数字技术变成暖人心的公共服务，让城市更聪明、更智慧、更生动，人民群众的获得感、幸福感、安全感才会更多，"一网管全城"才能称得上是"管"得好。

一方面，技术应用与城市治理必须"接地气"，有更多贴近民生的现实生活场景。在长宁区北新泾街道，就出现了许多与社区现实需求紧密衔接的"一网统管"创新："吃饱"后会自动找人清运的建筑垃圾箱、为残障人士精准推送帮困服务的智慧平台、能发现独居老人隐患的智慧电力系统等。提到社区生活，还有一个"大"问题——电梯管理。是否要加装电梯、如何保障电梯运行安全，这些都直接关乎居民的生活品质。在长宁区江苏路街道，"一网统管"有多层住宅加装电梯应用场景，多层老旧公房加装电梯是否可行、推进进度如何等信息一览无余；"智慧电梯"的24小时全天候响应机制让电梯问题得以在"一网统管"平台上同步。例如一名装修工把建筑材料挡在电梯门边，方便搬运物品，仅90秒后，物业人员手机上的App就发出报警，物业人员得以及时赶到制止这一危险

---

① 潇湘晨报.松江区打造"一网统管"新样本 AI巡检大幅提升城市顽疾处置效率［EB/OL］.（2021-07-13）. https://baijiahao.baidu.com/s?id=1705168653442250063.

行为。[①]

另一方面,"一张网""管"得好不仅需要公共部门全力投入,也要与公众齐心协力、共创美好数字生活。位于普陀区的曹杨新村是新中国兴建的第一个工人新村,2020年开展了"美好生活设计建造众创推广"工作。实践中,其围绕日常生活的各个方面采集居民对宜居、宜业、宜游、宜学、宜养方面的需求,融入"曹杨15分钟社区生活圈"建设和社区可持续治理,以"一网统管"完善"智联普陀"3.0版建设,形成了高效能社区智慧治理平台。当"一网统管"的开放平台与包容系统关注每一个个体的需求,让每一个个体都得以发挥主动性、积极性与创造性时,这个城市才会在数字时代焕发生机、充满温情,市民生活才能幸福且美好。

总之,通过横向与纵向、线上与线下协同织好一张城市运行的"网",依托现代数字技术与智能感知设备对实时动态数据共享汇聚、融合使用,让城市这个具有生命体征的复杂系统"耳聪目明",城市管理者得以掌握城市运行态势和指挥调度相关情况,主动、及时、高效处置一件事。同时,发挥社会与市场主体的能动性与积极性,践行"人民城市人民建"的重要理念,使个体感知到城市的干净、有序与安全。基于城市运行管理的数字基座、开放平台,结合技术与管理两个"铁三角","一网统管"的效用也在一次次的实战中得到磨炼、检验与肯定,从理念革新、技术驱动、场景应用与多向联动等方面实现"观管防"中真正意义上的"一网管全城",让

[①] 文汇.上海全面推进城市数字化转型,电梯实现"智慧化生存"[EB/OL].(2022-01-04). http://wenhui.whb.cn/zhuzhanapp/cs/20220104/442422.html.

经济、治理、生活数字化转型迈上新的台阶。然而，超大城市各种要素资源的不断流动、变化使其数字治理面临更加复杂的形势，带来新一轮挑战与难题。城市运行"一张网"要管好一座城市，还需要不断在实践中进行探索与优化。

第7章
平台横向集成

周凌一

上海市"一网统管"的"秘方"何在?"三级平台、五级应用"如何支撑起超大城市既有灵敏度和精细度,又有品质和温度的运行?"一网统管"为了更好服务所有的市民,搭建起一张横向跨部门、纵向跨层级、横纵多闭环的网,让数据在其间自由流动,实现"高效处置一件事"的核心目标。"三级平台、五级应用"是这张网的基本架构(见图7.1)。在市、区、街镇三级分别设立线下实体——城市运行管理中心,基于"抓总体把方向""联通管理""统筹实战"三级差异化的功能定位,建设三级城运线上平台系统。依托移动终端将实战应用进一步延伸到网格、社区(楼宇),在三级城运平台的基础上,形成横向到边、纵向到底的五级应用体系,实现逐级赋能、上下联动、跨部门跨层级协同。

横向上,"一网统管"运行是在"王"字形管理结构的基础上,以市、区、街镇三级城运中心为核心,以"一件事"为导向,通过数据治理与共享赋能打造跨部门、跨区域协同的整体性平台。市、

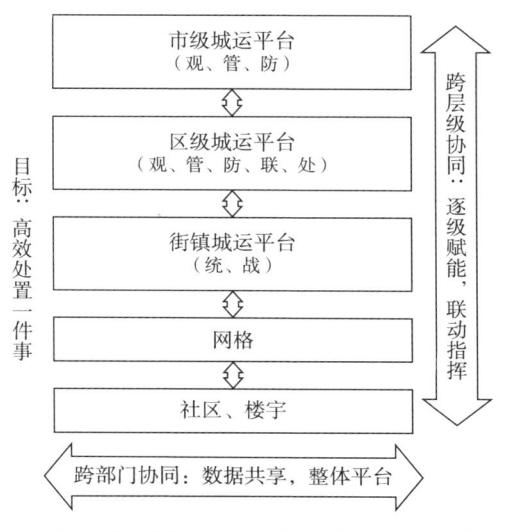

图7.1 "三级平台、五级应用"的基本架构

区、街镇三级城运中心的功能分别为"观管防""观管防联处"及"统和战",线上线下高效协同联动,部门间沟通交换信息,实现平台横向集成,以统筹各方资源与力量,助力城市敏捷治理。

7.1 三级平台:解密"王"字形管理结构

"屏幕上实时呈现的是庄行镇方圆500～6000米范围内,积水点位附近所有重点区域的视频、监测点、感知设备等数据,以及可调用的防汛物资、人员配备、单兵、无人机和应急医疗等资源,一旦出现极端灾害天气,'一网统管'城运平台便会成为区防汛防台的指挥中心,区领导可以直接在这里协调、处置汛情。"这块位于奉贤区城运中心的高5.4米、长19.2米的大屏幕,展示着奉贤全域所有"底层细胞"和"神经元感知",并在汛期集中算力投入防汛应急，从而及时发现并处置道路积水等事件。[①] 在整个上海，目前共有"1+16+16+215"块大屏幕[②]，搭建起跨部门、跨区域横向集成的整体性平台，助力线上线下高效协同。"一网统管"的平台横向集成，还要从"王"字形管理结构说起。

在层级体系的传统管理模式下，政府组织结构呈现条块分割的金字塔体系，各部门以职能为基础而划分，因此时常面临跨部门业务协同难、资源共享难的困境。而"王"字形管理结构是"一网统管"打破这一困境的革命性创造，这一结构由上海市市长龚正提出，生动形象地刻画了"三级平台"的组织架构。线下，"三横"代表市、区、街镇三级城运中心，以及协同联动的城市运行管理相关部门、单位。目前，市级已形成"1+16"的联动协同体系，市城运中心成立市城运总指挥中心，在公安、应急、消防、海事、气象、水务、电力、燃气、申通地铁等部门、单位设置16个城运专业分指挥中心；"一竖"代表以三级城运中心为实体核心的三级联动指挥体系。线上，"三横"是打通同级各部门的集成化、整体化的三级城运技术平台系统，"一竖"则是连通三级技术平台的信息交换通道，实现横向贯通，纵向即联。

市、区、街镇三级城运中心分工明确、各司其职。市城运中心重在"抓总体"，统筹城运系统战略规划、组织建设、管理维护，指导下级城运中心日常运行。区级城运中心以"联合、管理"

[①] 新民网. 应用场景升级、网格中心巡查……防汛防台预案，"一网统管"未雨绸缪［EB/OL］. http://newsxmwb.xinmin.cn/shizheng/szt/2021/07/23/31994922.html.
[②] 1个市城运总指挥中心，16个市级专业指挥中心，16个区城运指挥中心，215个街镇城运指挥中心。

为重点，上接市级，下接街道，整合区级所有业务系统，发挥系统枢纽作用，打造智能化、权威化的城市运行管理综合指挥中心。街镇城运中心以"统筹、实战"为重点，协调街镇各方资源，发现问题、控制风险、第一时间解决问题，形成快速反应、高效处置的一线作战平台。目前，上海市已建立起"1+16+16+215"的"王"字形三级城运平台指挥体系，线上线下高效协同联动，推进信息系统集成和组织体系联动重构，实现从分散化、条线化治理向集中协同作战转变，推动城市治理由过去的经验判断型、被动处置型、人力密集型向数据分析型、主动发现型和人机交互型转变。

市城运平台以"把握全局、把握方向"为重点，协调三级城运平台体系的顶层设计与城市运行系统的总体战略规划、建设、管理和运营维护，支持并指导下一级城运平台的日常运营，注重"观全市"，提出"管防"的决策建议，对重大、突出事件进行统一指挥、综合协调。市城运平台以统一的数据和标准为主线，由各业务部门分别处理具体事务。在应急情况下，城运平台是各部门数据和资源交互、联动协调的中心，市城运平台统一指挥协调，各业务部门则是执行者和响应者。

区城运平台以"互相联通、精准管理"为重点，有效整合区级各业务部门系统，上传下达，联通各级资源，助力决策研判，赋予一线部门资源和能力。区城运平台包括三个层次：一是辅助区领导进行决策和指挥的大数据平台；二是区各部门共享的协同指挥平台，负责突发事件应急指挥、重要节假日保障、大客流应对等；三是网格，满足区城运中心日常管理的需求。区城运平台是"一网统管"体系建设的核心和关键，它为全区"一网统管"提供软硬件支持，制定全区统一的事项目录、任务分工和操作流程，协调和赋能各业务部门和街镇，实现对城区重大风险的提前预警和高效处置，指导街镇（网格）实战能力建设，支撑基层力量就近处置综合应急事件。

街镇城运平台重在"统资源、抓处置、强实战"，街镇平台不仅是数据和信息收集的前端，也是事件处理的终端。其重点是协调辖区内各方力量和资源，及时发现问题，控制风险，应对突发事件。其目标是建立一个快速响应、高效处置的一线实用平台。目前，上海市215个街镇城运中心充分统一资源、集中处置、加强实战，充分利用各种智能手段探索多网格合一，有效开展联勤联动处置问题。

值得注意的是，"王"字形结构中三级城运中心的建设始终坚持"不包揽、不替代"的基本准则，在"统与分""常态与应急状态""中枢与专业""规范与执行"四对关系上理顺了城运中心与同级委办局之间的关系。城运中心这一平台政府的构建并不是各部门的简单叠加，而是因地制宜、因时而动，根据实际需要充分发挥自身的职能优势，既横向集成、协调联动，又各司其职、精准专业。具体体现在：

（1）"统"与"分"的关系。城运中心主要以高度汇聚和共享的数据流为基础，实现"观管防"功能，并向各委办局赋能，城市运行管理中各类事件的处置仍根据法律授权以各委办局为主，但城运中心具备平时与战时的转换功能，对重大突发事件可随时形成统一指挥调度的工作格局。

（2）"常态"与"紧急状态"之间的关系。城运中心更多地协调跨部门、跨地区和跨层级的事务，紧急状态下涉及全市层面的事务，由城运中心统一指挥和协调，常态下则由各委办局负责，城运中心提供数据支持和平台支撑。

（3）"中枢"与"专业"的关系。城运中心是一个数据和资源交互的平台，是各委办局协同联动的枢纽，各委办局是具体事务处置的承担者和响应者。

（4）"规范"与"执行"。城运中心以机制和标准建设为主线，规范各委办局之间的协同模式，而各委办局根据城市运行综合管理的需要，依照统一的标准和机制达到"协同执行"的目的。

7.2 跨部门协同：数据共享，整体平台

超大城市是一个有机体、生命体，我们需要时刻把握城市运行的脉搏，以快速、有效地解决关键问题，维护城市生命体的健康与发展。来源于物联传感、人工智能等多个渠道的数据，构成了城市运行体征系统的无数细微体征。也正是这些数据，打通了"王"字形结构的"任督二脉"，构建起跨部门协同的整体平台。数据要素价值的挖掘，即数据治理和共享赋能的程度直接影响三级城运平台的预警预判、资源调度和处置效能。数据共享协同体系能够实现对条、块、人数据的采集、转换、存储和共享，形成公共数据交换、共享的核心枢纽，提供跨部门、跨层级的公共数据交换共享服务，通过城市级数据交换"中枢协议"实现与数据共享交换平台的对接，确保各项数据实时连通、同步更新、高效协同。在"一网统管"平台的运行中，这些数据不断经历收集、标记、使用、流通的循环，从而服务于形势判断与决策研判。只有让数据像血液一样在三级城运平台的血管中流动起来，才能真正实现"一屏观天下，一

网管全城"的建设目标，将数据治理放在更加重要的位置，真正让数据产生化学反应，发挥数据要素的最大价值。目前，上海全市已有约110万个烟感、震动广告牌、水质监测等感知设备，上海整合各类实时感知数据资源，提高建筑物、道路、供水、电力、燃气、环境监测等城市设施的部署密度，已初步实现560万个感知设备数据共享，准确了解城市基本体征信息。"数据湖"已实现数据共享24.79亿条，跨层级数据交换98亿条，为"一网统管"提供数据支撑。[1]

"一网统管"的数据赋能和技术赋能反映了信息技术变革在当代公共管理中的重要作用。数字时代治理的关键在于聚焦治理问题、拆解处理环节，将不同主体纳入解决过程，逐个赋能，实现复杂问题的跨部门"联动指挥"。"一网统管"平台的建设进一步拓展了城市管理的可视化空间。针对城市道路桥梁隧道、地下管线管廊、燃气、排水、生活垃圾填埋场及渣土消纳场、照明及户外广告设施、化粪池危险源、公共空间等风险防控重点，通过智能化、科技化手段实时监测城市运行情况，建立运行数据共享机制，搭建智慧城市技术平台，实现监测、预警、报警以及督办，加强城市问题的辨识和评估。以杨浦大桥数字孪生系统为例，这座历经28年风雨的"老桥"如今形成了17类1 100多个结构安全数据感知点，实时监测风速、风向、温度、大地震动等环境数据，还设立了5大类120多项结构安全指标，全桥已形成5万余个静态设施设备空间管理单元。2022年1月，新的数据共享机制成功帮助杨浦大桥的

---

[1] 王嘉旖，王宛艺. 一网统管："数据湖"已实现数据共享24.79亿条［EB/OL］.（2020-12-30）. https://wenhui.whb.cn/zhuzhan/cs/20201230/386101.html.

维修管理人员及时发现了一条长达2.8米的裂缝，有效规避了安全风险。①

基层政府也在"物联、数联、智联"平台的赋能下，不断创新工作方式、方法，解决了一系列关系民生的焦点问题。早年间，虹口区广中路街道何家宅小区的污水外溢问题使居民生活受到严重影响。针对该问题，街道办事处为小区的全部化粪池井盖安装了一枚小小的芯片，该芯片具备污水满溢预警和污水管道破损判定的功能，弥补了物业或市容环卫部门的管理短板。广中路街道为消除物业管理工作的盲点，利用物联传感器传回的数据赋能网格社区管理，将"看不见"的污水管道情况变为"看得见"的传感器报警数据，使基层街道、物业和市容环卫三部门无法独立解决的问题得到协同高效处置，化被动为主动，变"人防"为"技防"。这一窨井传感器项目成了基层治理可推广、可复制的典型样本，也是众多由"物联、数联、智联"打造的基层治理新模式的缩影之一。

在浦东新区张江镇，跨门营业、占道经营等行为曾屡见不鲜，而改善这类问题的关键在于实时监控。传统的执法部门巡查难以做到实时全面覆盖，整治过后又"卷土重来"。浦东新区治理App利用物联视频资源，实现了现场智能化监控。一旦监测到违法违规行为，系统会自动拍照生成报警信息，推送给城管部门工作人员，实现"全时段"智能预警、"全过程"实时监管、"全数据"智能分析三大功能。浦东新区通过融合数据采集、分析、管理为

---

① 澎湃新闻. "数字孪生"来了! 杨浦大桥装上"智慧大脑"! [EB/OL]. (2022-02-23). https://www.thepaper.cn/newsDetail_forward_16823371.

一体的智能预判＋人工处置系统，推动镇城运中心与城管执法、市场监管、派出所等条线部门形成综合管理执法工作合力。这一工作方式将治理平台、智能监控、执法部门等技术平台与人力资源统筹起来，以技术为底座实现跨部门协同合作，高效处置违法违规行为，清扫责任盲区，提高工作效率，降低执法部门的巡查人力成本与工作压力。

除日常城市运行管理之外，"一网统管"平台也在城市应急管理中大展身手，利用数据、技术赋能突发情况、紧急事件的处理，成为跨部门协同高效处置一件事的有力技术底座。2021年7月25日上午，台风"烟花"来势汹汹，上海风骤雨急。按照防汛工作"横向到边、纵向到底、智能指挥、应急处置"的总体要求，为逐步达到防汛信息"全面、实时、精准"和防汛处置"快速、联动、闭环"的目标，防汛大屏汇集了全域全量的汛情、灾情、舆情、社情信息。[①] 上海市防汛信息中心（上海市水务信息中心、上海市海洋信息中心）的大屏幕左边是值班人员的防汛体系，它可以细化到某个区的值班人员情况。大屏幕左上角是上海当前的风情、雨情、潮位和洪水四个影响最大的因子情况，中间是台风与上海的实时距离。据悉，上海市防汛防台指挥系统2.0版共涉及中央部委、有关委办局、区属有关部门和水务专业机构等35家单位63类数据，已汇聚5 492个神经元。防汛重要基础设施、防汛管理体系、应急预案等基于"一张图"全面数字化，深入挖掘防汛数据的要素价值，以协同标准为目标，服务于三级城运平台的预警预判与资源

---

① 青年报·青春上海.迎战台风"烟花"：上海实现"一网统管"、智慧防汛［EB/OL］.（2021-07-25）. http://www.why.com.cn/wx/article/2021/07/25/16271893371393033577.html.

调度。

　　数据交换与共享是打造跨部门甚至跨区域横向集成平台的重要基石，通过实时、动态更新的数据赋能判断与决策，为解决城市运行管理难题带来了革命性创新。但在实践中，跨部门的数据共享也面临着不少挑战。第一，各部门数据共享的实际比例较低，特别是核心数据。由于条块分割的管理体制，政府信息资源在开发上缺乏统一规划，呈现明显的"部门化"格局，形成一个个"信息孤岛"。[①] 如果本部门数据共享程度较高，跨部门业务协同程度较低，那么，数据虽能较好支撑本部门业务管理，但造成了事实上日益强大的"数据孤岛"。[②] 数据资源直接涉及部门的利益，尤其是核心数据。一些部门会担心数据共享后，丢失信息垄断优势，部门权力旁落，因而不愿将信息整合共享。[③]

　　第二，目前数据资源产权界定模糊，中国尚未针对政府信息资源的增值利用颁布具体的政策或法律规范。[④] 公共部门信息的公共属性和私人属性双重特征引起了产权归属问题，如何在数据的采集、使用、共享过程中既发挥数据的价值，又兼顾数据的产权，也是法律上亟待明确的问题。[⑤]

　　第三，数据共享的事项清单、数据清单、责任清单制度仍不完善，难以厘清和规范各职能部门的权力和责任，数据管理部门与业

[①] 查先进.电子政务信息共享的障碍及对策研究[J].江西社会科学，2006（07）：45-49.
[②] 翟云.基于"互联网+政务服务"情境的数据共享与业务协同[J].中国行政管理，2017（10）：64-68.
[③] 黄辉.电子政务信息资源共享的制约因素及其推进策略研究——以X市为例[J].现代情报，2014，34（08）：47-50.
[④] 付熙雯，郑磊.政府数据开放国内研究综述[J/OL].电子政务，2013（06）：8-15.
[⑤] 冉从敬.公共部门信息再利用制度研究[J].中国图书馆学报，2008（06）：103-108.

务部门间的关系也有待进一步明确。目前尚未制定统一的政务数据标准、格式和架构，当前各部门间的数据兼容性仍然欠佳，缺少统一的元数据标准，导致政务数据的流通性差、共通性弱，客观上造成严重的数据封闭现象，亟须建立一个统一的政务大数据共享平台，对政务数据的采集和汇报系统进行无缝整合。①

7.3 流程再造：以"一件事"为导向

"高效处置一件事"是上海市"一网统管"的核心目标，也是实现超大城市精细化管理的必要之义。传统的跨部门协同往往通过正式或非正式的互动形成沟通交流、资源共享、共同决策的多组织治理结构。但由于目标或利益的冲突，协同过程中可能会出现合作意愿不足、矛盾难以协调甚至合作终止等困境，使协同成效大打折扣，甚至流于形式。"一网统管"三级城运平台打破了传统的跨部门协同的思路，创造性地围绕"一件事"开展处置流程的梳理、优化、再造，协调各业务部门的处置力量，从根本上实现了政府治理理念、体制架构、运行流程、监督管理的整体再造。基于事件导向思维，三级平台在线上通过智能化提升效率，实现管理流程化。针对不同领域、不同问题，推动相关管理部门之间甚至区域之间的数据共享、联动处置、职能互补，构建事项智能发起、资源智能调度、过程智能监管、结果智能应用的工作链条，实现从"数据循

---

① 翁列恩，李幼芸. 政务大数据的开放与共享：条件、障碍与基本准则研究[J]. 经济社会体制比较，2016（02）：113-122；李汉陟. 政务大数据开放共享现状、问题及对策[J]. "决策论坛——公共政策的创新与分析学术研讨会"论文集（上），2016：211.

环"到"管理闭环"的转变，使城市管理更加科学高效，助推政府管理机制更新与治理能力现代化。

三级城运平台建设的总体思路是统合公共安全、公共管理、公共服务、应急处置等涉及城市运行和安全的全部事项，充分运用大数据、云计算、人工智能等科技手段，推动业务流程再造和管理升级，进行集成化、协同化、闭环化处置。上海市重点探索建立全市统一的城市运行管理事项分类标准，规范处置流程。对一些职责界限不清，或划分依据不充分的高频事项，探索依据首问责任制、属地和就近管辖原则的自动智能派发。例如，黄浦区城市运行管理中心平台系统建立了"事项词典"，对辖区内的646件事项、1743种情形进行归纳总结，利用技术平台将这些公共管理与服务的事项变为可视化、可感知的分类，按照"平、稳、特"的特点，将日常管理、亟须处置、特殊要求的事项分频分类，主动寻找责任单位，厘清管理依据、条例法规，明确工作职责，特别是一事多责的事项。在绿化景观、住房保障、公共设施、道路交通、工程管理、市场监管、社区管理、科教文卫、民政人保、街面秩序、应急管理、环境保护、公安司法、土地规划、政法综合、安全监管、经济综合、水务管理、历史建筑保护、公共事业等多个方面均有相应的处理细则。

根据事件导向原则，黄浦区就噪声污染事项形成了成功的治理经验。具体而言，针对不同时间与空间的噪声污染，如固定源设备、室内音响器材、冷却塔、发电机、水泵等设施产生的噪声，由城运力量、市民力量主动发现或物联感知设备、AI识别技术自动发现后，依据《中华人民共和国噪声污染防治法》《上海市固定源噪声污染控制管理办法》《关于加强社会生活噪声污染监管工作的通知》等,区公安分局、区建管委、区应急局、区绿化市容局、区风景区管理办、区城发集团等各部门将按照噪声污染的空间责任方展开联勤联动,属地街道办事处则作为其中的协调者。

以"一件事"为导向的业务流程再造能够有效明确各个环节中各部门的职责,在实践的经验积累中孕育跨部门协同的文化与土壤。不再是扯皮推诿,也不再是上级命令下级被动应对,而是自发、主动、默契地跨部门协同,由"闻令而动"到"闻声而动",根据各事项的处置流程与经验积累,实时判断各阶段的任务与对接部门,以快速响应群众诉求,增强市民的安全感、获得感和幸福感。虹口区通过综合联勤执法改革将热线办理时长从平均8天缩短到4.4天,充分协调利用行政资源,从制度上杜绝"推诿、扯皮"现象。2021年2月,居住在虹口区广中路街道海伦新苑的居民反映,该小区附近的沿河区域没有路灯,给小区居民夜间出行造成不便。接报后,12345热线管理办公室多次到达现场了解情况,因该区域无路名且不属于小区管理范围,无法认定主管部门,虹口区城市运行管理服务中心立刻召开协商会议,邀请区建交委、区房管局、属地街道三方协商,并确定由区建交委在此处新设路灯。区建交委立即对原本坑坑洼洼的路面进行修缮,方便小区居民的出行。为便于后期长效管理,会议将此处认定为中兴路延伸段,明确了小区管理的权责分工。[①] 这一工作经验为后续全市12345热线工作提供了重要参考,为城市管理善治之路积累了优秀实践经验。

嘉定区北管村作为上海近郊典型的城乡复合村庄,外来人口众

---

① 上海政务. 一条贴心热线连市民 虹口区"12345"办结率达100%[EB/OL].(2013-12-19). http://shzw.eastday.com/shzw/G/20131219/u1ai120531.html.

多、优质企业众多，东与宝山区接壤，南与南翔镇相邻，村内交通、生态情况复杂，形成了"城中有村、村中有城"的格局，管理难度较高。在数字治理的技术路径之上，公安、卫健、水务、绿化部门通力合作，针对河道绿化、垃圾暴露等突出生态问题，协调各部门之间的动态数据资源，建立村内重要生态体征指标体系，以打破传统部门之间的信息鸿沟，形成生态问题处理的反馈闭环。正是一次次以事件为导向的跨部门联动，使"一网统管"做到了北管村沪语的"百管"之意。①

围绕"一件事"展开的流程再造能够帮助各部门厘清其在事项处理中的责任和工作流程，有效防止部门间的职责推诿与"真空地带"的出现，助力特定事项，尤其是棘手问题的闭环解决。但在实践中，城市运行管理是一个实时变化、要素众多的复杂系统，其包罗万象，而且时刻处于动态演变中。因此，事项分类标准、处置流程等清单的建立与规范，需要不断积累实践经验并不断调试，这本身就是一个循序渐进的过程，在目前的探索阶段会存在不少的摩擦与挑战。尤其是面临全新的突发事件时，各部门无法依据原有的事项清单进行有效处置，依旧会存在城市运行管理的"真空地带"。因此，如何建构更具韧性的事项分类标准与处置流程，是事件导向流程再造需要应对与探索的关键性挑战。

---

① 新华社.上海：数字孪生，城市蝶变［EB/OL］.（2022-03-02）. https://m.gmw.cn/2022-03/02/content_1302826933.htm.

第8章

应用纵向牵引

周凌一

纵向上，目前"一网统管"的运行正以市、区、街镇三级城运平台为核心，向基层网格、社区（楼宇）两级辐射延伸。以实时动态数据为牵引，推进三级城运平台的灵敏感知、精准研判、高效指挥（智能派单）、协同处置，实现纵向三级互联互通，为基层的问题处置赋能。在问题处置过程中，充分发挥基层的主观能动性，实时反馈处理进度，如遇疑难杂症则会商会诊，保障城市安全有序运行。

8.1 分层分级：重心下移，资源下沉

"城有千万楼，楼是最小城"。上海市每一辆机动车、每一栋建筑物、每一幢高层建筑、每一台电梯，都是城市运行管理中的最小单元。作为全国"一网统管"建设的先行者，上海一直在积极探索城市数字化转型下的治理新理念与新方法。如何让更多的政府资源和社会资源有效集成、共享、融合，以高效满足人民的需求？这是城市数字治理面临的首要问题，而上海的答案是在数据共享赋能的

基础上，分层分级联动，实现治理重心下移、资源下沉。

"高效处置一件事"，离不开分层分级协同联动，三级城运中心的系统平台通过业务流、信息流和数据流的流动实现跨层级的互联互享。在纵向应用的建设中，科学判断各层级的职能与定位，强化市级平台总体设计和集成保障的核心功能，强化区级平台统筹协调的枢纽功能，强化街镇平台常态化"线下"的处置功能，将职能部门的执法力量下沉到基层，通过市、区、街镇、网格、社区（楼宇）联动指挥、联勤巡防、联合执法，形成多元主体、上下联动、各方协同的治理格局。[①] 依托"一网统管"逐级指挥协调与资源支持，基层治理得到跨部门、跨层级的信息与资源，治理重心逐步从上向下转移，并通过移动终端的轻应用、小程序向网格、村居延伸辐射"一网统管"的治理效能。在五级应用体系的发展与完善中，基层数字治理实践不断涌现出许多以网格、社区甚至以楼宇为单位的数字治理单元，为高效满足人民需求积累了宝贵的基层经验。

黄浦区选取南京大楼作为城市数字治理最小管理单元试点，基于城市智能体打造了1∶1的"活"的数字孪生大楼。在静态建模的基础上，通过叠加多维实时动态数据，支持从生命体、有机体的视角对大楼进行感知和管理，构建了系统化的数字生命体征，实现城市运行管理的实时预判、实时发现、实时处置。[②] 城市最小治理单元反映了逐级下沉的治理重心与资源赋能，帮助距离

---

① 上海政协. "一网统管"："网"得住、"统"得好、"管"得了 ——市政协十三届十八次常委会议建言选粹［EB/OL］.（2020-05-08）. http://www.shszx.gov.cn/node2/node5368/node5376/node5390/u1ai105830.html.

② 华为云. 上海"一网统管"发布城市最小管理单元数字治理成果［EB/OL］.（2021-07-15）. https://www.huaweicloud.com/zhishi/mkt-ywtg.html.

最"近"的基层精准、实时地把握城市脉搏，呈现上下贯通、相互联动的协同工作模式，落实了从岗位责任闭环、市场主体闭环、城运闭环、应急处置闭环到两网融合闭环的"五级闭环"管理新机制。

按照"三级平台、五级应用"的基本架构，市级平台抓总体、抓大事，为全市"一网统管"建设提供统一规范和标准，完善全市重大事项现场指挥处置功能。区级平台发挥枢纽、支撑功能，强化本区域个性化应用的开发和叠加能力，为区级和街镇、网格实战应用提供更多有力保障。街镇平台抓处置、强实战，对城市治理具体问题及时妥善处置，对重点难点问题开展联勤联动。市、区、街镇、网格、社区（楼宇）五级要运用城运系统履行各自管理职能，每一级为下一级赋能，上一级帮助下一级解决共性难题，对疑难杂症进行会诊会商，共同保障城市安全有序运行。街镇及以下的网格、社区是五级应用的探头与出口，深耕实战应用，一方面承载摸索收集前端数据信息的任务，另一方面又是输出处置方法、解决办法的出口。资源下沉，鼓励基层在上级平台系统的基础上开发管用、人们爱用的各类小程序、轻应用，并结合街道社区焦点问题的多样化，灵活变通"一网统管"的平台形态。以顶层设计服务于基层实践需求，增强"一网统管"在基层治理中的可能性和可行性。具体而言，依靠城市运行管理中心平台搭建村居群众自治共治平台，整合基层网格内人力、物力和财力等各类基础情况，动员基层干部、社工、志愿者、居民等自治力量，协同条线管理，在"一网统管"的基层应用末端实现社会协同治理，从而实现养老、扶贫等社会热点问题的自动推送、掌上协同、闭环管理。

立足"人民城市为人民"的理念，依托"一网统管"大数据平台，基层街道积极探索将数据与技术落实到应用的前沿实践。例如，陆家嘴街道在市级"社区云"平台和区级"智治通"平台的数据底板基础上，开发了"独居老人风险分级管理平台"作为社区独居老人风险管理的应用场景。[①] 这一平台的建构，不仅是为老服务资源和平台技术的下沉，更助力了基层工作的效率提高和减负减压。具体而言，基于独居老人身体状况、安全习惯等基础信息和管理要素，陆家嘴街道利用数据标签信息构建分析模型，经过行为比对后由系统算法自动对独居老人进行安全风险评估，将其分为高、中、低三个风险等级。在街道一级平台自动生成任务清单后，再由系统推送给网格内的居委社工、结对"老伙伴"志愿者和居委书记，对不同等级的老人采取"一周""一月""一季度"的实地探访，根据个性化的安全问题进行知识宣传、隐患排查以及风险点整治等。上层信息下沉，基层网格联动，实现了对陆家嘴辖区1 446名独居老人的全覆盖管理，助力形成了"动态评估、及时感知、高效处置"的闭环机制，完成了基层治理服务重心的底部探索。日常工作中，居委社工、"老伙伴"志愿者按周期轮流上门，全方位、多角度地帮助老人减少日常安全隐患，并同步打通PC（个人电脑）端和手机端。对于走访时需上报的内容字段进行了标准化定义，形成高频任务选项，让社工和志愿者在上门的同时直接在手机上根据系统提示进行勾选就可以完成绝大部分的信息上报，减少了不必要的二次录入，大大提高了居委社工和"老伙伴"志愿者的工作效

[①] 上观. 依托"一网统管"大数据平台，陆家嘴街道实现独居老人风险分级管理［EB/OL］.（2021-04-22）. https://sghexport.shobserver.com/html/baijiahao/2021/04/22/414796.html.

第8章 应用纵向牵引　　175

率，并减轻了他们的工作负担。

数据、信息与资源下沉赋能基层，为基层治理能力现代化提供了有力支持，但目前的纵向协同体系中基层政府难以快速、有效地自下而上获取数据与信息。资源下沉的真正目的是充分发挥基层政府的智慧与力量，结合街道社区的焦点问题开发管用、人们爱用的小程序与轻应用。在具体落实过程中，上级平台系统往往无法满足基层多样化的数据与信息需求。但当基层向上申请相关的资源支持时，会面临数据权限限制，以及数据标准不统一，数据规模小、质量低，甚至数据不存在等问题，这给"一网统管"的基层探索与应用带来了巨大的挑战。

8.2 跨层级协同：逐级赋能，联动指挥

上海城市运行管理是一张以人民为中心，高效处置一件事的"网"，这张"网"的活力内嵌于逐级赋能、联动指挥的纵向跨层级协同。上一级为下一级赋能，健全联勤联动的协同处置机制，为基层减负增能，遇到"疑难杂症"联动指挥，一线管战，上级管援。

在传统层级体系的治理结构中，上下级政府间更多地呈现为"上令下效"的管理模式，各级政府间存在难以逾越的信息壁垒与鸿沟。"一网统管"实质上是在技术底座的基础上，搭建起跨部门、跨层级、跨区域的网络型、平台化的线上政府，形成信息共享、快速反应、联勤联动的指挥中心，以有效指导、协调基层的问题处置与风险应对。三级城运平台通过线上智能化提升效率，实现线下管理流程化、事件处置标准化。基于事件的分类，打造数据共享、协

同联动的整体性平台，构建事项发起、资源调度、过程监管、结果应用的全过程智能化工作链条。跨层级协同中，上级平台为下级平台提供数据赋能、技术赋能与制度赋能。数据上，完善动态数据资源的目录编制，面向"一网统管"应用明确数据需求，建立供需匹配的数据共享机制与方式。技术上，市城运平台优先加强技术支撑能力建设，统一标准，汇聚治理数据，提供存储算力等基本数据保障，推进实现开放性平台架构。区城运平台重点研发应用模型，打造智能应用体系，构建知识图谱、业务插件、移动终端，促进人工智能技术迭代应用，为基层赋能。制度上，围绕城运体系运行，建立涵盖平急融合、领导轮值、联席指挥、多渠道发现、分类处置、联勤联动、分析研判、监督考核的一整套工作制度。同时建立适应智能化发展要求的新型项目审批制度，安排专项资金，优化机构设置，有序推动地方立法。

在现有城市运行管理的可用资源中，监控探头捕捉的视频资源无疑是最直接、最实用的高质量资源。那么，由不同职能部门管理的监控视频资源如何才能按需分配，物尽其用呢？上海市公安局牵头建设了"城市之眼"视频共享系统，针对各部门大量视频建设和AI识别算法研发的需求，基于资源共享不足等问题，搭建可视、可算的统一平台，接入30多万路视频，从人眼、"鹰眼"视角可快捷查询城市和事件实况，真正实现"一屏观天下"。"城市之眼"视频共享系统的建设既节约了硬件投入，实现了资源共享和旧有资源利用，又可以不断优化算法、提升智能管理效能，还解决了各部门智能化管理能力参差不齐的问题，整体提升了全市对视频资源的利用水平，尤其是赋能基层的治理能力。"城市之眼"系统汇聚了多家企业的150多种算法，建立算法库，针对跨门营业、违停、下立交积水、墙面松动、人员异常集聚等各类城市管理问题，采取拖拽算法覆盖视频的方法，快速得出智能分析结果，并通过城运平台推送至管理部门处置。例如，消防通道是发生火灾事故时的救援通道和生命通道，但受制于基层巡查力量等资源缺位，车辆、杂物占用消防通道等情况屡禁不止，一不小心就会酿成大祸。为解决这一问题，上海市城运中心牵头上海市公安局和浦东新区开展协同试点，利用"城市之眼"系统推算智能分析结果，由市级城运平台推送至下级区镇。基层力量在上层技术平台与数据信息的赋能下，及时把握实时动态，形成了条块协同处置机制，集中力量，高效处置，营造了"一家能力大家用"的良好城运生态。

大客流管控、防台防汛系统在每次应对突发重大事件时都秩序井然，是因为有一群"兵"默默守护，有条不紊地践行着"一线管战，上级管援"的工作思维与准则。在跨层级协同中，上级平台始终尊重基层的经验和智慧，为一线实操调度资源、提供支持，运行和管理按照"四早"（早发现、早预警、早研判和早处置）、"五最"（在最低层级，在最早时间，以相对最小成本，解决最突出问题，取得最佳综合效应）的目标，做到"实战管用、基层爱用、群众受用"，最终让市民获得更大的安全感、幸福感和获得感。"一网统管"的网络平台通过减少中间环节，让具有丰富实战经验的基层走上指挥台，决策和处置突发事件，无须经历层层上报再逐级下达的过程，而是让"听得见炮火的人来做指令"，既有质量，又有速度。

2021年7月，以"永远跟党走"为主题的庆祝中国共产党成立100周年光影秀吸引无数游客前往外滩观赏。"4到11号口，全部'只下不上'""6号口开放游客上去""7号口开放上人""9号出口只下不上"，市公安局黄浦分局外滩治安派出所所长紧紧盯着屏幕，通过电台指挥在外滩江堤口值守的民警调整管控措施。[①] 屏幕上，所有外滩江堤出入口都被民警组成的"人墙"和先前排布好的铁马、警戒绳等设施"封锁"，利用"开关式""拉链式""雨刷式""分向导流式"过马路等新举措、新手段，引导下江堤的游客快速有序离开。此次光影秀在5天时间内共吸引340万人次到现场，客流瞬时最高峰值达11.7万人。面对动辄数十万的大客流，上海又一次从容应对新考验，动态、及时、柔性的现场管理，映射出逐级赋能、联动指挥的城市治理智慧。"让听得见炮火的人来指挥"，派出所所长坐镇城运中心，根据屏幕上的实时动态发出调整指令，又一次顺利通过了大客流的考验。6月30日19时许，外滩滨水区域瞬时客流已超过8万人。面对外滩江堤人流接近饱和的情况，原定于19时30分开始的首场光影秀，提前了15分钟上演，这样可以让第一波游客尽快流动起来，避免过度拥堵产生的安全隐患。这是公安部门监测到实时客流后，由城市运行管理中心调度，并与负责灯光系统的绿化市容等部门协调后的结果。不管是这次提前演出，还是随后两天的临时"加演"，都不只是打开放映机播放那么简单，背后不仅需要对设备本身的状况精准掌握，更需要高效的跨层级协同。动态调整、精准指挥；令行禁止、落实精确；利用动态数据研判决策，指挥命令迅速下达，各方实战部门联动配合，共同谱写上海这座大都市的别样光彩。

---

① 澎湃新闻."上海确实不一样！"光影盛宴太美，警察组成的人墙太帅！游客点赞，市民骄傲［EB/OL］.（2021-07-05）. https://www.thepaper.cn/newsDetail_forward_13448080.

8.3 应用开发：事件导向，高效处置

"高效处置一件事"不仅推动了信息、资源的横向调度与集成，也促进了应用场景的纵向牵引与联动。传统的政府体系呈现条块分割的状态，条和条、块和块、条块间缺乏有效的信息共享和协同工作机制，使跨区域、跨部门、跨层级的复杂公共事务的治理成为"棘手"难题。"一网统管"的实践创新性地打破了传统层级体系的行政壁垒与碎片化结构，以事件处置为导向，坚持"应用为要、管用为王"的总体要求来开发应用场景，统筹数据、资源与力量，倒逼和撬动政府改革和流程再造。

应用场景开发是"高效处置一件事"的关键所在，秉持"事件触发"的理念，从存在的问题、管理的需求、服务对象的感受出发，而非从部门自身的驱动出发，围绕一个具体的事件场景，汇集事件相关的全量、多维、实时动态数据，为事件的高效处置提供决策支撑。例如，日常管理中，可根据群众集中投诉的问题进行管理资源和管理力量的配置；危化品的应急处置，可汇集119、120、网络舆情、现场视频以及专业监管部门、三级管理平台的多维度数据，第一时间发现问题，了解现场情况，掌握可调度资源，立体化呈现事件进展，并运用融合指挥的方法高效应对、稳妥处置。

五级应用体系的开发与建设结合市、区、街镇的实际需求，因地制宜、分层分类推进。市层面聚焦跨部门、跨层级、跨领域的应用场景建设，统筹处置标准、处置力量、评价机制、系统融合等，打通部门壁垒，形成联动协同，解决"铁路警察各管一摊"的问题。区层面既要有与市层面对应的工作场景，也要围绕区重点领域的"一件事"开展处置流程的梳理、优化、再造，协调处置力量，开发

应用场景，打造闭环处置机制。街镇层面，结合各自区域特点和具体问题，高效率、低成本地建设一些轻应用和小程序，延伸到网格、社区（楼宇）两级，让一线工作人员易懂易用。同时，所有应用场景、轻应用、小程序的研发，既要坚持管用、人们爱用、实用的总体要求，又要以集约、节约、简约为原则。市层面充分挖掘基层研发的实用智能化应用场景，将其纳入全市"一网统管"体系，形成智能应用生态，进行资源共享利用，为基层充分赋能。目前，市城运平台已汇集72个部门（单位）的220个系统、1 200个应用。

应用场景体系的开发建设呈现"纵向联动，横向学习"的靓丽风景线。一方面，市级层面统筹资源，开发全市的共性应用并向下落实，区、街镇两级基于统一应用标准与实际需求自主开发应用场景，将其纳入全市应用场景统一管理。另一方面，市、区、街镇三级城运中心在不同层级建立起应用推广机制，促进"管用、爱用、受用"的基层应用的横向推广，推动各级政府间的学习与交流。在五级应用体系的开发工作中，市、区、街镇三级承担不同分工责任，在纵向联动中兼顾横向学习，在开发理念、建设标准、数据接口等问题中实现统一，打造完成"一网统管"的高效处置场景。然而，由于业务部门间信息壁垒难以完全消弭，智能化应用创新缺乏合理规范的评价体系，各部门也存在"为创新而创新，为智能化而智能化"的问题。智能化创新造成"负能"而非"赋能"，官僚主义与现代技术联姻，由"线下"走向"线上"，产生"电子衙门"现象。[①] 信息化办公系统的运用不仅没有减轻公职人员负担，反而

---

① 刘永谋. 技术治理、反治理与再治理：以智能治理为例[J]. 云南社会科学，2019（02）：29-34.

因为程序烦琐和内容繁多消耗了他们大量的时间和精力。比如，简单的报表必须通过电子化操作才能进行审批，多媒体、视频短片都从"自选"变成"必答"，盲目叠加应用开发。[①] 往往同一个事项，需要基层工作人员在不同条线下的应用上重复操作，反而造成了增负的不良后果。

多元应用场景的开发建设离不开强大的物联感知等技术底座。对于城市日常运行与管理所需的动态数据，上海逐步加强了各类信息基础设施、数据资源、城市运行系统的整合融合与互联互通。上海着力把城市当成一个有机体、生命体，围绕城市全周期管理的"人、物、动、态"四个方面，汇聚城市交通、环境、基础设施等多个指标，铺设大量的神经元系统感受城市的脉搏，从而提升城市管理和服务水平。例如，针对辖区内独居老人养老服务问题，上海各区镇、街道因需而动，依照不同老人的需求特点，利用物联感知设备、智能算法平台，为老人提供高品质、温暖、便捷的社区服务。浦东新区南码头街道以西三社区为试点，为社区居民家庭安装了智能感知7件套，围绕水压监测、烟雾感知、燃气报警、红外线探测、一键呼叫、水箱水压、智能手环、智能夜灯等应用场景布设了近1 400个传感器点位，服务于公共安全和公共管理，特别是独居老人的照看、管理和服务。这些智能传感器设备可以直接将数据传递到街道的运营管理平台，一旦发生异常或者紧急情况，平台会自动将紧急需求信息推送给相关的处置部门、处置单位、处置人以及居民的亲属。但由于这些设备存在误报误判率较高、更新迭代

---

① 胡卫卫，陈建平，赵晓峰. 技术赋能何以变成技术负能？——"智能官僚主义"的生成及消解[J]. 电子政务，2021（04）：58-67.

快、维护成本高以及隐私保护等问题，其后期在社区的推广应用遇到了不少阻碍，目前使用状况为既有存量多，增量较少。

此外，各级城运中心的应用场景开发，往往从某一特定单元切入，以事件为导向探索全流程的场景要素，并在发展中逐步拓宽应用的适用领域，综合考虑各领域的异同点，不断完善应用场景体系，助力城市精细化管理。例如，黄浦区城运中心就将最小楼宇单元的场景从商业性质的南京大楼推广到景区田子坊以及居民住宅春江小区，在不同属性的楼宇中变换切入角度，打造个性化的场景要素，综合提升应用场景的功能，这也是由点到线再到面不断迭代、上升的创新过程。田子坊相对于南京大楼较为封闭，并且性质较为复杂，是商铺与居民区的融合体，大量小型商铺与居民住宅错落分布，房屋以木质结构为主。针对以上情况，黄浦区因地制宜开发了针对田子坊的特殊最小楼宇单元场景，从人身与财产安全入手，推广安装各类感知设备，最终通过设备传回的数据及时发现紧急情况，如烟感设备及时发出预警至消防站，消防人员迅速高效到达现场检查情况，避免火灾等灾害的扩大，保护人民财产安全。老旧的春江小区安装了高、中、低层全面覆盖的智能摄像头，当发生坠落或高空抛物情况时，系统将实时推送消息到物业管理人员的手机上，管理人员第一时间到现场确认情况、查看事件回放，并采取相应的处置措施。黄浦区的实践进一步理清了政府与更多类型最小管理单元治理主体的职责分工，岗位联动承运日常管理、应急救援处置和政府服务，全面落实政府和治理主体联动贯通的闭环新机制。在守护好人民群众的安全问题上，"一网统管"平台助力了城市数字治理中善治方案的不断涌现。

第三部分
技术催生变革

第9章
神经元与城市数字孪生

唐雲　李瑞昌

对于当下信息快速流转的复杂城市来说，众多的智能元素、全面的连接、海量的与人类社会的互动、无序性，以及大量的反馈机制构成了关键因素。如何将这些因素明确并且关联起来，是实现"一网统管"的关键环节。城市神经元就是其中的基础，也是非常重要的工作。因为没有集成的城市神经元系统，没有统一的神经元技术标准，城市内部的居民、设备、系统就无法连接，更重要的是城市之间的城市大脑也无法有效连接。如果说，城市神经元系统是"一网统管"体系建设的前提与基础，是决定"一网统管"能否做到"统"的数据载体和运转引擎，那么，以数字孪生体为核心的数字孪生城市就是未来城市发展的目标和形态，是智慧城市的升级版和必选项。

9.1　城市神经元："一网统管"的信息引擎

9.1.1　何为城市神经元

神经元，又称神经细胞，是构成神经系统结构和功能的基本单位。作为神经系统的机能单位,神经元可以把引起人兴奋的多巴胺从胞体传送到另一个神经元或其他组织。神经系统中有无数个这种单位,它们连接起来构成传导通路。如果把一个人看作一个完整的信息系统,那么皮肤与外界接触获得的信息就是"数据信息";而感觉器官就是数据采集设备,是数据收集的核心,与其相对应的实物器件就是神经元产品。这些是关于神经元生物特征的阐述。

随着智慧城市的不断发展,神经元的概念也慢慢进入城市治理领域。城市神经元,顾名思义,即城市有机体的神经细胞。生物特征上的神经元有接收、整合和传递信息的功能,先接收信息,并进行整合,然后通过轴突将信息传递给另一些神经元,使机体各种活动有规律地进行,以适应环境变化。而在有机城市的空间亦是如此,城市神经元是指在应用层为"城市大脑"涉及的每一个人、物、系统建立统一的程序单元,可以根据需求进行连接、组合、交互,从而实现跨部门、跨行业、跨地区的互联互通。按照类脑的城市大脑框架,这些程序单元被称为城市神经元[1],而众多城市神经元结合在一起就形成城市大脑的基础结构——城市神经元网络。换言之,所谓城市神经元,就是城市管理的基本单位,其下游是"城市末梢",即摄像头和传感器,它们对单位内每一块细小区域进行智能感知并收集数据,汇集至神经元后,再传送给最上游的"城市大脑",通过数据分析和智能判断,提升城市运行管理水平。

9.1.2 如何建设城市神经元

城市神经元是"一网统管"的信息引擎,是组成超大城市信息

---

[1] 刘锋.城市大脑的起源、发展与未来趋势[J].人民论坛·学术前沿,2021(9):82-95.

系统的基本要素，它们无处不在。智能最前沿所需的态势感知，都要从神经元开始。也就是说，无论智能制造、智慧城市、智慧医疗，还是智能设备和大数据分析，也无论智能系统有多庞大，都必须从神经元尖端开始。神经元作为有机城市的"桥梁"，与工业制造、家庭生活、环保、生物医学、城市交通、公共安全，以及经济、生活与治理等领域都是密不可分的。

从未来实践看，城市神经元的全域建设需统筹新基建与传统基建协同发力，二者深度融合与集成，才能形成"万物互联"的信息物理融合的基础设施网络体系，打造多级感知触角的城市神经元体系。随着5G、大数据、云计算、区块链和人工智能的发展，物联网已进入一个新的发展阶段，传统的基础设施领域和新一代数字技术融合，基于物联网及传感器设备互联、人与物互联、物与物互联，传统基础设施的每个"构件"、部品都可以实现互联和互相感知，建立虚拟与物理一体化的全面神经元感知网络和基础设施系统的智能控制能力。

这种融合又是按照"点—线—面—体"的层次递进的。"点"的感知，即每个传统的基础设施都装上了智能传感设备，使原来基础设施的每个关键点都具有感知功能，知冷暖、辨方向。随着5G技术的发展，"线"的相互连接，即基于物联网之间基础设施的"连接"将加快。城市排水、城市路网、公共停车场、城市管网、市政消防栓、海绵城市、综合管廊等都将基于5G、互联网进行深度连接。"面"的协同，即依托CIM（城市信息模型）、大数据平台和人工智能等技术，统一基础设施物联网编码标识、接口、数据、信息安全等基础共性标准和重点应用标准，促进不同领域的基础设施信息系统互联互通、资源共享和业务协同，避免形成新的信息孤岛。构建"体"的神经元体系，即以"数字孪生"为发展理念，充分利用三维空间图形技术（GIS和BIM）及"云、大、物、移、智"等数字化技术，同步形成实体空间的数字孪生空间。基于CIM的城市/园区一体化平台，纵向集成园区垂直应用，构建统一的空间信息模型，积累空间大数据和沉淀算法等知识资产，打造以神经元感知为基础的数字基础设施。

神经元的全域建设被上海市提升为重要战略，2018年，在《贯彻落实〈中共上海市委、上海市人民政府关于加强本市城市管理精细化工作的实施意见〉三年行动计划（2018—2020年）》中，上海市首提建设神经元系统，加强城市管理的"神经末梢"建设，打造感知敏捷、互联互通、实时共享的神经元系统。此后，上海加快整合并推进神经元系统建设，先后针对安全生产、防汛防台、公共卫生、生态环境、轨道交通、大客流等城市运行管理的重点、难点问题和高频事项，有的放矢加强神经元、感知端建设，织密数字化监测网络，实时记录、感知城市变化，建成并持续完善城市数字生命体征体系。2021年发布的《上海市全面推进城市数字化转型"十四五"规划》提出，未来上海将按照"统筹规划、统一标准、共建共享"的原则，构建完善城市神经元系统，围绕生活、产业、城市需求，推动视频图像、监测传感、控制执行等智能终端的科学部署，实现地上、地下、空中、水域立体覆盖，打造感知敏捷、互联互通、实时共享的神经元系统。

9.2 数字孪生体："一网统管"的智能集成

9.2.1 何谓数字孪生技术

众多的数字孪生概念都包含基于现有关于系统和运行的知识对

特定产品或系统未来性能的模拟。一般而言，数字孪生概念有两种不同的侧重：一种强调仿真、建模特征，看重管理现场的重现[①]；另一种则将数字孪生体看成降本增效的工具，不特别强调建模载体本身。[②] 综合起来可认为：数字孪生技术是指综合运用感知、计算、建模等信息技术，通过软件定义，对物理空间进行描述、诊断、预测、决策，进而实现物理空间与赛博空间交互映射的通用使能技术。

数字孪生技术是仿真模拟的升级与深化，它源于仿真技术但又不同于仿真，它更倾向于实时写真、虚实互动。数字孪生技术并不仅仅是一项智能技术，它还是对多维技术的综合应用。简而言之，数字孪生体是数字孪生技术应用的产品，通过对现实世界的数字化表达建构与实体社会一模一样的平台。首先，数字孪生体不是传统封闭的计算机辅助设计，而是可以紧密结合实时数据与数字模型，使管理人员能够在物理系统正常运行的同时，预先对控制与管理带来的影响进行预演和验证，动态调整，及时纠偏。其次，数字孪生体不是简单执行预制动作序列的自动化系统，而是基于对环境的认识理解任务，对发展状态、行为处理的情况做出反应，无须进行重新配置的自主系统。最后，数字孪生体也并非以传感器为基础的物联网局部解决方案，而是对全生命周期过程的全要素、全流程、全维度检测与仿真，它代表了完整的环境和过程状态，涵盖设计、建设、运行和管理阶段，具有统一的物理信息孪生数据源。

---

① 胡权．数字孪生体：第四次工业革命的通用目的技术[M]．北京：人民邮电出版社，2021：37．
② 王文跃，李婷婷，刘晓娟，等．数字孪生城市全域感知体系研究[J]．信息通信技术与政策，2020（03）：20-23．

9.2.2 为何数字孪生体无处不在

实践中,数字孪生体凸显了虚拟化、实时化、智能化、互动化等多维优势,正在成为提高质量、提升效率、降低成本、减少损失、保障安全的关键技术产品,数字孪生应用场景逐步延伸拓展到更多和更宽广的领域。"一网统管"正成为众多数字孪生体的智能集成体。

第一,全域要素数字化,城市感知立体化。虚实互动离不开物联感知,数字孪生体由实入虚,需要全域要素数字化和虚拟化,才有可能实现两个孪生体之间的精准映射、全息镜像。若将管理单元视为一个自然有机体,其体内的每个要素都以包含巨量数据和信息的细胞的形式呈现,通过对每个细胞的刻画,即可形成精准映射管理运行细节、挖掘洞悉要素发展规律、推演仿真未来趋势的综合信息载体。数字孪生技术对单元全细胞进行数字化和语义化建模,逐步编制由粗到细、从宏观到微观、从室外到室内等不同颗粒度、不同精度的孪生要素,形成全空间一体化、互相关联的数据底板,以准确的数字孪生模型实现数字信息和实体之间的精准匹配、建立连接和管理控制。比如上海奉贤区打造的"全区电商产业一张图",其前提是实现全域时空要素数字化和虚拟化。在奉贤区的数字地图上,产业经济、街镇发展、物流效能、直播经济和特色产业等模块信息实时更新,不同颜色的热力点忽明忽暗。坐在数字大屏前的城市管理人员只需轻点鼠标,就能实时查看辖区内电商经济的各项指标。"经济镇长"只需打开手机,电商经济指数就一目了然。数字孪生帮助奉贤区拓宽了电商市场,排名相对靠后的乡镇也从中找到了新的机会。2021年,通过数字大屏,多个乡镇发现辖区内的手办

（树脂模型）、宠物粮、智能水杯等小众商品的销售增幅明显，并以此为依据引导新兴产业的发展。[①]

第二，管理方式实时化，城市决策智能化。在要素全域数字化和虚拟化的基础上，数字孪生体可联动线下管理，实现对物理单元的精准映射和智能操控。数字孪生体通过对物理单元进行数字表达的极致可视化、实时化，将物理单元1∶1还原，不仅是视觉上的还原，而且是对物理单元运行规则的还原，做到表里如一、全息镜像。于是，数据驱动的实时化、可视化管理，便可以实现管理单元所见即所得。基于全域立体感知体系的监测信息，数字孪生体可自动研判城市运行是否健康，一旦出现异常，则自动启动预案，实现问题联动处置、需求高效应答和资源全域调动。基于全域视频数据和智能视频分析，数字孪生体可自动发现交通事故、人流骤然密集、违规违章、环境卫生脏乱差等问题，结合通信基站数据，可以实现特殊人员追踪、车辆轨迹查询等。

比如坐落于黄浦江畔的百年水厂——南市水厂，在数字孪生技术的支撑下成为上海首家数字水厂。在南市水厂的控制中心，最"弹眼落睛"的就是一块超大屏幕。在这块大屏幕上，有一座和现实水厂一模一样的"虚拟水厂"，有建筑物、道路、各类生产设备等数字孪生体，大屏幕背后的系统融合了三维仿真、数据交互、运行模拟、仿真控制等要素。通过对真实水厂的数字映射，数字水厂实现了对水厂运行的模拟、监控、诊断、预测和控制，消除运行过程中的不确定性。当然，数字构建的孪生体，不仅是物理水厂的数

[①] 金志刚.上海奉贤区实现"全区电商产业一张图"，菜鸟提供技术支持[N].新民晚报，2021-12-23.

字模型，还对接了大量实时的生产数据和设备信息。举个例子，一家水厂每天需要生产多少自来水？以往，这个问题的答案是工作人员根据工作经验"毛估估"的。而在数字水厂里，一切都有科学的答案。作为数字水厂的重要组成部分，水量平衡系统能够自动接收来自黄浦供水示范区管网模型的压力需求和水量预测信息，通过模型计算后实现最优调度方案并向生产系统下达指令，从而实现"按需供应、动态调整"。截至2021年年底，南市水厂服务的黄浦区、静安区部分地区、普陀区，已经可以实现调度指令100%的自动执行率，出厂水服务压力绝对波动值小于2kPa（千帕），水厂能效运行模式下水库内存水液位波动值小于0.2米。数字孪生平台能够对水厂内各工艺段的设备和仪表的用电情况进行统计分析。对耗电量较大的设备，在满足水量、水压的基础上，数字孪生平台通过优化运行模式，最大限度降低设备能耗，提升效率。[①]

第三，管理过程协同化，线上线下联动。传统城市治理模式依赖运动式的"突击整顿"，且各自为战的职能部门数据资源并不兼容。数字孪生体可实现大数据集成，消除部门偏差，实现治理过程智能化。具体而言，就是将城市属性的各类数据，如城市基础数据、政务服务数据、城市运行数据等以属性的形式，与地理实体融合，并加载于城市信息模型，形成模型、实体、数据一体化的全场景单元智能体。单元智能体通过智能交互和智能连接，推动智能要素间一体化、共享化协同运行，实现各层级的全域智能协同。基于数字孪生的场景智能体，可形成一体化、智能化的具备感知、连接、分析、判断、预测、协同、派单、处置、反馈功能的城市运行

---

① 陆益峰.数字孪生让城市"老基建"获得新生[N].文汇报，2022-02-23（001）.

管理体系，实现全域单元的数字空间和物理空间的智能协同处置和联动。在全场景的城市服务智能体中，个体人成为具有唯一标识的数字公民，数字监管下个人信息和业务活动得以在城市全域乃至跨地区跨省市流动、协同和联动。个人通过各类智能交互终端，如家庭机器人、公共服务机器人、个人智能终端等，以语音、视频等智能交互方式，真正享受足不出户、随身随行的城市服务。

数字孪生技术也可以让建筑物获得"新生"。作为跨越黄浦江的交通主干道，上海杨浦大桥自1993年通车至今已服役29年，始终发挥着经济社会发展和民生保障的重要枢纽作用，是道路运输日常监管的重点路段和设施。随着智能感知等新技术的进步，管养部门运用新一代数字孪生技术为设施数字化创新应用赋能，让大桥的管理更加智能化、协同化。目前，全桥已形成5万余个静态设施设备空间管理单元，包括2 022根主塔预应力束、256根斜拉索、240根钢横梁及各类附属设备等。依托唯一编码，融合设施设备全生命周期的各种属性信息、技术档案信息、管理信息及动态感知信息，实现空间管理单元向全息数字单元的进化。比如，为掌握大桥设施本身的数字体征，杨浦大桥布设了17类1 100多个结构安全数据感知点，实时监测风速、风向、温度、大地震动等环境数据；全桥共设立5大类120多项结构安全指标，所有指标点均通过数字孪生编码自动匹配三维空间位置，通过神经元智能分析模块实时计算指标分值，通过阈值设定及红黄绿颜色管理实时反馈孪生桥梁指标监测数值，并通过对边缘计算的分析实时提醒桥梁结构的"红黄绿"健康状态；运用车辆模型的动态模拟软件，实现桥上车辆动态孪生仿真，并对其中需要关注的营运车辆保持全程跟踪，为运输管理提供直观、高效的数据支撑系统。2021年1月，在每日例行的养护巡查中，养护人员通过智能巡查设备发现，在主桥下游的一侧有一条长2.8米、宽0.2厘米的纵向裂缝，他即刻将此问题自动派单至维修人员，维修人员在最短时间内将其修复。[①]

第四，系统赋能化，全方位互动闭环。基于通过数字孪生体，原生于物理世界的各管理主体具备了虚实融合的能力，主体间动态化和互动化的行为打通了两个世界的接口。当需要面向具体对象处理事务时，管理主体可以为数字空间和物理空间建立互操作性标准，使其既能在数字空间共享并作用于现实世界，也能从现实世界进入虚拟空间，满足通用、动态、实时、互动等核心要求。一方面，管理主体可在数字空间试错，在物理空间执行。相比于物理世界，数字世界具有可重复性、可逆性、重建和还原成本低、实验后果可控等特征。如何优化城市路口交通灯变化时间，得到最高的通行效率？如何识别一个高风险生产企业在发生事故时对城市造成的影响？如何预测城市新产业导入对本地企业的带动作用？诸如此类问题在物理世界中缺乏有效的监测和预测手段，而数字孪生体可以作为解决此类问题的一个创新试验沙盒。基于理论思考的模拟仿真与价值创新让诸多由于物理空间受限、依赖真实的物理实体无法验证的备选方案或管理理论，经过不断试错、优化而变成可能的创新方案。[②] 数字孪生体的价值就是帮助城市找到一条低成本甚至趋于零成本的治理创新试错之路。另一方面，主体间互动共享释放更多

[①] 上海：数字孪生技术助力城市治理现代化［EB/OL］.（2022-03-03）. http://sh.news.cn/2022-03/03/c_1310496105.htm.
[②] 华为技术有限公司.数字孪生城市白皮书[R].深圳：华为技术有限公司，2021.

治理价值。数字孪生体不仅被用于治理某个单元的平台，更重要的是它汇集了海量的数据资源和几乎全部的技术资源。如果将数据、技术和能力开放，面向单元内的管理者、服务者、设计者、技术开发者、普通社会公众等各类主体，就能将数字孪生体打造为应用创新的平台，发挥数据资源的功能。未来的数字孪生体，随同共建、共治、共享的社会治理格局演进，联动线下各类主体，以虚拟服务现实的能力，为各种社会力量和各类市场主体在社会服务中发挥积极作用，为基层社会治理中发展基层自治能力以及全民共享治理成果创造条件和空间。

9.3 数字孪生城市："一网统管"体系下的城市形态

9.3.1 何谓数字孪生城市？

数字孪生城市是"一网统管"下城市发展的目标形态之一。数字孪生城市是运用数字技术在物理城市与数字城市之间建立相互映射的关系，通过对物理实体、规则、边界、系统属性的数字化映射，支持数字城市到物理城市的动态监测与模拟仿真，实现城市从规划、建设、管理到服务的全过程、全要素、全方位、全周期的数字化、在线化和智能化，以此指导优化城市面貌，重塑城市现代化治理模式，促进城市的可持续高质量发展。[1] 可以说，数字孪生城市是现代化城市治理方式的创新性变革。物理城市中所有的人、地、物、事、情、组织等要素，借助数字孪生技术在数字世界建设

---

[1] 中国信息通信研究院.数字孪生城市白皮书（2020年）[R].北京：中国信息通信研究院，2020.

虚拟映像，实现"物理—数字"虚实融合交互，在物理世界不可能完成的工作，在数字世界则有实现的可能。基于此打造的数字孪生城市，可将物理城市与数字城市虚实融合，以数据驱动业务，业务融合智能，智能服务场景，场景交互系统，系统虚实管控的新型城市治理模式呼之欲出。

9.3.2 如何建成数字孪生城市？

目前各大城市的数字化发展还处于局部场景或单域场景的智能监测阶段，在城市发展成理想形态前，政府、市民、企业三大主体还存在诸多尚未实现的需求，城市要素的数字化未实现全域覆盖，物联网、大数据、人工智能、区块链等技术缺乏融合创新，各系统间有机融合的体系架构还在不断演进。归根结底，城市不断扩张的规模与有限的资源分配间的矛盾仍未解决。从物理空间到数字空间的突破，可能是解决矛盾的破题关键。[①]

数字孪生城市的理念应运而生，为城市治理能力和治理体系的现代化提供了新思路。城市大脑和神经元感知体系都是支撑"一网统管"的重要组成部分，两者联动构成了整体的会思考、强执行的"一网统管"体系，而数字孪生城市就是"一网统管"体系下城市发展的目标形态。"一网统管"不仅满足城市管理者或城市居民的需求，而且通过城市神经元和城市云反射弧同时满足城市不同成员的需求。神经元感知体系的建设过程包含两个核心功能：城市神经元网络和城市云反射弧。前者作为程序单元连接城市的人、智能

---

① 高艳丽，陈才，等. 数字孪生城市：虚实融合开启智慧之门[M].北京：人民邮电出版社，2019：11.

机器和智能程序，后者作为技术链条用来解决城市的各种问题和需求。从某种程度上说，新一代信息技术包括物联网、云计算、5G、大数据、人工智能、超级计算、数字孪生、区块链、边缘计算、知识图谱等，它们都是为这两个核心功能服务。[①] 在人类智慧和机器智能的共同参与和前沿技术的支撑下，城市神经元网络和城市云反射弧将是未来数字孪生城市建设的重点。上海"一网统管"的未来建设应着眼于数字孪生城市的"1+N"建设模式："1"是世界统一标准的城市神经元网络，"N"是N条城市云反射弧，通过这两个机制的运转构成数字孪生城市产生智慧的基础。为了避免形成应用孤岛，需要建设世界统一标准的城市神经元网络，将每一条城市云反射弧关联起来。最终实现能够为人类协同发展提供支撑的超大城市数字神经系统。

因此，从神经元角度建设数字孪生城市，必须把握以下三个特点：第一个特点是类脑神经元网络的建设与万物互联。与神经元网络是人类大脑最重要的结构一样，类脑神经元网络也是互联网大脑最重要的结构之一，世界万物都会映射到数字孪生城市的类脑神经元网络上，世界万物包括真实世界的人、设备、自然元素，虚拟世界的应用程序、控制系统、虚拟人工智能角色，每一个元素都应该在类脑神经元网络中映射成一个神经元节点。通过神经元节点，世界万物可以同步自己的信息与知识，运行属于自己的功能程序。更为重要的是，世界万物可以通过自己的神经元节点相互关注、相互通信，实现互联网大脑类脑神经元网络的构成与激活。

---

① 刘锋，乔蓓蓓.城市大脑与智慧城市的关系问题探讨[J].中国建设信息化，2021（18）：58-60.

第9章 神经元与城市数字孪生

第二个特点是云群体智能与云机器智能的双智能中心控制。超大城市的巨大人口基数在神经元网络的映射构成了云群体智能，数百亿设备在神经元网络的映射构成了云机器智能，这两种智能类型联合控制着城市大脑的运行。但因为城市大脑是为人类提供服务，需要受控于人类，因此在这两种智能联合控制时，必须保证人类智能拥有最高的权限。

第三个特点是云反射弧的形成与信息的跨节点传递。随着人类用户、传感器、云机器人、智能设备、类脑神经元网络的加入，城市大脑模型的各神经系统逐渐完善。人类神经系统中一个非常重要的智能现象——反射功能在城市大脑模型中也将出现，这个反射过程称为云反射弧。它是城市大脑成为一个复杂的类脑智能体，从而可以对世界外部和互联网内部的信息刺激产生反应的关键。在具体实现方式上，与人类大脑的机制相同，城市大脑的云反射弧也需要不同种类的神经元之间形成联动，将信息从一个神经元节点传送到另一个神经元节点，再根据需求不断向其他神经元传递。

但总体而言，基于神经元系统的数字孪生能让城市从感知走向认知，构建城市智能体的数字思维，极大提升城市的智慧化水平。结合5G和AI等技术，以及对城市地上与地下、室内与室外、物理与逻辑等全域数据的充分采集，数字孪生将构建一个数字化的"虚拟城市"。在"虚拟城市"中，首先让城市知道自己是"谁"，并通过仿真模拟、回溯推演等方式，审视城市发展中决策与结果之间的各种可能，从而以最优的方式发展城市、治理城市。它赋予实体城市新的互联网基因——通过信息技术的深度应用，给城市构建一个数字克隆体，使城市隐形秩序显性化，使城市肌体的一举一动尽在掌握中。

上海在推进"一网统管"体系的建设过程中，因地制宜推进数字孪生城市建设，力图以数字孪生技术打造更具活力、更有竞争力的城市生态系统，努力绘就数字孪生无处不在、生命体征无所不知、智能监管无时不有、精准服务无处不享的治理新蓝图。当前上海正在从数字孪生形态的概念培育期加速走向建设实施期，城市神经元网络正在全域部署，物联感知、城市信息模型、可视化呈现等技术在加速应用，万物互联、虚实映射、实时交互的数字孪生城市将成为赋能上海实现精明增长、提升长期竞争力的核心抓手。数字孪生助力上海"一网统管"已初显成效，"一网统管"致力于在保持各部门原有业务系统、工作格局基本架构的同时，通过数字孪生技术与城市管理的深度融合，打破信息壁垒。截至2022年3月，上海市整合全市重点工程建设项目应用BIM（建筑信息模型）技术的比例达93%。上海市建立实时动态"观管防"一体化的城运总平台，已汇集72个部门（单位）的220个系统、1 200个应用，探索研发地图服务、气象服务、交通保障、应急处置等6大插件，为跨部门、跨系统的联勤联动增效赋能，初步实现"一网管全城"。[①]

此外，上海市还因地制宜将"数字孪生城市"理念延伸至村镇，进行局部试点，将诗情画意的乡愁，用"数智"留住。[②] 北管村是上海近郊一处较典型的城乡接合型村庄，建立美丽乡村"一网统管"试点平台后，北管村可初步通过孪生建模，自动生成农民新建房、沿街商铺、文化设施、生态公园等精模底图；区级城运中心

---

① 上海市人民政府.上海市人民政府办公厅关于印发《上海市全面推进城市数字化转型"十四五"规划》的通知［EB/OL］.（2021-10-24）. https://www.shanghai.gov.cn/nw12344/20211027/6517c7fd7b804553a37c1165f0ff6ee4.html.

② 周辰.诗情画意的乡愁，用"数智"来留住[N].文汇报，2022-02-16（001）.

提供技术路径，接入公安、水务、绿化等部门的动态数据，并不断叠加本地人口、视频、重点点位等图层数据，初步实现村域内各类重要体征指标的集成汇聚，乡村治理的生动"画像"就此生成。这也给乡村治理带来了"人机交互"的全新视野。比如，垃圾分类场景中，运用AI技术赋能感知设备，能自动监测垃圾乱扔乱放行为，并形成呼叫告知、清理垃圾、处置反馈、上门劝导等有效闭环。村民们养成了垃圾分类的好习惯，村居环境得到改善。再比如，在河道岸边安装智能感知设备，设备监测到有垂钓、排污等现象时，会触发报警，形成处置闭环。乡愁感知的是温度，留下的是希望。"北管"二字，按嘉定区马陆镇人的口音读出来就像是"百管"。运用数字孪生技术和城市运行"一网统管"，北管村正实践着村里的事"百家管、百姓管、管百事"，初步实现为乡村精准"画像"，既体现出数字化转型的"洋气"，又体现出小桥流水中蕴含的乡愁。

9.4 元宇宙：数字孪生城市的再丰富

9.4.1 聊聊元宇宙

虽然元宇宙没有统一的定义，但人们普遍认为元宇宙应具备"沉浸感、开放性、随时随地、经济系统"四大基础共性。沉浸感是指元宇宙世界与真实世界一样是三维立体的，同时在虚拟世界中的体验应逼近真实世界的感官体验。开放性体现为不同需求的用户可以在元宇宙进行自主创新和创造，构建原创的虚拟世界，不断拓展元宇宙边界。随时随地意味着用户可以使用任何设备登录元宇宙，在任何场景下沉浸其中。同时，元宇宙必须能支持大规模同时在线。元宇宙应具有独立的经济系统和运行规则，人们可以在其中拥有属于自己的虚拟身份，并进行内容创造、社交娱乐、价值交换等活动。[①]

数字孪生与元宇宙关系密切，元宇宙技术的本质甚至被认为是数字孪生技术，即如何通过各种记录型媒介生成一个现实世界的丰满数字版本（化身），并在两者之间实现互操作。[②]细辨元宇宙与数字孪生两者之间的异同，可以发现，它们的共同点是都以数字技术为基础，再造高仿真的数字对象和事件，进行可视化感知、交互和运行，底层支撑技术可通用。不同的是，元宇宙既可以以现实物理世界为数字框架，也可以塑造全新的理念数字世界，终极形态是基于数字世界实现的原生社会，其中每个居民拥有唯一、独立的数字身份和数字感知体，可共同在线社交并继续社会建设，具有理念和想象特征；而数字孪生则是以信息世界严格、精确映射物理世界和事件过程为框架和基础，无论是工业制造，还是城市管理，都是基于实时客观数据的动态进程，与人工智能结合的挖掘分析和深度学习；并进一步模拟情境和决策，以改进现实或更好地适应现实，最终实现自动控制或自主决策控制，终极形态是自主孪生。

从以上的异同可以发现，数字孪生更加倾向于对现实社会的治理、对行业业务效率的改进和技术创新，而元宇宙更倾向于构建公共娱乐社交的理想数字社会。但这并不妨碍两者结合，基于Web地理空间3D可视化、高精度地图、雷达激光点云、BIM、测绘地图、卫星与无人机遥感影像等空间地形数据，融合遥感时空、传感器、

[①] 元宇宙"破壁人"：做虚实融合世界的赋能者[R].商汤智能产业研究院，2021.
[②] 腾讯网.2021—2022元宇宙年度报告[EB/OL].(2022-04-20).https://new.qq.com/rain/a20220420A0CUMS00.

物联网、定位轨迹、业务专题、社交内容、文字文档等时空动态数据，通过游戏级引擎的渲染和现实增强，构建起数字孪生的城市和行业业务高保真、高聚合的数字孪生时空环境；可以实时映射现实世界进程，可以基于现实空间透视全息内容，也可以模拟与耦合事件与场景，融合元宇宙在线共享数字空间、现实虚拟感知交互的核心特征，人们得以进入全真数字世界管理城市与业务，将催生全新的数字化转型。

同时，数字孪生与元宇宙的结合为探索城市治理数字化转型带来全新变革。以前我们认知中的数字化，多是基于ERP（企业资源计划）、数字工作流、移动应用，或是基于数据服务的数字平台，都没有脱离目前二维互联网的语境，但在元宇宙和数字孪生的联合下，数字化将发生变革。从工业物联网、自动驾驶、数字地球，进而到车联网、高精度立体的数字城市、自然资源、行业和企业业务管理，可以说，如果每个行业都能够基于数字孪生诞生元宇宙，实现在线共享，自动智慧地管理、分析、改进业务，立体全息地模拟各种场景，基于现实空间LBS与AR技术呈现深度全息数据，除促进业务增长和生产效率提升之外，也有可能在其过程中产生颠覆型创新。人类能够深入和共同感知更加微观和宏观的工作场景，例如亚秒级精细零件制造过程的主视角观察、仿真分析和过程控制；城市管理者、业务专家能够跨越现实时空，共享一个高精度数字空间以解决难题；在城市建设中基于雷达激光点云数据，观察数字空间施工过程并共同改进建筑施工质量；在模拟事件环境的高精度数字空间中，多人共同在线或人机混合驾驶智能车辆进行安全仿真测试，改进自动驾驶体验；全息模拟浓缩演绎长时间下的世界演化进程，多尺度观察自然生态客观规律，这都是元宇宙概念在未来城市经济、生活、治理全面数字化转型中的积极影响。

9.4.2 元宇宙丰富城市治理

随着元宇宙概念被广泛关注，具有超越性的元宇宙构想与构建必将丰富未来城市治理问题。通过聚焦城市数字化转型，建设数字孪生城市示范，探索"未来城市"区域标杆实践，以"数字维度"引领"空间之变"。元宇宙被视为下一代互联网的终极形态，在其基础之上的元宇宙之城可以说是数字孪生城市后的理想城市形态。上海作为超大城市的治理样板，率先表态并布局了元宇宙与城市交集探索，并首次将元宇宙写入地方"十四五"规划[①]，鼓励元宇宙在公共服务、商务办公、社交娱乐、工业制造、安全生产、电子游戏等领域的应用。未来，超大城市必将从数字孪生城市走向元宇宙之城。

未来我们打造的元宇宙之城，或许会呈现以下特点：第一，元宇宙之城要建立在先进的数字基础设施之上。元宇宙的"沉浸感""随时随地"特性不仅对网络传输及计算能力提出很高的要求——通过低延时网络连接，以及云边端协同计算，降低对终端硬件的性能要求，从而满足逼真的感官体验和大规模用户同时在线的需求，提升元宇宙之城的可进入性和沉浸感；人工智能贯穿元宇宙内容生产、分发到应用的全过程，加速内容生产、增强内容呈现，以及提升内容分发和终端应用效率；区块链技术支撑元宇宙经济系

---

① 驱动中国. 元宇宙被写入上海"十四五"产业规划！新风口发力在即？[EB/OL].（2022-01-04）. https://new.qq.com/omn/20220104/20220104A03BWN00.html.

统的有序运转，保障数字资产和数字身份安全，同时协助系统规则的透明执行。第二，通过构建内容创设生态，为元宇宙内容生产打造高效的生产力工具，重构并激活生产关系。内容创设生态既包括数据层、技术层及工具层的软件系统，这是构建与生成元宇宙数字内容的核心引擎；同时也包括开源开放、社群建设与运营等生态培育体系的搭建，通过创造生态效应进而重构并激活生产关系。第三，通过打造内容应用生态，为终端社会及公众创造最大价值。相较于传统互联网，元宇宙更强调内容的应用价值，即帮助社会公众解决实际问题，要与其真实需求挂钩，既包括提升公众体验，也包括提高需求侧效率，形成价值闭环。内容应用生态包含两大部分，一是生成的海量内容如何精准地触达公众，满足公众需求；二是通过应用场景的感知和交互，形成实时反馈系统，帮助供给侧提升效率、持续创新和改进，创造最大价值。未来，元宇宙在现实世界中的表现到底怎么样，我们拭目以待。

第10章

数据驱动治理

张晓栋

10.1 DT时代的城市治理

10.1.1 从IT到DT

自20世纪90年代全球互联网建成以来，人类的信息技术（Information Technology，IT技术）迎来了爆发式发展。经过近30年的进化与普及，"IT革命"与"IT时代"已然不是什么前沿概念，而是随着智能手机、社交媒体等代表性成果的广泛运用，彻底融入人类社会的方方面面。其中特别是互联网作为IT时代的基础、信息技术与电子技术的集大成者，早已超越了单纯的传播、通信工具，对人类社会传统的生产关系、社会关系与政治关系产生了深远的影响。IT革命带来的改变同样发生在政府公共部门中，在发达国家，电子政务这一概念早在互联网普及之前就已存在，学界对这个领域的研究可以追溯至20世纪70年代和80年代早期。自20世纪90年代初，随着IT时代的到来，脱胎于新公共管理理论的电子政务在信息技术的加持下兴起，随着数据库和自动化系统等技术的引入，相比那些传统方式，电子政务很快在削减成本、协调机制、工作效率等多方面展现出自己的优势。[①]

随着时间进入21世纪的第二个十年，互联网技术日趋成熟，数据处理技术（Data Technology）的概念开始在各种领域被广泛提及，用以处理这些海量数据的大数据技术已经成为开启后IT时代大门的钥匙。而随着大数据、物联网、人工智能、区块链等新技术的先后实用化，这一新时代如今已经拥有了自己的名字："DT时代"。

作为第三次工业革命的代表性成果，电子计算机及其衍生的互联网技术将人类带入"IT时代"，而如今，站在互联网这一巨人的肩膀之上，大数据、人工智能等新技术的不断涌现正在为我们开启一场全新的"DT革命"，并被广泛认为终将成就人类社会的第四次技术革命。对于政府公共部门而言，兴盛于20世纪末的早期电子政务概念，譬如将传统纸质文件的电子版发布在网上，在部门内引入数据库实现快速检索，或是接受互联网成为一种新的联系工具都可被看作"IT时代"信息技术的应用，是对传统治理的高效化、数字化改进。那么与之相比，基于"数据密集型科学"（Data-Intensive Science），在大数据技术驱动下实现的智能政务就是对治理的一次智慧化、精准化、差异化革命。

10.1.2 科技赋能的要害：数据驱动型治理

大数据产业的迅速发展给人类社会的各个领域都带来了新的机遇和挑战。随着计算机硬件计算、存储能力的不断提升和大数据相关

[①] 安德鲁·查德威克. 互联网政治学：国家、公民与新传播技术[M]. 任孟山，译. 北京：华夏出版社，2010.

理论、应用的快速进步，今天的大数据早已不再是一个单纯的前沿概念，而是已在实践领域得到了广泛的应用。根据美国著名信息技术研究机构高德纳（Gartner）的定义，大数据是指需要新处理模式才能具有更强的决策力、洞察发现力和流程优化能力的海量、高增长率和多样化的信息资产。大数据技术及其相关概念自兴起以来，大致经历了一个动态扩散的过程：从软件行业到科学研究，到商业应用，再到国家战略与社会生活。也因此，大数据成了一个在不同语境下拥有不同含义的多维概念，主要包括科学维度下收集、发现与分析大规模数据，并从中提取价值的相关软硬件技术；经济维度下与数据相关的云计算、云存储、大数据分析等数据解决方案与服务；政治维度下政府对大数据的政治认知与政策规划；社会维度下大数据在社会生活各个领域的应用。[①] 在社会治理语境下的大数据需要的则是以上多种维度的有机结合，即治理过程中政治维度与社会维度的需求叠加，治理工具中经济维度的产业支持与治理理论中科学维度的科研支撑。

新的技术不断推动着人民生活方式、社会生产方式和政府治理模式的进步。"DT时代"的到来正日渐成为现实，随着互联网的全面普及与大数据产业的逐步成熟，人类的社会结构、生产方式与互动模式发生改变，与之相应地，传统的社会风俗与法律法规都面临全新的挑战。对政府公共部门而言，社会治理领域同样面临着来自多方面的改革压力：一方面，大数据作为一种社会资产的价值正在快速提升，作为最重要治理主体之一的政府若在数据资产的获取、管理、应用领域大幅落后，无疑将成为治理过程中的重大隐患；另一方面，"DT革命"的逐步推进也催生了诸多新的社会问题，譬如

[①] 张海波.大数据驱动社会治理[J].经济社会体制比较，2017（03）：64-73.

信息安全、数据公平、数字鸿沟等问题，亟待政府解决。在这样的技术倒逼之下，适应"DT时代"的社会治理改革已是箭在弦上。

在数据驱动型治理实践中，大数据确实为政府治理能力的提升与治理模式的创新起到以下驱动性作用：其一，大数据及相关技术为建立和完善开放型政府提供了广阔的分析视角和实践空间，权力机制扁平化、决策主体多元化、协同效应复杂化等特点进一步使开放型政府的建立成为必然；其二，依托新一代信息技术，以用户创新、大众创新、开放创新、共同创新为切入点采取一系列措施，推动实现政府决策、部署、执行及反馈的智能化；其三，以现代信息技术和社会治理技术为信用证托，以多元化治理和协商性决策为理念，以解决公共问题、社会问题为根本目的，对公众诉求进行象征性或实质性回应，确立一系列准则、规范、流程、标准并加以实践，进而根据社会各阶层主体的需求构建差异化、精细化的回应型政府；其四，积极利用新技术应对大数据时代的社会风险和多元化趋势，充分调动文化性、理念性软实力，引领和引导社会主流意识。新技术支撑下的数据驱动型治理可以将社会治理理论中的协同、民主和参与理念扩展至网络空间，通过对社会数据资产的高效运用，在以多主体、多场域和复杂系统为特征的治理情景中为推进科学决策、民主治理提供创新路径，从而推进治理结构与治理能力的现代化。[①]

当然需要注意的是，大数据技术在为公共部门带来机遇的同

---

① 孟天广，张小劲.大数据驱动与政府治理能力提升——理论框架与模式创新[J].北京航空航天大学学报（社会科学版），2018，31（01）：18-25；孟天广，赵娟.大数据驱动的智能化社会治理：理论建构与治理体系[J].电子政务，2018（08）：2-11.

时，其固有的复杂性、不确定性和涌现性又同样带来了新的挑战，在从理论转换到实际应用场景的过程中，大数据技术主要面临四个方面的问题：大数据的管理，大数据的检索、挖掘与分析，不同来源和不同标准的数据的整合，大数据应用的开发。[①] 技术赋能下的治理创新犹如一柄双刃剑：一方面对新技术的运用可以提高非政府主体在政策议程设置、决策与执行中的参与度，推进治理主体由"政府主导"向"多元协作"转变，同时也能在客观上促使政府提高自身在信息公开与回应性方面的能力；另一方面，在此过程中掌握数据与技术的非政府主体，实际上掌握了新的资源与权力，若政府无法对其实施有效监管，技术赋能所带来的权力便可能对政府与公共部门的权威形成挑战，甚至影响社会的稳定。[②]

10.1.3 政府数字化转型的"上海方案"

在我国，从大数据概念诞生之初，党和政府就对这一前沿技术表现出高度重视。习近平总书记在2017年国家大数据战略第二次集体学习中就指出："大数据发展日新月异，我们应该审时度势、精心谋划、超前布局、力争主动"，要"运用大数据提升国家治理现代化水平"，要"充分利用大数据平台，综合分析风险因素，提高对风险因素的感知、预测、防范能力"；要"运用大数据促进保障和改善民生"，"推进教育、就业、社保、医药卫生、住房、交通等领域大数据普及应用"，"让百姓少跑腿、数据多跑路"。

[①] CHEN, M., MAO, S., LIU, Y. (2014). Big data: a survey. Mobile networks and applications, 19 (2), 171-209.
[②] 关婷，薛澜，赵静.技术赋能的治理创新：基于中国环境领域的实践案例[J].中国行政管理，2019（04）: 58-65.

在这一时期,"互联网+"的概念也逐渐成熟。2015年3月,十二届全国人大三次会议上的政府工作报告提出制定"互联网+"计划,强调"推动移动互联网、云计算、大数据、物联网等与现代制造业结合,促进电子商务、工业互联网和互联网金融健康发展,引导互联网企业拓展国际市场"。自此,"互联网+"正式作为我国的一项国家战略,开始为各领域的发展指明方向。"互联网+"指的是依托互联网信息技术实现互联网与传统产业、传统治理、传统服务的融合,从而优化流程、更新业务、重构模式,完成转型和升级。2016年,"互联网+政务服务"战略正式确立,成为我国推动政府治理能力智慧化改革的关键举措,该战略旨在实现政府部门间的数据共享,优化政府管理模式与政府公共服务供给流程。"互联网+政务服务"的架构强调线上与线下、数据与实务的结合,既要求对大数据、云计算、物联网等新技术的运用,也要求线下服务载体的架构支撑。无论居民和企业通过网络平台还是线下政务服务大厅办理事务,都应该做到两方面的实时对接与无缝融合。经过几年的实践,"互联网+政务服务"的实施有效推动了整体政府建设,并呈现整体性、协同性、共享性与一体化的特征,各类治理模式创新不断涌现,政府职能转变显著加快。[①]

上海市是中国常住人口最多的城市之一,市场主体众多,建筑总量庞大,超大的城市规模与随之而来的巨大管理基数即使在

---

① 霍小军,袁飚."互联网+政务服务"对地方政府治理的影响分析与实践研究[J].电子政务,2016(10):2-9;翟云.整体政府视角下政府治理模式变革研究——以浙、粤、苏、沪等省级"互联网+政务服务"为例[J].电子政务,2019(10):34-45.

世界范围内亦属罕见。同时，上海市也是中国经济最发达的地区之一，拥有全国最高的人均可支配收入以及人均消费支出，市民平均期望寿命超过83岁。然而在这些数字背后也隐藏着诸多治理难点：上海市民消费能力强，对政府公共服务的需求旺盛；"海纳百川"之下外来人口众多导致人口结构复杂；而其中最为突出的一点在于上海是我国老龄化程度最高的城市，上海户籍人口中60岁及以上人口占比超过36%。在这样超大的管理基数与复杂的社会情况的双重压力下，传统的"人海战术"式治理模式即使经过办公无纸化、档案数字化等政务电子化改造，仍然显得捉襟见肘，难堪重任。

在这样的背景下，上海市政府着力开展"互联网+政务服务"相关工作，多部门协同推进一站式平台，于2017年形成了基本的支撑体系。其后在此基础上不断推进城市治理水平现代化与治理模式创新，形成了以政务服务"一网通办"、城市运行"一网统管"的"两张网"为代表的数字政府发展格局。其中"一网通办"以移动端服务程序"随申办"为依托，主要职能是实现线上政务服务。而"一网统管"则以"高效处置一件事"为目标，致力于在政府公共部门形成跨部门、跨层级、跨区域的城市运行体系。上海市城市运行管理中心作为"一网统管"的具象实体，于2020年正式挂牌运作，发挥信息调度、综合指挥的头部作用。针对各类城市运行数据，上海市已经建立自然人、法人、地理空间、电子证照4大综合数据库和公共安全、市场监管、卫生健康等8个主题数据库，以及土地房屋、小微企业、城市部件等一批专题数据库和临时数据库。目前，作为"一网统管"基本载体的上海市城市运行系统已覆盖"城市动态""城市环境""城市交通""城市保障供应""城市基础设施"5个维度，实现城市运行多方位管理数据的实时共享交换、分析研判和闭环处置。随着数据驱动型治理概念的引入，大数据驱动治理精准化、智慧化改革成了上海市回应社会治理领域"DT革命"的路径与答案，体现了智慧政府和服务型政府相融通的特点，形成了一种提升城市治理现代化水平的探索。

10.2 多方数据的联通碰撞与政务数据资源平台的建设

10.2.1 海量数据下的新困境："数据烟囱"与"信息孤岛"

将大数据、云计算等"数据密集型科学"时代新技术区别于既往计算机技术的最主要特性是其巨大的数据规模，这一特性也直接导致大数据应用场景对计算机自动化处理的高度依赖。从政府一侧的治理视角出发，社会治理数据通常来源于线上线下各类场景，数据的载体、格式、编码方式等可谓包罗万象，因此相比于许多企业私人部门的互联网原生型大数据，政府治理中的大数据运用对数据的标准化及互联化提出了更高的需求。这就要求各职能部门间乃至政府与其他社会治理主体间打破信息壁垒，实现治理数据的共建共享，其中包括横向部门间的信息标准化、可及化，以及纵向结构中对数据的标准化处理与制度化分发。只有在此基础上，政府中各条块之间的数据才能相互赋能，在打破数据壁垒的同时实现各类数据相互呼应与有效联动。大数据技术赋能下的数字化治理流程一方面依靠对新技术的运用，可以在很大程度上破除各部门间的横向信息壁垒；另一方面"内外协作"场景也可有效提高非政府主体的参与度。

然而在实际运作中，被称作"数据烟囱"或"信息孤岛"的数据脱节与信息壁垒问题广泛存在于包括社会治理在内的各个领域。"数据烟囱"与"信息孤岛"的存在使政府内数据传递能力低下，信息化作用无法充分体现，直接导致政府在运用大数据技术时受到掣肘。如在2020年新冠肺炎疫情防控初期，便存在由于各职能部门数据标准不统一造成的"数据烟囱"问题：各部门提供的人员身份证号、地址等具体信息与相关表格的格式规范不统一，结果只能依赖人工对数据进行二次核实、清洗，才能将其加入大数据系统。在新冠肺炎疫情这样的大规模公共卫生事件中，面对如此突发、紧急的治理需求，政府内部大数据流动不畅的问题不仅会大大降低政务大数据系统的工作效率，更为致命的是如果疫情严重，需要二次清洗的数据达到百万甚至千万量级时，将很可能导致大数据链的中断，进而影响整个应急治理体系的运作。

社会治理数据中的"数据烟囱"问题是多重因素共同作用的结果，就技术角度而言，早期政务电子化时代以来，各类孤立政务系统在缺乏统筹的情况下被大量创建，过去数据存储的高昂成本也客观导致了大规模统一数据平台建立的困难。而从制度角度看，一方面，传统科层制政府中的跨部门协同往往依赖上级权威，信息流动成本高昂，部门利益客观存在，同时各部门也往往较为重视手中数据的信息安全问题，倾向于建立本部门内闭环管理的信息系统以规避风险。另一方面，各职能部门在治理数字化高速发展过程中所掌握的海量数据，与大数据技术也会自然地成为一种新的资源与权力，即数据资产。若上级政府无法对其进行有效监管与协调，数据资产就可能成为新的部门利益，反过来增加数据交换的成本，阻碍协同治理的开展。在以上多重因素影响下，标准不一、无法整合的各类"部门云""部门库"普遍存在于我国各级政府中，这些系统在建设过程中消耗了可观的预算,但实际上往往互通性低、可达性差,加上各类繁杂的政企业务合作系统、政务服务App等碎片化应用,进一步加剧了政府内的"数据烟囱"现象,反而形成了新的数据壁垒。

10.2.2 "数据中台"的缘起与发展

在治理理论领域,旨在实现政府各部门间无缝联通,强化协同治理能力的相关理论并非新鲜事物,早在大数据概念普及之前便已广泛存在,"整体性政府""无缝隙政府"等理论皆为此类代表。其中,Web2.0概念的主要创立者蒂姆·奥莱利(Tim O'Reilly)于2011年提出"政府即平台"(Government as a Platform,简称GaaP)理论,其认为政府应扮演一个类似计算机平台的角色,成为公民行动的召集人与推进者而非开创者。通过政府这一平台分发与共享的软件、数据和服务将能提高政府部门之间的协同能力,并向传统上不属于公共部门的公众、企业等其他治理主体开放公共服务的生产。[1] 政府治理平台的发展如今已受到包括我国在内的世界各主要国家的重视与实践,虽然奥莱利的理论中有关政府大幅精简化的部分不符合我国体制下的治理范式,也不适合我国的社会文化传统,但平台治理理念数字化、感知性、互动性、无界性和智慧化的核心属性[2],仍使其在我国政府智慧化改革中具有前瞻性和借鉴价值。

数据中台是伴随大数据出现的,其构建理念是通过大数据向

---

[1] O'REILLY, T. Government as a platform. Innovations: technology, governance, globalization, 2011, 6(1), 13-40.
[2] 陈水生.数字时代平台治理的运作逻辑:以上海"一网统管"为例[J].电子政务, 2021(08): 2-14.

管理赋能，通过数据中台将大数据转化为实质的生产、管理资料，数据中台的出现标志着大数据运用的平台化、具体化、实践化[①]，其功能理念是打通被"数据烟囱"与"信息孤岛"分化的IT架构，进而构建数据共享统一的DT架构。[②] 大数据技术的出现与普及为政府实现高效协同治理提供了一件显而易见的趁手工具。在目前全球绝大部分数字政府的建设实践案例中，基于大数据驱动的政府综合信息平台都为"DT时代"政府治理机制的革新与治理流程的再造提供了科技支撑。

同许多如今应用在社会治理领域的信息技术一样，数据中台这一概念的诞生与实践都首先发生在私营部门。数据中台基于数据服务、数据构建与治理、数据萃取三大方法论，被称为"大数据时代企业的智能化运行体系和组织架构"。[③] 数据中台架构并不需要对现有信息架构进行完全重构，其重点在于打通信息传递通道中的"数据烟囱"，构建系统完整且覆盖全域的数据智能运行回环。[④] 数据中台囊括智能决策、隐私增强计算、行为洞察分析、数据可视化等全方位的大数据业务，实际已不止于传统意义上的"数据管理平台"这一角色，而是一整套大数据技术的解决方案。

实际上，"中台"这一称呼在21世纪初就已出现在我国政府领

---

① 张弛.数据中台在应对突发公共事件中的核心价值研究[J].华中科技大学学报（社会科学版），2021，35（01）：77-84.
② 石进，南霞，刘千里.基于总线结构的政务数据共享应用模型研究[J].现代情报，2019，39（06）：111-119.
③ 邓中华. 大数据大创新：阿里巴巴云上数据中台之道［M］.北京：电子工业出版社，2018：4.
④ 付登坡，江敏，任寅姿，等. 数据中台：让数据用起来［M］.北京：机械工业出版社，2019：32-34.

域，上海市浦东新区于2003年提出"前、中、后台"结合的电子政务建设模式，并在2007年进一步确立了前台对外服务、中台数据交换、后台业务支持的职能分工，但碍于当时IT技术发展水平的客观限制，仍主要停留在以电子邮件、公文交换等为主的政府办公系统。[①] 真正基于大数据技术的政务数据中台则在近些年互联网企业商务数据中台面世之后，随着相应技术与方案被引入公共部门而真正出现。政务数据中台的核心价值在于汇聚全域数据，增加资源复用，降低开发成本，从而提升对数据资源的治理及应用能力，提升政务服务的前瞻性、响应性、针对性、协同性，以及提升城市政务服务生态系统在数字政府生态圈中的价值地位。[②] 经过数年的发展，现今的政务数据中台解决方案已经日趋完善，逐渐成为围绕"互联网+政务协同""互联网+政务服务""互联网+监督"等不同政务场景提供政府数字化和智能化的管理工具。

10.2.3 政务数据资源平台的逻辑与架构

在数据驱动型治理中，城市政务数据中台本质上是大数据资源平台，是负责连接整套大数据应用的中间环节，遵循"数据资源汇聚—数据资产管理—数据服务开发—数据价值释放"的基本运行模式，强调数据资源的全域采集、资产化管理、微服务开发和持续的价值释放。

上海市的政务数据资源平台建设主要分为市、区两级，城市运

[①] 史锋，陈骆颖，窦建华.兼容并存"合"而共舞——以"中台"为核心的浦东新区电子政府平台建设模式分析[J].上海信息化，2009（12）：68-70.
[②] 明承瀚，徐晓林，王少波.政务数据中台：城市政务服务生态新动能[J].中国行政管理，2020（12）：33-39.

行"一网统管"架构下的各级城运中心均依靠各级数据资源平台提供数据库查询、大数据运算等支持服务。数据资源平台在上海市"一网统管"体系中着重扮演数据提供与算法支撑的角色，各类治理数据在经过数据中台加工后形成公共数据产品或服务，对一线业务系统及基层应用场景实现技术赋能，同时也为后方的统一指挥调度提供数据支持。

在实际城市社会治理场景中，政务数据资源平台构建的主旨在于以较低成本、较快速度，解决以下三大问题：

一是既有治理数据归集手段无法满足数字化治理需求。随着政务电子化的快速推进，各类政务大数据平台纷纷建立，开展数据驱动型治理的硬件限制已得到大幅改善。然而既有的政府数据归集路径主要是各个部门将各自系统的数据全部上云，再由大数据中心按照部门需求批准分发，导致业务流程主体过多，数据往往需要经过各层主体长时间的交换后方能投入使用。此外既有方式下数据池中的数据仍以表单式静态数据为主，动态性、实时性不足，数据颗粒度也相对较大。从结果上看，这就好比政府使用着最新科技加持的工具，却执行着工业时代的生产方式，难以满足"一网统管"秒级响应的管理要求。

二是数据共享不畅，数据壁垒依然广泛存在。这一问题既存在于政府各条块与各部门之间，也存在于政府与其他社会治理主体之间，"数据烟囱"与"信息孤岛"现象客观存在。若缺乏机制性创新，仅将既有协同机制中的各个环节简单迭代为新技术下的解决方案，结果往往是1加1小于2，协同治理效能虽能有所提升，却远称不上理想状态，条块之间缺乏有效的信息共享与工作协同机制，是众多既有政府智慧化建设中的通病。

三是政府掌握的治理数据的快速膨胀带来的数据安全保障挑战。"一网统管"作为汇集上海全市全息、海量、多维、实时数据的巨型系统，数据包罗万象，既有政务数据，也有企业数据与社会数据。数据系统的开发使用、运行维护等环节通常会涉及不同分工、不同身份的众多人员。加之部门内部也一直存在人员调整和变化，因此在这样一种动态的开放式环境中，数据安全的保障要求更高，难度也更大。

在意识到以上问题的基础上，上海市"一网统管"数据资源平台的建设便需要以实际应用为牵引，以政务需求为导向，以高效治理为目标。其构建从应用角度出发，既要满足分级分层的各类需求，也需兼顾合而归一的标准互通，确立系统设计中的结果导向、需求导向与技术导向意识，从而避免数据碎片化与部门间的数据壁垒。具体来说，其主要逻辑包括三点：

首先，从应用角度出发完善数据归集机制。对于政府公共部门掌握的数据，构建公共资源数据目录体系，从公共服务、公共治理、公共安全、应急管理等多角度着手，编制公共数据需求清单、责任清单与负面清单，明确采集数据项、使用需求、数据颗粒度等数据归集标准，形成公共数据归集的长效管理机制。对于其他社会治理主体的数据，则通过购买服务或动用方式汇聚企业、社会组织等的相关数据，拓展数据来源，汇聚城市治理的数据能量。其中建立公共数据归集技术平台与相关监督管理机制的任务由城市大数据中心负责，各部门则在数据采集、数据提供方面加强合作，共同推动数据汇集工作顺利进行。

其次，完善数据共享机制，实现对公共数据价值的高效挖掘。数据资源平台通过以按需共享为目的的审核授权工作模式，加强共享数据使用全过程监管，进而完善数据分类管理与信息安全等级保护制度，同时对涉及第三方机构的数据共享进行专门规定与区别管理，实现公共数据高效、有序地共享与分发。此外，数据资源平台还将在确保标准统一、安全可控的原则基础上，建立数据开放清单，推进与民生相关或具有显著商业增值潜力的数据，向政府外社会治理主体开放并实现动态更新。通过引入社会资本，鼓励社会多元主体共同参与，充分实现对公共数据的创新应用与价值挖掘。

最后，加强政务数据、共享、使用全过程的数据安全保障。数据资源平台在这方面所采取的主要措施是关键信息基础设施保护制度与网络安全保护等级制度，并要求对数据管理、运用主体的身份与权限进行审核。通过以上一系列管理规范，系统将对公共数据与个人数据进行明确界定与区分，并分别制定应急状态下与日管常态下的数据采集与应用规范，以此加强隐私保护，确保数据安全。数据资源平台的数据安全保障将由市公安局与市大数据中心共同负责，从制度、技术与管理三方面入手建立健全安全机制，并对数据流通过程中可能存在的法律风险与技术风险进行提前评估与定级。

10.2.4 政务数据资源平台的职能与内涵

在上海市"一网统管"建设中，数据资源平台承担的核心职能包括以下方面：首先，对数据资产进行规划，形成数据资产目录，建立健全数据治理机制，强化数据共享，为多方数据的相互赋能奠定平台基础；其次，针对典型业务需求提供定制化的数据服务，并在此基础上通过智能响应、数据客服等方式，迅速满足各级治理主体的数据需求，为不同层级用户在各自应用场景提供数据服务支持；最后，完善数据服务顶层设计，构建良好的数据服务供给结构，通过对各类数据流进行跟踪、评估与分析,不断提升数据服务的业务价值。

上海市两级数据资源平台的建设架构既存在出于数据标准化、服务联通化考量的共性设计,也拥有不少服务于各级治理主体不同业务需求的差异性功能,从而实现与"三级平台、五级应用"体系的有效耦合。

从共性上看,数据资源平台的结构都包括数据共享协作体系、数据主题库和数据建模服务。其中数据共享协作体系旨在实现政府各条块治理数据之间的转换、存储与共享,即通过对数据的标准化处理与制度化分发,实现各条块之间数据的相互赋能,在打破数据壁垒的同时实现多方数据的相互呼应与有效联动,形成跨部门、跨层级的数据交换与共享的核心枢纽,最终通过市级数据资源平台的标准化交换中枢协议实现与数据共享交换平台的对接,确保各项数据的实时连通、同步更新与高效协同;数据主题库负责将数据池中的相关数据资源以具体应用场景需求为导向进行分类整合,并在政务服务、市场监管、公共安全、公共信用等重点领域特别建设一批主题数据库,为对治理数据的深度挖掘及应用分析提供硬件支持;数据建模服务则更进一步,充分利用现代社会治理数据多维、海量、全息的特征,结合人工智能与云计算等新技术手段,依靠对治理数据的高效处理与分析,进而感知事件态势的演化过程,实现态势感知与预警机制。在多级城运系统与数据资源平台的并发加持下,分析建模打造城市运行生命体征指标体系,实现覆盖上海全域的城市生命体征监控与智能预警,为问题的发现提供指导分析,为现状趋势的发展提供前瞻研判,为各级决策者提供决策支持,为一线工作人员减负增能。

若从差异性角度出发,由于各级数据资源平台对应的社会治理基数存在天然区别，从硬件角度与业务角度均应实现差异性运作。如同政府内部各条块之间的关系一般，在上海这样超大规模的城市中，城运大数据流也必然如同人体毛细血管一般盘根错节，且同样存在着纵向、横向之间的联通与协同问题。这就要求作为城运数据支撑主体的数据中台在保证必要标准化共性的基础上，也必须以实际需求为导向保证一定的差异性，开发符合本身辖区数据特色的数据服务内容与本地化应用，实现业务不重复、数据不绕弯、资源不浪费。

以具体案例观之。2020年国庆长假期间，市城运中心调度发现G40崇明长江隧桥崇明到上海方向部分路段出现拥堵，便利用自身扁平化调度、可视化协调的能力调动市公安局、浦东新区和崇明区三方相关力量，实现了有效的跨部门协同。其间，市城运中心协调各单位重点布控崇明长江隧桥，区级城运中心在市城运中心的指派下实时调度指挥无人机在重点拥堵位置巡查，保障了路况信息的即时更新并有效调配属地力量配合交通部门。在整个处置过程中，上海市内层级不同、职能各异的多方部门联动协同，地面交警、空中无人机、城运中心内的交通智能化管理系统互相配合，多方数据实时交汇，数据资源平台在此期间充分发挥了平台与枢纽的功能，履行了其实现有效数据共享与相互赋能、迅速满足各级治理主体数据需求的核心职能，为行动各方营造了一张通畅的沟通网络与指挥体系。通过这一系列有效的协同合作，国庆长假期间G40崇明长江隧桥段拥堵情况较往年显著改善。

总体而言，数据资源平台的本质就是对于数字能力的再分工，发挥SOA（Service-Oriented Architecture，面向服务架构）服务复用的核心价值，将系统之内的专属功能转换为能被其他系统或主体调用的公共服务，可以称之为数字平台的平台。[①] 政务数据资源平台的内涵则在于实现对数据资源的充分复用，协助治理过程中的前、后台人员在有限的治理资源之下实现对现代超大城市的"观全城"与"管全城"，减少运维成本，提升响应速度。

10.3 政务数据的高效利用与价值实现

10.3.1 DT时代的政务数据管理

在现代的社会数据中，政府数据一直占据着最大的比例。在政府开展治理过程中能够实现价值的数据主要包括政府数据与公开数据两类。

一是政府数据，通常包含各级政府及其工作部门和派出机构在依法履行职责过程中所产生的政府业务数据；通过第一方或第三方主动收集的社情民意数据；通过测绘仪器、监控设备等各类仪器采集的环境数据；以及通过采购等方式从政府外其他主体获得使用权的公共数据。由于政府数据本身的公共性特征，应避免其遭到政府外其他主体的滥用及排他性使用，使得政府数据在价值实现过程中往往要求较高的安全保障与隐私保护标准。政府数据通常具备以下四种特征：其一，公共性特征，就资产的所有权而言，政府及其职能部门对于政府数据只扮演代为管理的角色；其二，非物质性特征，数据资源的资产价值一方面依附于某一数据载体，但另一方面其价值又与该载体没有必然的联系；其三，价值的双重性，数据资产属于经济学定义中的经验产品，对其使用价值的评判具有主观性

---

① 艾瑞咨询.2019年中国数字中台行业研究报告[J].互联网经济，2019（12）：76-83.

特征，而同时数据资产因其获取难易度、开发利用成本等因素也具有一定的客观性；其四，可再生性，从数据资产中挖掘价值应是一个不断开发、不断累积的过程，而非如实体商品般可以通过贸易自动实现其价值。[①]

二是公开数据，由于现今互联网高度发达，这部分数据主要由包括政府在内的各类社会主体发布在互联网空间，可公开获取与使用，其数据规模极其庞大且收集成本较低，在时效性、完整性及数据总量上拥有明显的优势。但其本身的可靠性始终是无法忽略的问题，互联网公开数据的质量往往无法获得保障、噪声数据所占比例极大，需要有效的清洗与甄别才能充分发挥其价值。

在企业等私人部门中，数据资产化的管理模式是目前数据管理与价值实现的主流方案，这其中主要包括企业借由对自身运营过程中所获得的数据进行归集与分析，从而助力企业经营，从企业内部数据中产生数据资产的"一次价值"，此类实现方式早在大数据技术登场前便已广泛存在。而随着新技术的进步，现代通过转让、出售数据，使企业外主体从中获益，让数据在自由流通的市场上实现价值兑现的方式，便可看作数据资产"二次价值"的发挥，也是当下互联网企业数据资产化的核心目标。与以互联网平台数据为代表的私营部门数据资产不同的是，由于政府及政府数据本身的公共性特征，政府数据资产往往天生具有国有性质，在私人部门中已经收获成效的数据价值实现模式并不能简单套用在政府政务数据管理领域。

同时，DT时代政务数据规模的空前庞大亦是一柄双刃剑，巨

[①] 叶雅珍，刘国华，朱扬勇.数据资产化框架初探[J].大数据，2020，6（03）：3-12.

大规模带来的不仅是巨大的价值，还有处理政务数据成本的大幅上升，这便对政务数据的运用主体，也就是政府的数字能力提出了要求。数字能力指的是组织或机构有效利用数字资源以实现其总体目标的能力，世界银行在其报告[①]中指出组织的数字能力是组织中人员的专业知识、技能与组织利用该专业知识能力相结合的结果，依赖于系统、框架、流程和工具实现能力。在实际治理开展过程中，各地、各级政府，特别是基层政府通常受限于人力、预算等多方面因素，实现数字能力的快速提升绝非一蹴而就的事，而且政府也难以如企业一般从政务数据中获取"二次价值"、通过数据交易获取利益。因此最尖端、最复杂、最通用的数字管理解决方案并不一定是最适合政府的数据管理模式，为辖内治理基数千差万别的各级政府提供适合其数字能力，包括基于信息化设备水平的硬件能力，基于政府工作人员相关技能水平的人员能力，基于政府相关预算的数据成本需求等的方案至关重要。

在上海这样一座经济高度发达、人口高度集中的国际性超大城市中，政府数据自然蕴含着难以估量的庞大经济价值与社会价值。对于数字能力各异的各级政府，上海市采取的是"一朵云"+"市、区两级数据库"+"街镇、村级小数据库"的管理方式，这种方式在保证数据统筹、互通的同时，也能为基层政府提供符合其数字能力的本地数据处理系统。作为一座拥有超过 2 400 万常住人口的超大城市，上海市各基层政府辖内的居民构成、治理资源禀赋可谓千差万别，既有高楼林立、位于世界级中央商务区的街道政府，也有

---

① MELHEM S. & JACOBSEN A H. A global study on digital capabilities, World Bank Group, 2021.

坐落于郊区、辖内人口密度较低的村镇政府。在这样的背景下，上海的基层政府如何理解政务数据、优先实现哪一部分政务数据的价值并不存在统一、万能的答案。超大城市治理的复杂性决定了不仅数据管理系统软硬件的构建会影响人开展治理，人的因素亦会反过来影响数字管理体系的建设。上海市各级城运系统作为上海"一网统管"体系中掌控数据流动的核心管理者，理应在此过程中扮演引领者、指导者与监督者的多重角色，凭借数据管理系统本身具有的数据分发与智能决策能力，合理规划并挖掘政务数据价值，并加以严格监管，以保持政府数据的公共性，从而实现合规、高效、面向DT时代的政府数据管理。

10.3.2 服务前台与管理后台的耦合

正如"中"一字天然包含承"前"启"后"之意，政务数据资源平台"居中"的功能，就是需要有效联通数字化治理中的前台与后台，扮演桥梁角色，同时又需要为数字治理体系中的其他系统提供数据支撑，扮演平台角色。城市数据资源平台的建立基于技术深度嵌入城市管理的客观需要，得益于信息技术的快速进步。经过数年的发展，上海市"一网统管"体系中的数据资源平台已经在一定程度上展现出串起前台与后台、重构城市管理组织模式的力量，预示着前台、中台、后台"三台一体"组织模式的生成。[①] 作为大数据驱动治理中的"传动轴"，政务数据资源平台是负责连接整套大数据城运体系的中间环节，并对政府数据的汇聚、管理、开发、资

---

① 刘伟.技术运行与"一网统管"新型组织模式的建构[J].行政论坛，2021，28（03）：125-130.

产化等全流程负责。数据资源平台需要实现对公共治理数据的有效使用与充分复用，发挥衔接作用，帮助数字化治理过程中的服务前台与管理后台实现"多、快、好、省"的科学化、智慧化治理。

在"一网统管"体系中，数据资源平台发挥着支撑性作用。负责在治理第一线发现与处置问题的服务前台，其工作效果经常取决于其响应速度。然而在各级城运中心中发挥指挥作用的管理后台，往往与现场距离较远且多为人工控制，难以满足一线处置急需的实时、实景、多点、多内容后台支持，这就要求数据中台强化自身的业务联通能力，发挥其基于大数据技术的高效数据处理与智能态势感知能力，成为城运系统的应用枢纽、指挥平台和赋能载体。

在实际运用中，"三台一体"的组织模式是城市常态治理中12345市民热线、舆情监测系统、气象精细化智能管理系统、交通智能化管理系统等"城市大脑"关键部件顺畅运行的基本保障。而在应对各类突发事件时，服务前台、数据中台、管理后台的无缝耦合更是发挥着至关重要的作用。相较于传统的危机管理模式，大数据驱动下"三台一体"模式的最重要优势在于其能通过大数据对城市"生命体"实现"健康监控"式的常态化保护。首先，借由数据资源平台在实时城市运行大数据中发现异常、定位风险。因为现代城市是一个复杂的生命体、有机体，数据资源平台在这一过程中扮演着"免疫系统"的角色。其次，管理后台则需要承担城市"大脑"的功能，在获得经由数据链这一"城市神经"传来的风险信号之后，做出正确判断，做出科学、慎重的决策，防止完全技术依赖导致缺乏人性化，防止治理被技术绑架。最后，决策再次通过"城市神经"传递至服务前台，也就是城市的"五官"与"四肢"，从而实现常态化的城市风险监控与感知。

如2020年11月6日早晨，某演出团体将赴虹口区嘉兴路开展线下演出活动，市城运中心发现这一市民关注度较高的活动后，提前预判可能会发生大规模人员集聚的问题，第一时间调度虹口区城运中心加强人流引导，确保线下活动的安全进行。这一事件的处置过程，不仅归功于大数据驱动下的"健康监控"流程，市城运中心数据中台的网络舆情监测系统对于互联网公开数据的有效检测也功不可没，凸显了数据资源平台作为城市数据枢纽并提供强大计算支撑的突出价值。

如今，我们已经站在第四次技术革命的门前，DT时代技术的快速进步与迭代将是全方位的，而不仅局限于数据技术本身。在2020年年末2021年年初袭击我国的寒潮中，上海市城运系统在数据中台加持下，将自己的功能延伸到群众最有感的社区层面，发挥协调功能，处理了水管爆裂、路面结冰、养老救助等群众身边的情况。例如普陀区在人行道旁安装温度感应器，实时对接区级城运中心，将路面气温汇入数据资源平台，当路面结冰时便能第一时间调配待命的应急人员和工程车辆赶往现场。在这一案例的处置过程中，物联网技术与大数据技术有机融合，在应对路面结冰这一可预想的情境中，以较小的算力消耗，依靠数字能力有限的区、街道一级城运系统，便完成了多部门的串联，快速处理了突发情况，数据资源平台在服务前台与管理后台的耦合在此过程中发挥了关键作用。上海市"三台一体"模式下的城市大数据价值实现案例，体现的既是技术、设备、算法的进步为城市治理现代化的赋能，也是技术倒逼、需求导向下对政府治理流程的革新要求。在数据驱动治理背景下，政府协同治理模式也需要从传统的科层制单向路径，向以事项处置为中心的新型协同路径转变。数据驱动治理，带来的不仅是治理工具与治理范式的创新，更是对政府这一最重要的社会治理主体、对治理过程中人与数据的关系，以及对数据的理解与认识向更高层次发展的驱动。

10.3.2 建设数字之都的"上海经验"

2022年，上海市提出将以整个城市为视角，打造城市级平台，充分用好上海海量应用场景优势，推动城市数字化转型加速迭代升级，加快建设具有世界影响力的国际数字之都。新冠肺炎疫情的暴发，作为典型的大规模突发公共卫生事件，其突发性高、不确定性强、影响波及全社会，是对城市治理能力，特别是数字能力的一次"大考"。在上海市的案例中，城市数据资源平台在疫情防控期间始终发挥着重要的作用，形成了一套流调数据分发体系，虽然由于疫情流调工作的高度复杂性，其前台实际工作仍极度依赖人海战术，但数据资源平台在相关数据汇聚、管理、分发等全流程中所发挥的积极作用也同样为防疫工作的开展提供了较为有力的数据支撑。

虽然从技术层面来说，将数据汇聚在一起是一种集约化的良好方式，但现实情况是各类数据质量参差不齐，信息化系统架构标准不一，所需安全标准各异等各类问题客观存在。而更为重要的是，以协同治理视角观之，单一、全汇聚的数据库很容易导致最传统的科层制政府弊病，数据的流通失去了足够的水平路径，只剩下垂直路径，甚至可能出现基层政府需要将自有数据上传总库、申请权限，最后才能看到自己亲手收集的数据的情形。

对以上这些问题，上海"一网统管"采取的应对方案是将政务数据按照其种类、级别、性质等自身特性进行分类管理，例如对基础性数据进行归集化管理与有条件共享，对于实施治理数据则可以采用分布式数据库本地储存。具体而言，将数据仓库与数据湖有机结合，以"仓湖一体""逻辑入湖"的方式给出一套政府大数据架构的"上海经验"。数据仓库与数据湖是大数据架构的两种设计取向，两者在设计上的根本分歧是对存储系统访问、权限管理、建模要求等各方面的把控不同。数据湖是一个集中式存储库，允许以任意规模存储所有结构化和非结构化数据。开放式的设计为上层应用与引擎提供了更大的灵活度，但同时其直接访问的模式也使细致的权限管理、读写接口的升级等高阶功能难以实现。而数据仓库优先的设计则更加关注数据使用效率，数据经过统一且开放的服务接口接入数据仓库，用户则通过数据服务接口或者计算引擎来访问分布式存储系统中的文件。其主要缺点是数据集中存储，所有数据的查询都必须经过仓库，如果系统缺乏足够的算力资源，就会严重减慢数据处理的速度。上海市"一网统管"将构建数据仓库和数据湖的过程分为物理与逻辑两个层面：从物理层面看，部门选择何种数据基础设施只与数据的计算、存储规模有关。对于大量数据的计算，可以采用物理入湖、分布式计算框架的方式。而对于规模较小的数据，考虑到其使用的灵活性，则可以使用逻辑入湖的方式。从逻辑层面看，所谓逻辑入湖，指的是原始数据不在数据湖中进行物理存储，而是通过注册认证的方式，将元数据纳入统一管理。各类上层应用既可以通过直连方式访问数据源中的数据，也可以通过统一管理，实现跨数据源的联合查询。逻辑入湖的优势在于其效率较高，避免了物理入湖数据抽取的过程，同时数据的实时性较好，非常适合小规模数据的应用。

数据驱动治理的核心在于对数据资源的充分复用，在数据技术的赋能下有效链接治理过程中的各级各部人员，减少运维成本，提升治理效能。DT时代背景下数据驱动治理带来的不仅是治理工具与治理范式的进步，也是对政府这一最重要的社会治理主体、对治理过程中人与数据的关系，以及对数据的理解与认识向更高层次发展的驱动。全面推进城市数字化转型，建设具有世界影响力的国际数字之都，是上海"十四五"发展的重大战略。上海城市治理的数字化建设经过数年的快速推进取得了一定成果，建设数字之都的"上海经验"远不止前述寥寥，本章篇幅有限，仅能概述其冰山一角。

第11章
平台催化与整体性政府建设

孙志建

城市运行"一网统管"是中国特色人民城市建设和数字政府建设的重要举措，旨在以数字化转型为契机，以把牢城市生命体征为基础，打造科学化、精细化、智能化的现代城市"数治"新范式，系统提升城市政府数字化治理能级。通过研究，我们发现：（1）城市运行"一网统管"具有深刻的平台催化作用和治理重塑效应，其关键是确立了平台化运作的整体性政府模式的方向性意义。（2）基于"一网统管"的政府流程再造旨在将事的规律性、数的可计算性（即数事关联性）以及流程的闭环性有机结合起来，构建"端到端"、"嵌套式"以及"闭环式"数字政府流程，提升公共事务的数字化可治理性。（3）在"一网统管"平台催化作用下，城市政府从宏观、中观以及微观层面推动流程形式、功能以及动能再造，确立整合贯通的流程体系，从而将需求的整体主义、运作的平台主义以及行动的专业主义有机结合。

11.1 平台催化：数字技术赋能现代城市治理

将"平台"作为撬动治理创新的一种结构性要素引发了席卷私营和公共管理领域的平台革命。所谓平台，是指"提供数字服务的组织，通过两个或更多个不同但相互依赖的用户组（无论是组织还是个人）之间的网络促进互动并产生和利用网络效应"。[①] 在数字化转型阶段，"树立平台思维、把握平台逻辑、创新平台模式"[②] 已经成为城市公共管理创新的基本方向。作为政务平台，城市运行"一网统管"构成了一种以整个城市为视角的城市级平台，对城市治理发挥了重要的催化作用。

"催化"乃化学反应而非物理反应。二者的本质区别在于前者产生新的物质和属性，后者则仅导致形态构造的变化。在数字时代，物联网、人工智能和大数据等数字技术组合赋能，以及随之兴起的数字化转型和平台化转型，为显著提升城市治理能级创造了史无前例的契机。概括来讲，城市运行"一网统管"引发的治理重塑效应就属于化学反应，即催生适应风险社会、数治时代以及现代城市的新型城市治理体系与治理能级。根据实践观察，"一网统管"在这两个方面都已经发挥了比较不错的催化效应：一方面，从治理体系来讲，"一网统管"催生上文所讲的"王"字形结构，亦催生下文要讲到的平台化运作模式以及相应的政府流程设计。另一方

[①] ANNABELLE GAWER et al. Online platforms: economic and societal effects. EPRS (European Parliamentary Research Service). https://www.europarl.europa.eu/RegData/etudes/STUD/2021/656336/EPRS_STU（2021）656336_EN.pdf.

[②] 宋姝君.上海：加快建设具世界影响力国际数字之都［EB/OL］.（2022-02-24）[2022-03-07]. http://city.cri.cn/20220224/3c849b2e-e32d-c424-3c79-8903efe0c760.html.

面，从治理能力来讲，"一网统管"正在逐步催生"五最"、"四早"以及"三能"（观、管、防）的迅捷行动能力；亦正在逐步催生以人民为中心的"线上线下协同高效处置一件事"的能力；此外，也正在逐步催生适应数字时代和复杂社会的灵活性治理能力。

从最基础层面来讲，城市运行"一网统管"的平台催化作用就是，基于中国城市治理场景催生了平台型政府治理运作的理念和思路。简单来讲，平台型政府（Platform Government）代表了一种基于平台的政府治理运作模式。它随着政务平台作为政府治理核心要素的地位确立而诞生。"平台型政府"的设想最早由蒂姆·奥莱利于2011年系统阐述，他将"政府即平台"视为政府2.0的要义。蒂姆·奥莱利认为，"从根本上讲，政府是一种集体行动的机制。"[1] 平台型政府就是利用新兴技术实现跨边界、跨层级以及跨系统等协作，从而帮助政府回归作为"集体行动的机制"的核心定位。平台型政府乃数字政府建设的重要抓手。斯莫尔古诺夫（L.Smorgunov）认为，"数字政府形成的核心是将国家作为平台的理念，允许在新技术的基础上有效发挥国家职能和服务功能"。[2] 阿亚德·阿尼（Ayad Al-Ani）认为平台型政府的兴起意味着国家角色发生深刻变化，即国家成为平台提供者或协作提供者。"国家作为平台提供者的这一新角色，允许不同行为者之间在解决相关社区问题上进行新型

---

[1] O'REILLY T. Government as a platform. Innovations: technology, governance, globalization, 2011, 6 (1): 13-40.

[2] SMORGUNOV L.Government as a platform: critics of atechnocratic culture of public governance in digital era// ALEXANDROV D., BOUKHASKY A., CHUGUNOV A., et al.Digital transformation and global society DTGS 2019.Communications in computer and information science. [M]. Cham:Springer. https://doi.org/10.1007/978-3-030-37858-5_4.

合作。"①

平台型政府旨在按照"需求端—平台—治理端"的理念推动政府治理创新，为现代城市治理确立一种端到端的敏捷治理通道和模式。基于这种新型平台化运作方案②，城市运行"一网统管"将专业主义和整体主义两种行政逻辑和元素有机关联起来，为城市政府治理运行探索出基于平台的整体主义方案。在这种方案之下，数字化、平台化的整体性政府能够在更有效地支撑专业机构发挥专业性的同时，又更充分地支撑整体性治理运作，兼取二者之长。

基于技术赋能和平台催化，城市运行"一网统管"对城市政府治理模式产生了较为系统的治理重塑效应。基于上文研究，我们将城市运行"一网统管"的治理重塑效应概括为："技术赋能+平台催化→结构优化（'三级平台、五级应用'）→流程再造（基于数据的流程再造）→模式转型（平台化运作的整体性政府）→能级升维（敏捷治理/线上线下协同高效处置一件事）→使命重塑（人民城市）。"换言之，基于数字技术组合赋能和平台催化，城市运行"一网统管"通过宏观、中观以及微观层面的"基于数据的政府流程再造"，推动城市政府治理运作模式从科层化运作向平台化运作的整体性政府深刻转型，从而帮助城市政府源源不断地产生科学化、精细化以及智能化治理的综合能级，以此确保政府更好驾驭城

---

① AI-ANI A. Government as a platform: services,participation and policies// FRIED-RICHSEN M., KAMALIPOUR Y. Digital transformation in journalism and news media. Media business and innovation[M]. Cham:Springer,2017.
② "平台化运作"概念最早由复旦大学熊易寒教授提出，主张吸收平台型政府理念的治理运作方案，而不主张按照极端的平台型政府理念将科层制政府推倒重来。

市运行中的复杂性和风险性,更好践行人民城市理念。其中,最具指导性意义的治理重塑效应在于:基于数字化转型的政府流程再造以及随之兴起的整体性政府建设的第三种方案,即"平台化运作的整体性政府"的诞生。以此为重点和主线,可对城市运行"一网统管"的治理重塑效应进行较为系统的呈现。

11.2 基于"一网统管"的城市政府流程再造

城市运行"一网统管"从宏观、中观以及微观三个层面系统推动政府流程再造。其中,宏观层面关注基于"一网统管"的"线下→线上→线下"闭环支撑的"端到端"政府总体流程再造;中观层面关注嵌入在"一网统管"内部的人工智能逻辑(即"感知→认知→行动"闭环)支撑的政府数治流程再造;微观层面则关注基于"一网统管"具体应用场景中的业务处置流程再造。三个层面的流程再造统一于"线上线下协同高效处置一件事"的整体框架当中。

那么,宏观、中观以及微观层面的流程再造及其优化具体涉及哪些维度呢?这取决于我们对政府流程内涵的理解。"流程"代表着一种新的管理思维,即关注目标、关注整体、关注最终用户、关注终极价值创造以及关注系统的因素。据此,哈默将"流程"定义为:"有组织活动,相互联系,为客户创造能够带来价值的效用。"[1]

---

[1] 迈克尔·哈默.企业行动纲领:再造企业运作模式的方略[M].赵学凯等,译.北京:中信出版集团,2008:53.

从基础要素来讲，政府流程可以抽象并解析为由形式要素、功能要素以及动能要素三种基本要素构成的复合体。（1）形式要素。流程以形式（往往表现为"起点—节点—终点"线路）作为支撑和外观。既然是形式，流程就必然有方向、形态、属性以及时空条件等。（2）功能要素。流程承载功能并蕴含特定的治理能级，它以事由为根据，并以最终目标的有效达成为导向与合法性基础。相应地，不同的流程安排必然彰显和宣导截然不同的价值理念（譬如人民城市理念）。（3）动能要素。流程的生命和活性在于流动性，通过这种流动促成流程之功能设定与形式设计的有效结合。那么，流程要流动起来必然有某种稳定的动能，无论这种动能是人力、权力驱动，抑或数据、算法、平台驱动。一言以蔽之，完整深刻地理解政府流程需要将其视为一种"形式—功能—动能复合体"。相应地，对于城市政府流程再造的系统考察，就需要兼顾政府流程之形式再造、功能再造以及动能再造。

11.2.1 宏观层面：平台联结与"端到端"政府总体流程再造

现代政府确立在专业分工逻辑之上，崇尚计算、视野收缩以及以确定性为导向等特点铸就了其根深蒂固的理性行动精神。[①] 这是其优势，亦会给城市治理造成致命缺陷。譬如忽略整体、缺乏温度、丧失灵活性以及弱化对于城市政府之终极使命的关照等。然而，这些恰恰是当前超大城市实现有效治理和提升治理能级必须重视的方面。城市运行"一网统管"对于城市治理的影响首要表现在

---

① 孙志建."理性—和合"行政观：中国特色公共行政精神的成熟定型[J].探索，2020（06）：97-109.

按照"端到端"流程思维对城市治理模式进行整体性重塑，从而找回城市治理的温度、灵活性、整体性以及对于终极使命的关照。故此，从宏观层面考察，基于"一网统管"的政府流程再造主要体现为"线下→线上→线下"闭环支撑的"端到端"总体流程再造。

（1）"平台化转型"推动政府流程形式再造。"端到端"流程是指从需求发起至需求关闭的全过程。[①] 端到端流程旨在通过敏捷高效、贯通始终、紧扣使命以及"跨职能整合"[②] 的方式，跨越官僚机构丛林和壁垒。它主张以治事为线索，按照"事"的规律性（即合乎自然的工作过程）设计政府流程；以需求为导向，紧紧围绕需求"产生→传递→满足"全程构建流程的"起点→节点→终点"；以是否有利于终极价值创造或使命达成为准绳，规划和设计政府流程环节及其总体情况。"使命并不注重分管界限"[③]，主张突破狭隘分管范围来组织政府流程。端到端流程难以在壁垒重重的科层化运作基础上系统确立。城市政府治理运作模式从科层化运作升级为平台化运作，为端到端流程再造创造了良好的条件。平台化运作之要义为端到端对接，即"需求端—平台—处置端"。基于平台联结，"一网统管"最大程度地将需求的整体主义、运作的平台主义以及行动的专业主义有机结合起来，在保证科层制理性行动优势的同时，为现代城市政府治理补充必要的温度、灵活性、整体性以及精准性等有益元素。相应地，城市治理总体流程转变为"需求产

[①] 王磊，等.流程管理风暴：EBPM方法论及其应用[M].北京：机械工业出版社，2019.
[②] 迈克尔·哈默.企业再造[M].王珊珊，译.上海：上海译文出版社，2007：128.
[③] 戴维·奥斯本，特德·盖普勒.改革政府[M].周敦仁，译.上海：上海译文出版社，2021：112.

生→'一网统管'→委办局专业化运作（即需求满足）"。

（2）"以人民为中心"推动政府流程功能再造。城市运行"一网统管"以探索人民城市的数字化实现为使命，注重将人民之需、人民之力以及人民之感融入政府流程起点、节点以及终点，确立正确的价值导向。首先，以人民之需为流程起点。"一网统管"旨在帮助城市政府全面、及时、精准地把握城市经济、生活运行中的潜在风险和主体需求。其次，将人民之力贯穿流程节点。在政府流程运转环节，"一网统管"倾向于吸纳市民对于城市治理的参与热情和智慧。譬如市民通过"汇治理·随申拍"把问题、现象、建议以及诉求提交给街镇城运中心，参与城市治理；通过"一网统管"轻应用开发及赋能中心参与设计解决城市问题的数字化方案；等等。据此，作为"一网统管"的主要推动者，上海市政府副秘书长、市城运中心主任徐惠丽将"人民之力"[①]视为数字治理上海方案的重要特点。最后，以人民之感为流程终点。传统政府流程以"事"处置或办理完结作为流程终点和责任单位绩效生成点。"一网统管"往前推进一步，以"事"处置或办理完结之后市民的感受、获得感以及对结果的评价等作为流程终点。在诸多应用场景中，事情处置完毕并有效收集市民反馈，处置流程方可完成闭环，处置部门工作绩效才得以生成。

（3）"让数据多跑路"推动政府流程动能再造。传统政府流程形态常设计成分散的部门而非整体的政府，其动能模式是"让群众多跑腿"。端到端流程形态则倾向于按照整体的政府来设计，其动

---

① 陆益峰."一网统管"形成数字治理"上海方案"：科技之智、规则之治、人民之力[EB/OL].（2022-01-09）. https://www.whb.cn/zhuzhan/cs/20220109/443188.html.

能模式为"让数据多跑路"。随着"一网统管"的兴起，基于数据的算法智能驱动成为政府流程新的动力机制。源自城市经济、生活脉搏跳动的鲜活数据成为政府治理的核心资源。数据反映城市生命体真实体征，为科学化、精细化以及智能化治理确立基础。试举两例：田子坊[①]咖啡店因电器自燃发生险情，商圈综合管理系统实时收到烟感报警，第一时间通知消防站并及时化解险情。[②]火灾隐患处置敏捷有序，得益于智能化流程设计。在渣土车"偷乱倒"治理中，城市管理行政执法局通过以数据为动能、以算法排查为手段，实现治理数字化转型。譬如利用定位信息筛选出疑似车辆聚集点位，并安排无人机核查；在工地设置电子围栏，车辆离开工地便开始计时，规定时间内未抵达卸载点便将其作为疑似违规操作对象进行排查。通过数据替代人力、算法分享权力，推进政府流程动能再造，显著提升了城市治理的灵活性、敏捷性以及预防性。

11.2.2 中观层面：逻辑进化与"嵌套式"政府数治流程再造

中观层面关注嵌入"一网统管"中的人工智能逻辑以及相应的"嵌套式"（感知端/认知端的数字化与行动端的专业性/整体性相结合）数治流程再造。

（1）基于"感知→认知→行动"框架的政府流程形式再造。在

---

① 田子坊是上海市"一网统管"城市最小管理单元的二期创新成果。作为游人如织的"网红"打卡地，田子坊最考验城市政府的数字化治理能级，即平衡活力、秩序和安全、兼顾市民需求与政府顾虑。通过"数字孪生"或者"城市最小管理单元"这种新型的数字化转型计划，有效地帮助城市提升复杂问题的综合治理能级。田子坊是一个典型个案。

② 杨洁."一网统管"赋能，淡定"防患于日常"[N].新民晚报，2021-07-08.

传统线下阶段，政府治理以"问题→原因→对策"框架为主要底层逻辑。这意味着以问题倒逼启动政府流程，以因果逻辑作为流程的知识逻辑基础，以线下实体运作铸造流程形式。这势必会降低政府治理的敏捷性和预防性，限制政府流程再造的视野。进入数治时代，由于内嵌于"一网统管"的人工智能逻辑加持，政府治理的底层逻辑转变为"感知→认知→行动"框架。实践的发展表明，政府治理底层逻辑的深刻转变极大拓展了流程再造的视野和空间。这主要体现在：政府流程启动不再是问题倒逼而是风险和需求牵引，这是以源自城市运行细节的真实、鲜活数据为动能的潜在结果；政府流程的知识逻辑从因果逻辑转向相关性、微粒化等新型数据解析逻辑。相应地，政府流程形式从"实体运作"向"数实嵌套"深刻转型，从而推动城市治理由被动处置型向主动发现型转变，显著提高预防性和敏捷性治理能级。

（2）朝向"敏捷治理"的政府流程功能再造。敏捷治理乃数字时代城市政府治理能级升维的基本方向。依据"泛在感知—全面认知—迅捷行动"[①]的逻辑要素框架，敏捷治理正是基于"一网统管"的数治流程再造之核心功能取向。在治理数字化转型中，泛在感知有助于通过快速、精准以及自动的问题发现与需求识别，改变传统政府流程反应滞后、行动迟缓的问题。认知决策层面的智能嵌入、算法助力以及认知逻辑数字主义转向，亦旨在为政府流程和

---

① 依据上海市政府副秘书长、市城运中心主任徐惠丽的观点，上海市城市管理数字化转型方案的关键在于推动"技术铁三角"（即算力—算法—数据）同"管理铁三角"（即想法—算法—办法）有机融合，有效支撑以"一网统管"为城市级平台，以"新铁三角"（即"泛在感知—全面认知—迅捷行动"）为逻辑架构的城市治理平台化运作模式。

政府治理增能提速。在要件升级之外，敏捷方法论强调通过周期性"检查与调整"循环，确定并清除影响流程流畅性的缝隙、梗阻以及障碍。①对于"一网统管"而言，检查和调整的重点就是线上与线下是否形成闭环、事情—数据—算法关联是否需进一步优化等。此外，"颠倒"政府流程线亦是实现敏捷治理的有效方法。政府流程形式本身不是目的，形式要服务于流程功能和政府治理能级的提升。感知、认知、行动三者不是僵化的线性关系。为了提升城市政府敏捷治理的能力，三者的关系可灵活调整为"认知→感知→行动"。相应地，政府流程转变为"（历史数据）认知→（当下实际）感知→（预防性干预）行动"。以防台防汛应用场景为例，基于大数据分析，动态掌握不同台风级别下城市内涝频发点位分布及变动情况，帮助政府精准调度应急物资；或根据气象局的降雨预报，预判可能积水的路段并提前部署抢险泵车。②

（3）基于"感知—认知驱动"的政府流程动能再造。城市数治新范式有效运行以"把牢人民城市生命体征"为前提。这意味着政府数治流程需以感知—认知驱动为动能。① 泛在感知驱动。平台化运作的政府必须是数字化泛在（尤其是泛在感知）的政府。泛在感知乃数字化治理的数据之源。数据之源是数治流程之始。泛在感知改变了政府流程的起点与动能，注定诱发全面深刻的流程再造。正是认识到这一点，城市政府才积极打造城市运行数字体征系统，构建物联成网、数联共享、智联融通的城市神经元感知体系，从城

---

① 杰夫·萨瑟兰.敏捷革命[M].蒋宗强，译.北京：中信出版集团，2017：11-16.
② 崔子润.迎战台风"烟花"：上海实现"一网统管"、智慧防汛［EB/OL］.（2021-07-25）[2022-03-08]. http://www.why.com.cn/wx/article/2021/07/25/162718933371393033577.html.

市之声（市民热线、人民建议、热点舆情）、城市之眼（公共视频）以及城市之感（物联网传感器）等方面打通全域全时段数据，夯实政府数治流程的动能基础。②数字化认知驱动。在数字化治理中，仅靠人力无法从海量数据中有效提取信息。泛在感知呼唤认知升级。这涉及两方面：其一，通过智能平台创建、算法嵌入以及大数据应用等支撑认知升级。其二，通过认知转向支撑认知升级。即认知重心从因果关系转向相关关系；认知机制从随机采样转向全样分析；认知预设从抽象化的群体预设转向独异性的单体预设。[①] 认知升级有助于提升城市政府认知的速度、精准度、主动性、全面性、科学性以及不间断性，这为政府流程再造提供了新的空间。譬如政府流程运转加速、时空灵活性增强以及从"朝九晚五"调整为"永不停歇"等。

11.2.3 微观层面：场景牵引与"闭环式"政府处置流程再造

城市运行"一网统管"在微观层面呈现为一个个处置具体事项的应用场景。在城市治理数字化转型过程中，几乎每个成熟的应用场景都牵涉到深刻的政府流程再造。

（1）以"闭环管理"为核心的政府流程形式再造。闭环管理既是数字时代政府流程的基本形态，亦是数字化治理应用场景建设的核心追求。城市运行"一网统管"要真正做到"应用为要、管用为王"，就必须在应用场景层面实现闭环管理。譬如基于"一网统管"，燃气泄漏险情的处置按照闭环管理逻辑设计成"派单

---

① 孙志建. 技术赋能与认知转向：理解公共管理方法数字化转型的核心机理[J]. 电子政务，2021（08）.

（110）→接单（燃气部门）→出车→首报→二报→三报（每隔15分钟报告一次）……→终报→数据存档"。这种闭环流程设计可以发挥监督控制和敏捷治理功能。在街面垃圾处置应用场景中，江苏路街道通过"自动识别→自动派单→人力处置→自动结案"闭环流程设计，提高了公共空间垃圾处置效率。在数字化转型中，不能在逻辑、制度以及运行上落实闭环管理的应用场景往往存在流程中断风险。譬如"线上有预警，线下无人处置"。[①] 在构建闭环流程时，要将对象的规律、管理的需要以及市民的反馈三者有机统一。对象的规律是指"事"本身蕴含的闭环（譬如渣土运输涉及"装载→运输→卸载"闭环）；管理的需要涉及"线下→线上→线下"闭环或"事前→事中→事后"闭环等公共管理逻辑闭环；市民的反馈即以人民之感作为流程终点，譬如"发现→派单→处置→反馈→销案"闭环。故此，政府流程闭环往往需要将多种闭环逻辑进行嵌套设计。

（2）以"数实嵌套增能"为抓手的政府流程功能再造。所谓数实嵌套增能，是指将数字化精准识别与线下处置的专业化和协同化结合起来，增强政府数字化治理能级。譬如在传统阶段，城市政府群租整治流程为"警察/城管扫楼（或群众举报）找出疑似群租点→处置"。基于此流程，群租的可治理性程度较低。其根源在于"扫楼"识别群租的低效性。在数治治理中，该流程转变为"区城运中心算法识别（辅之以群众举报）→推送属地→力量下沉/联勤联动/高效处置"。通过数实嵌套的方式，显著提高

[①] 徐观峰.整体性治理视阈下上海"一网统管"建设路径研究——以三级城运平台为例[D].中共上海市委党校MPA毕业论文，2022：4.

了精准化群租治理的能级。精准救助应用场景亦是数实嵌套增能的典型。传统的救助模式往往需要困难家庭申请、审核、审批等多项程序,遇到需要跨部门、跨层级、跨街区协调解决的个案,还需要召开各级协调会议。徐汇区通过"一网统管+精准救助"的工作模式,将大数据主动发现的未被救助政策覆盖的困难群众,以及通过社区事务服务中心和12345热线被动发现的求助居民,全部纳入网格运行平台,将社会救助服务事项并入网格处置流程,大大缩短了工作流程和工作时长。[①] 相较而言,数字化转型前的救助流程属于个案式,即"市民A→社区居委会认为市民A符合某项救助政策的资格→职能部门"。数字化转型后的救助流程属于拉网式,即"大数据精准画像→数据推送职能部门→个案核实"。两种救助流程蕴含截然不同的政府治理能级。前者为人找政策,不确定性程度高。譬如工作人员可能不熟悉所有救助政策;或熟悉但没耐心了解所有救助项目。后者为政策找人,借助数据线上找人并线下核实,提高救助的精准性、主动性以及科学性。

(3)以"灵感驱动转化"为根本的政府流程动能再造。进入数治时代,政府流程动能再造的关键是"数据替代人力、算法分享权力"。然而,基层政府在开发应用场景及流程时,不仅需要数据、算法、算力,还需要想法。一方面,相较于传统流程,数治流程更需要数据与事情处置的有效关联,更需要将业务与技术统一起来;另一方面,数治流程更为灵活,通过植入新数据或新算

---

① 柴斌.运用民生大数据,徐汇区开启"一网统管+精准救助"模式[EB/OL].(2020-07-09). https://m.thepaper.cn/baijiahao_8199434.

法便可在既有流程形式上实现功能升级。故此，为了更好促进应用场景层面的数事关联，就需要借助人的灵感、知识、经验、智慧以及想象力。唯有通过灵感—知识驱动，方可在应用场景中将"让数据多跑路""感知—认知驱动"等动能模式真正转化为现实。具体来讲，在遵从"事"之规律性前提下，有效调动市民、专家、科技企业、权力精英以及一线人员等众人之智，合理利用数据、算法动能并有效转化，将政府流程形式要素（譬如闭环管理）、功能要素（譬如事由、目标、价值）以及动能要素（譬如数据、算法）有机结合，创造"实战管用、基层爱用、群众受用"的应用场景及政府流程，从而提升公共事务的数字化可治理性。

11.2.4 小结：基于"一网统管"的政府流程再造

在城市运行"一网统管"的支撑下，政府流程从形态上逐步向端到端流程转变，在属性上呈现数实嵌套、亦数亦实，在逻辑上注重闭环管理。政府流程再造为功能持续优化确立了基础（见表11.1）。从功能层面讲，基于"一网统管"的流程再造旨在通过数实嵌套增能，有效提升城市政府科学化、精细化以及智能化治理的综合能级（尤其是敏捷治理），从而以数字化的方式更好地践行人民城市理念。在数治时代，政府流程形式与功能再造根植于动能再造。随着"一网统管"的兴起，数据、感知、算法驱动成为人力、权力、科层驱动之外关键性的政府流程动能模式。与此同时，灵感、知识、想象力驱动成为不可或缺的动能转化力量，跨界合作成为重要的动能转化机制。其关键在于，将事的规律性、数的可计算性（即数事之间的关联性）以及流程的闭环性有机结合，最终显著提升"事"的数字化可治理性。

表 11.1　基于"一网统管"的政府流程再造：全景呈现

	形式再造	功能再造	动能再造
宏观层面	"端到端"政府总体流程："需求端→平台→治理端"（"跨职能整合"）	打造人民城市：将人民之需、人民之力、人民之感融入流程（以人民为中心）	真实数据驱动：数据作为根本动能，让数据多跑路（数据替代人力）
中观层面	"嵌套式"政府数治流程：基于"感知→认知→行动"框架的数实嵌套设计	激活敏捷治理：提升科学化、精细化以及智能化治理的综合能级	智能算法驱动：泛在感知驱动+数字化认知驱动（算法分享权力）
微观层面	"闭环式"政府处置流程：按照"闭环管理"打造应用场景及流程	数实嵌套增能：发现、认知的数字化与处置的专业化、整合化，提升治理能级	灵感驱动转化：旨在将事的规律性、数的可计算性以及流程的闭环性有机结合

11.3 "一网统管"与整体性政府建设的第三种方案

整体性政府是现代服务型政府发展的必然要求。整体性政府（Holistic Government）是对于科层制政府过度分工导致职能碎片化、视野狭隘化的矫正，强调"领域或职能之间的横向整合和联系"。[①] 所谓整体性政府建设，就是指将以尊重作为管理对象之事的逻辑闭环性或主体的需求完整性为方法和起点，以组织、机制以及流程上的整体主义为抓手，以提升整体化运作能力为导向的政府治理体系建设。城市运行"一网统管"的兴起为整体性政府建设创造了新的条件、契机以及方向。

---

① Perri . Holistic government[M]. London：Demos. 1997,37.

11.3.1 整体性政府建设的基础进路

自21世纪初以来，整体性政府建设就成为我国服务型政府建设的重要内容，服务型政府的基本内涵，尤其是"职能科学""结构优化"被朝向整体主义方向予以诠释和解读。[①] 在我国，整体性政府建设中正式、稳定以及有效的抓手有三，即组织、机制以及流程，相应地也形成了整体性政府建设的三种基本进路。

（1）组织进路。科层机构设置强调效率，注重专业分工，强调根据目的、过程、对象（原文为客户）、地点以及时间等线索进行部门划分。[②] 这种独特的机构设置与部门划分逻辑乃是政府治理中整体性缺乏、职能碎片化以及"各就各位式"僵化之根源。反者道之动，物极必反。遵循经济基础决定政治上层建筑的规律，秉持以转变政府职能推动机构改革的原理，对职能相近的机构进行适度部门化整合就成为整体性政府建设的基础进路。组织进路视体制为变量，通过权力关系的重构推行深度体制性整合。基于体制的整合确定性程度较高，但灵活性不足。故此，组织进路容易陷入分与合的二分法陷阱和"整合—分开—再整合—再分开"的怪圈。

（2）机制进路。从部门化整合转向跨部门整合是整体性政府建设的重要跨越。相应地，其进路从组织进路转向机制进路。机制进路视体制为常量，试图在体制不变的前提下通过机制性整合实现整体化运作。换言之，就是通过正式或非正式的跨部门协同机制创

[①] 党的十八大报告对中国特色"服务型政府"的基本内涵进行了界定，即按照建立中国特色社会主义行政体制目标，建设职能科学、结构优化、廉洁高效、人民满意的服务型政府。

[②] 赫伯特·西蒙，詹姆斯·马奇.组织[M].北京：机械工业出版社，2008：28-29.

新，增强政府部门之间的跨边界协同整合能力。整体性政府建设的机制进路奉行典型的"架桥"式整合思路，机制就是政府部门间整合的桥梁与框架。相较于组织进路，机制进路由于无须触及体制、权力以及编制，因而更为灵活轻盈，属于整体性政府建设的"轻资产"方案。借助机制进路，整体性政府建设开始逐步摆脱分与合、专业主义与整体主义机械二分法思维的束缚。

（3）流程进路。流程进路旨在通过政府流程合理设计、整合以及贯通，提升端到端、闭环式甚至平台化的整体性运作能力。整体性政府建设的流程进路具有以治事为线索、以最终目标为牵引、以流程整合为抓手以及以闭环管理为方向等特点。基于流程思维，整体政府建设中的整体主义与专业主义二者不再被视为非此即彼的两端，而是被视为需要且能够相互和合的两面。基于流程的整合亦视体制为常量，不追求突破体制、编制以及权力格局，属于较为灵活、普适、深刻的整体性政府建设进路，对于机构设置相对成熟定型的现代政府而言意义重大。

从总体上讲，整体性政府建设存在组织进路、机制进路以及流程进路三种基本进路。观察者们或许还会认为在三种进路之外存在一种整体性政府建设的"技术进路"。不可否认，技术，尤其是数字技术，对于整体性政府建设发挥了重要的推动支撑作用。然而，仅就此而言，尚不足以认定存在一种整体性政府建设的技术进路。实际上，技术作为一种场景、条件以及变量，它需要通过作用于组织进路、机制进路以及流程进路，方可真正发挥促进协同整合的作用。

11.3.2 以平台化运作为核心：整体性政府建设的第三种方案

城市运行"一网统管"催生了城市政府治理平台化运作方案。

平台化运作是相对于现代政府擅长的科层化运作而言。科层化运作强调基于部门的分工运作与科层协作整合体系，而平台化运作则更强调基于平台的共享集成、联动赋能以及端到端贯通对接。平台化运作同科层化运作并不冲突，平台化运作仍需倚重科层制架构。城市运行"一网统管"在科层化运作之外开辟平台化运作模式，为整体性政府建设创造了新的基础和条件。其影响在于，推动整体政府建设思路从点位式、线面式升级至立体式，催生了中国特色整体性政府建设的第三种方案（见表11.2）。

表11.2　整体性政府建设的三种方案：中国实践

三种方案	技术基础	理论基础	典型案例	主要特点
点位式整体性政府建设	"低"技术：实体化的组织分工与整合技术	大部制理论；部门划分理论、科层制组织理论	政府内部大部制改革实践；党政机关合并设立或合署办公实践探索	以政府机构体系中特定"点位"上的部门化整合或体制性整合为主要进路
线面式整体性政府建设	"中"技术：电子政务＋组织技术（机制与流程）	整体性政府理论；流程再造理论；法约尔跳板理论	基于行政服务中心、网格化管理或议事协调机制的政府内部协同整合实践	以治事为线索推进横向"线面"整合；机制性整合与流程性整合相结合
立体式整体性政府建设	"高"技术：数字化转型，数字技术组合赋能	平台型政府理论；数字化转型理论；流程再造理论	基于数字化、平台化转型的政府协同整合实践，譬如城市运行"一网统管"	平台化运作的"立体"整合；基于数据的流程再造进路；贯通政府运转与城市运行

（1）第一种方案。整体性政府建设第一种方案处于"低"技术阶段。在此阶段，整体性政府建设并未获得信息技术助力，而是更

多倚重于组织技术的支撑，其最大特点是以机构层面的整合为主要抓手来推动整体性政府建设，属于典型的"点位式"整体性政府建设思路。这个阶段尽管尚未明确提出构建"大部门体制"的理论主张或者指导思想，但其具体做法正是以大部门体制建设为主要举措和抓手。[1] 由于视野和思维的限制，在整体性政府建设的第一种方案之下，潜存着专业主义与整体主义二分法。在这种二分法思维主导下，专业分工与整体运作乃是两种相互冲突的选择，政府往往只能进行取舍。

传统计划经济时代的政府机构设置以条为主，分门别类，呈现过于琐碎的局面。譬如，在1965年，全国机械工业部和轻工业部就分别有八个和两个，此外还有冶金工业部、化学工业部、纺织工业部、煤炭工业部、石油工业部等工业部门。这种碎片化的机构设置状态仅仅是外观和表象，它反映的是政府对于行业干预过深，不利于市场机制发挥作用。20世纪80年代至21世纪初，市场经济发展对作为上层建筑的政府治理结构提出了要求。1988年前后，我国开始按照大部门体制方向推进政府机构改革。具体措施包括：撤销煤炭工业部、石油工业部、核工业部，组建能源部；撤销国家机械工业委员会和电子工业部，成立机械电子工业部。根据此后2008年我国正式提出的大部门体制改革指导思想，这些改革举措就属于典型的以大部门体制改革为主的"点位式"整体性政府建设。

（2）第二种方案。整体性政府建设的第二种方案处于"中"技术阶段。在此阶段，整体性政府建设开始获得电子政务技术的助力，因而逐步具备超越机构层面而从机制进路、流程进路层面

---

[1] 竺乾威.公共行政的改革、创新与现代化[M].上海：复旦大学出版社，2018.

推动政府运作整合的能力。相应地,整体性政府建设方案亦逐步从"点位式"推进至"线面式"整体性政府建设阶段。其主要的指导思想为整体性政府理论、流程再造理论以及法约尔跳板理论。而且在此阶段,整体性政府建设开始超越二分法,试图通过机制创新或者流程再造弥合专业主义与整体主义之间的分歧,兼取二者长处。

整体性政府建设第二种方案将重心放在面向企业的许可审批事项或者面向市民的公共服务事项的机制创新与流程再造之上。取得的典型成果包括"一站式服务""网格化管理"等。在这些案例中,整体性政府建设并非通过点上的机构合并实现,而是通过线面上的跨部门协同或流程整合实现。以行政服务中心的政府流程再造为例。在传统冗长的官僚主义行政审批流程之下,企业办事要分头找各个部门,"门难进、脸难看、事难办"乃是常态。作为破解方案,改革者以信息技术作为重要基础推进行政服务中心建设,在不改变政府管理体制的情况下,将相关委办局"搬迁"至行政服务中心,共享办公场所,并将传统的办事流程从"串联"转向"并联",或者"并串联相结合"状态,从而推行"一站式"甚至"一窗式"服务。实践表明,这种不寻求通过体制改革实现绝对整合,而通过机制创新或流程再造来实现相对整合的做法极大地提高了城市政府在特定流程线或服务面上的整体化运作水平。

(3)第三种方案。整体性政府建设的第三种方案处于"高"技术阶段。自此,我国整体性政府建设正式踏上数字化转型这趟高速列车。改革者以平台化的整体运作模式为核心,基于数据的流程再造开辟整体性政府建设的新阶段,即"立体式"整体性政府建设。其核心指导思想是"人民城市"理论和"平台型政府"理论。城市运行"一网统管"模式乃是我国整体性政府建设第三种方案的典型代表。其特点有三：

首先，平台化。整体性政府建设第三种方案以平台化运作为基础。通过"一网统管"平台发挥治理端的专业主义优势和满足需求端的整体主义需求，促成跨领域、跨层级以及跨区域线上线下协同，从而实现"基于平台的整体主义"。[①] 上海市政府副秘书长、市城运中心主任徐惠丽认为，平台型政府对于我们是一种美好愿景，是一种理念，是一个方向。就目前而言，平台化的运作对我们来说是有操作性的。[②] 对于城市治理而言，平台具有汇集、整合、交叉、对接、贯通、中介以及模块化处理等功能。基于"一网统管"政务平台，逐步形成以"治理端—平台—需求端"为特点的整合贯通治理的体系，支撑平台化运作的整体性政府有效运转。

其次，和合式。在组织理论中，整体主义的对手是碎片化而非专业主义。[③] 然而，整体性政府建设注定遭遇专业主义与整体主义两种行政逻辑的纠葛与交锋。[④] 在对待城市政府治理中专业主义与整体主义二者的关系上，"一网统管"摒弃了要么偏向专业主义要么偏向整体主义的二分法思维，试图通过平台化运作辩证地、有机

[①] 孙志建.技术赋能与认知转向：理解公共管理方法数字化转型的核心机理[J].电子政务，2021（08）：15-28.
[②] 徐惠丽：2021年上海市领导干部"一网统管"专题培训班结业式讲话（记录），2021年10月29日.
[③] 竺乾威.公共行政理论[M].上海：复旦大学出版社，2008.
[④] 其中，专业主义强调"分"，即传统科层制架构体系下城市政府的各个委办局根据专业分工各司其职，积累并发挥专业优势；而整体主义强调"合"，其出发点是城市中真实的治理需求，即通过组织进路、机制进路以及流程进路为城市政府及其运作过程注入必要的整体性。

地汲取两种行政逻辑的各自优势，形象地表述就是"专业主义—平台—整体主义"。概而言之，城市运行"一网统管"试图通过有效的数据汇集共享、应用场景牵引以及平台化运作将政府治理的感知体系、认知体系以及行动体系整合起来，从而在更充分有效地支撑专业机构发挥其专业性的同时，提升政府整体性治理运作能力。实际上，对于高度复杂化的现代城市的有效治理而言，任何单一的行政逻辑都不足以驾驭，政府治理需要辩证兼收多种行政逻辑之长。这种务实的品质使得基于"一网统管"的整体性政府建设第三种方案具有更强的现实性和生命力。

最后，立体式。整体性政府建设的第三种方案超越特定点（机构）、线（机制或流程）、面（业务系统）的整合，寻求立体式整合，即以治事为线索，以数据共享为抓手，以平台化运作为基础，以人民城市真实的需求和风险为牵引，以基于数据的端到端、嵌套式以及闭环式政府流程体系建设为核心进路，并行推进横向跨边界整合与纵向跨层级联动，支撑线上线下协同的整体性治理运作体系。这种整合几乎覆盖所有城市管理领域（事情），贯通政府运转顶端与城市运行末梢。

11.3.3 数治时代政府流程再造与整体性政府建设之展望

城市运行"一网统管"建设推动的整体性政府建设的第三种方案就属于典型的流程进路下的整体性政府建设，而且是基于数据的流程再造。在数字时代，海量、多源以及鲜活的数据成为城市治理新的宝贵资源。正如上文所讲，数字化转型从形式、功能以及动能等维度全方位推进城市政府流程再造。这种基于数据的流程再造从"关联贯通""数据共享""交互匹配"等角度为新时代中国特色整体性政府建设提供了新的动能和契机。

（1）"关联贯通"与整体性政府建设。基于数据的流程再造，通过政府内外深度"关联贯通"为整体性政府建设提供新动能。数据源自城市运行的细节，属于城市生命体真实的脉搏跳动。基于数据的流程再造有助于将政府运转与城市运行有机结合。依据城市生命体的隐喻，政府流程就相当于城市生命体的大动脉。在数字化转型阶段，城市治理流程不再是政府内部流程，而是已延伸至城市当中，将政府与社会、市场以及市民日常生活的细节关联起来，将经济、生活以及治理数字化关联起来。

多数情况下，政府流程都是要关联政府内外两端的。然而，通过数字孪生城市计划、城市生命体征系统、城市最小管理单元等创新以及相应的人工智能技术应用，基于城市运行"一网统管"的新型政府流程促成了城市政府内外的深度关联和贯通。这主要是由于基于数据的流程再造促进了端到端流程的形成。端到端流程的形态有助于冲破"分散的业务流程"束缚，促使城市治理者直奔终极使命和整体目标。超越组织进路和机制进路，通过"内（即政府运转）—平台—外（即城市运行）"这种平台化运作深化数字时代的整体性政府建设，这是基于数据的流程再造的关键贡献，也是整体性政府建设第三种方案的基本特点。

（2）"数据共享"与整体性政府建设。基于数据的流程再造通过"数据共享"为整体性政府建设提供新动能。数据相对而言不受自然或物理边界束缚，从而具有较强的跨边界效应、共享汇集效应以及交叉匹配效应。以数据为资源和动能创建政府流程或者推动政府流程再造，使得政府在面对那些跨部门、跨层级以及跨区域问题时，能够创造出更加跨越边界的整体性治理模式。

城市运行"一网统管"的应用场景建设都建立在数据共享的基础之上。上文提及的渣土车治理、精准救助、群租整治等个案莫不如此。譬如在对渣土车"偷乱倒"行为的整治中，在保持各部门原有业务系统、工作格局的同时，通过技术与管理上的深度融合，打破"孤岛""烟囱""蜂窝煤"，实现资源聚合、力量融合。[①] 数据共享归集能为灵活敏捷的整体性治理运作确立数据基础。譬如上海市公安局基于"一网统管"框架，建设了上海城运系统道路交通管理子系统（易的PASS）。"易的PASS"系统通过汇聚公安、交通等13个部门的138大类数据，并基于全市15.5万个"神经元"感知设备、可计算路网、虚拟停车场，利用交通仿真、大数据等技术，演算出上海交通的动静态变化规律，摸清底数及现实需求。基于此，"易的PASS"系统在交通组织优化、交通堵点治理、道路事故降压等专项治理中较好地支撑了政府治理运作的整体性和有效性。

（3）"交互匹配"与整体性政府建设。基于数据的流程再造通过激活"交互匹配"潜力为整体性政府建设提供新动能。数据擅长传递关于事的信息，但不擅长处置事情本身。在数字化治理中，数据有所为也有所不为。基于数据的流程片段往往主要负责发现问题，而将问题的处置交给传统科层制机构。线下问题处置环节本身也存在数字化转型问题，基于数据的流程再造倾向于将流程抽象地划分为线上流程与线下流程两部分，或者将政府流程划分为"感知→认知"与"认知→行动"两个阶段。流程分段为灵活的流程重组确立基础。

换言之，感知、认知与行动三者在不同政府治理领域不是独享

---

① 任鹏.上海探索超大城市精细化管理新途径[N].光明日报，2020-04-16.

而是共享的关系。随着进一步拓展想象力，实践者不断从"借力用力"的角度审视感知、认知与行动的关系，探索出政府流程共享式创新。比如"感知$_1$→认知$_2$→行动"或者"感知$_1$+感知$_2$→认知$_2$→行动"，又或者"感知$_1$+感知$_2$+感知$_3$→认知$_2$+认知$_3$→行动"。[①] 目前，这方面的实践刚刚起步。不同数据源的整合、交叉匹配为同一项治理行动和目标服务，这是基于数据的流程再造在未来的发展方向之一。这种基于数据的、灵活共享式的政府流程再造比较复杂，对于推动数字时代整体性政府建设颇有助益。

---

① 1、2、3等数字表示流程片段或部件所属的领域或者系统。

第12章
数实融合与城市最小管理单元

刘新萍　郑磊

传统城市管理暴露的数字与实体脱节、技术与规则不兼容、技术与人文失衡等问题，制约了城市管理的效能和市民实际感受的提升。一流的城市治理需要妥善处理好虚拟空间与实体城市、技术工具与制度规则、线上赋能与线下行动、科技逻辑与人文价值的关系。城有千万楼，楼是最小城，以绣花般的细心、耐心、巧心，在城市最小管理单元中探索数字治理模式，可以积少成多，集腋成裘，基于"最小单元"谱写"超大城市"现代化治理的新篇章。

12.1 数实脱节：传统城市治理之痛

城市生活有多丰富，城市治理就有多复杂。城市是人类发展和文明进步的产物，是现代文明的重要载体，而传统的"人海战术"和落后的技术手段导致对于许多城市问题看不清、管不了、处理不好，尤其体现在数实脱节的问题上。

数实脱节首先表现为，受限于技术能力，数据不能全面充分地反映城市运行的动态性、多样性、复杂性、整体性与鲜活性。城市是高度复杂的有机生命体，而传统管理手段对城市运行态势的了解多基于人工采集的数据。这些数据往往是静态的、碎片化的、局部的，因而缺乏对城市整体性、系统性的认知，对城市处于何种状况、存在什么问题、如何解决问题、解决的效果如何等都存在诸多盲点和"雾区"，由此形成的城市管理能力是基于直觉和经验的粗放式和运动式的。以交通治理为例，早期的数字化治理，就是工作人员盯着摄像头拍下的实时路况，发现拥堵后采取调度措施。这其实是另一种形式的"人海战术"，缺乏基于技术的智能识别和基于算法的精准计算，也缺乏对线下处置行动的数字化赋能。

数实脱节还表现在数字技术与管理需求的不适配，以及对人的感受的忽视。很多城市花费大量资金引入和应用高端技术，却偏离了城市治理的初衷[1]，出现"重建设轻内涵""重面子轻里子""名实不副""效果不彰"的"数字形式主义"。[2] 甚至有些地方，在治理实践中盲目追求酷炫的技术，忽视人的需要与感受，其投入的成本远高于获得的效益，这不仅带来了资源的严重浪费，甚至带来了一系列"副作用"，将数字赋能变为数字"负能"。

此外，数实脱节还表现在技术与规则的不兼容。传统的对城市数字治理的理解过多倚重"技术逻辑"和"数据逻辑"，而忽略

---

[1] 韩志明，潘辰子.当代中国城市精细化管理的实践及其反思[J].秘书，2020（4）：22-30.

[2] 李晓方，谷民崇.公共部门数字化转型中的"数字形式主义"：基于行动者的分析框架与类型分析[J].电子政务，2022（5）：9-18.

"治理逻辑"。① 有学者指出，科层制内的技术治理，事实上更多地取决于政治逻辑而非单纯的技术逻辑②，如果技术与规则、政治、组织文化等脱节，再先进的技术也将受限于制度弊病而失灵。在很多情况下，技术治理虽然在一定程度上修正和弥补了体制机制与能力方面的问题，起到了立竿见影的效果，但这种作用也呈现短暂性、临时性和易替代性等特征，不能保证治理的持续性。③ 同时，技术的使用甚至会强化既有的制度性弊病，最终导致制度变革需要付出更大的代价。④

12.2 在城市最小管理单元中探索数实融合

改革开放以来，我国城市基层治理经历了从单位制、街居制向社区制的制度变迁，其根本是要解决以下问题：治理主体是谁？治理对象是谁？各主体之间的职责边界是什么？但无论哪种治理模式，均体现出"行政化"的内在治理逻辑，均在一定程度上存在边界模糊、任务不均、责任不清、管理真空等问题，产生了"行政有效，治理无效"的结果。因此，细化管理对象，打破部门、层级以及职能的边界，实现以公众需求为导向的、精细化、个性化、全方位的治理格局，成为公共管理理论和实践届一直在探讨并试图解决

---

① 李文钊. 双层嵌套治理界面建构：城市治理数字化转型的方向与路径[J]. 电子政务，2020（7）：32-42.
② 吴晓林. 技术赋能与科层规制——技术治理中的政治逻辑[J]. 广西师范大学学报（哲学社会科学版），2020，56（02）：73-81.
③ 刘永谋，兰立山. 大数据技术与技治主义[J]. 晋阳学刊，2018（02）：75-80.
④ 韩志明. 技术治理的四重幻象——城市治理中的信息技术及其反思[J]. 探索与争鸣，2019（06）：48-58.

的问题。[1]

借助数字技术的赋能,上海城市运行"一网统管"通过厘清城市治理主体权责、细化管理颗粒度,从市民真实需要和城市实际问题出发,在对超大城市治理规律进行整体把握的基础上,重新定义城市运行的最小管理单元,并将每个最小管理单元视为一个智能生命体和有机体,基于海量多维数据打造城市运行生命体征,对这些最小管理单元进行实时感知,直观并及时地发现各种显性问题与隐性风险,实现数实融合的治理和处置。

目前,上海城市最小管理单元的典型场景已包括楼宇、社区、基础设施、公用事业和公共空间等多种类型。

12.2.1 楼宇

以"一栋楼"为城市最小管理单元,是上海市在城市治理数字化转型中的最早探索。坐落于黄浦区南京路步行街的南京大楼是其典型案例之一。

南京大楼通过数字孪生系统建设形成了虚拟与实体的映射,通过融合数据云、大数据、AI、边缘计算、5G等多种先进技术,将物理城市中的人、物、事件、建筑、设施等在数字世界中以虚拟映像的形式呈现。为掌握这一最小管理单元的生命体征,系统接入了多元数据,其中既包括房屋权籍、房屋状况、历史沿革、保护要求等来自政府部门的静态数据,也包括诸如大楼震动倾斜、烟感、电梯、温湿度、噪声等物联感知数据。同时,还覆盖对客流、吸烟、

---

[1] 竺乾威. 公共服务的流程再造:从"无缝隙政府"到"网格化管理"[J]. 公共行政评论,2012(02):1-21.

开窗、消防示警等各种事件进行实时感知预警的视频AI数据，以及关于保洁消杀记录、环境、地下管网、地铁运行等方面的数据。

南京大楼数字孪生系统赋能于线上线下的高效协同。当南京大楼内客流量达到"中高风险等级"或有吸烟、线路老化等安全隐患时，会立即通知安保部门应对处置；同时，当门店发现有自身无法处理的事件时，可以一键上报至黄浦区城运平台，请求区一级的支持和协同，与区城运平台形成管理闭环，提高了问题处置效率和效能。

南京大楼最小管理单元进一步明确了市场主体应该承担的各项责任。南京大楼不仅管理楼内发生的各类事务，还承担门前管理责任，包括维护市容市貌、制止共享单车违停和门前堆物等问题。通过管理责任的明晰化，形成了政府和市场主体相互联动的协同工作模式。

12.2.2 社区

社区是城市治理的基本单元。超大型城市中，有些小区公共设施老旧、消防安全通道堵塞、违章搭建现象频发，是城市管理中的棘手区域。上海市城市运行"一网统管"将老旧小区作为城市治理最小管理单元进行探索。以黄浦区春江小区为例，该小区建造于20世纪80年代，辖区面积近4.2万平方米，由小高层及大高层组成，人口多达1 000余人，以独居、高龄老人为主要居住人群。春江小区布设了高中低全面覆盖的智能化设备，一旦监测到高空坠物，就会向物业实时推送预警，精准到户，物业第一时间收到消息并处理，如果发生人员伤亡，物业可以一键上传信息请求城运中心支持。同时，春江小区结合智能门禁、居家用水等多种数据，对小区内的特殊老人群体进行风险监护。

虹口区北外滩街道的云舫小区也开展了对城市最小管理单元的探索。云舫小区有4幢18层高楼，650户居民，房屋老旧，居住密度大。在日常管理中，存在高空抛物、楼道堆物、电瓶车进楼道等一系列治理难题。通过在1∶1还原的实景三维地图上采用镜像叠加、虚实融合、大数据、云计算等技术，借助无人机、无人车、智能物联、智能视频等设备，在4幢居民楼中实现了数联、物联、智联"三合一"应用，为小区治理奠定了技术基础。在此基础上，开发了电瓶车入电梯、高空抛物、车棚充电桩监测等18类日常智能报警场景，并根据场景差异性建立"一对一"处置流程，实现了"即时发现—快速响应—高效处置"的闭环。

对市郊来说，面对基础设施落后、河道污染、垃圾暴露、居住分散等治理难题，数字化也给出了全新的解决路径，为市郊治理开拓了"人机交互"的崭新视野。嘉定区借助数字孪生、物联感知、结构化分析等新理念、新技术，在嘉定区马陆镇的北管村开展"美丽乡村治理"的试点。北管村是上海近郊较为典型的城乡接合型村庄。嘉定区通过无人机、车载分析等方式对北管村进行扫描式孪生建模，生成了包括住房、沿街商铺、文化设施、生态公园等在内的模型底图。同时，对公安、卫健、水务、绿化等部门的动态数据资源进行延伸利用，在底图上不断叠加本地人口、视频、重点点位等数据，实现了村域内各类重要体征指标的集成汇聚。在治理场景方面，北管村重点关注河道绿化、暴露垃圾等问题，在村域河道岸边安装了监控摄像头，当监测到河道岸边有不文明现象时，将触发报警，并形成处置反馈闭环。

崇明区则通过党建"微网格"和城市运行最小管理单元的有序衔接，实现了"人到格中去、事在网中办、服务零距离"，提高了乡村治理的精细化、科学化水平。在细化社区治理单元方面，崇明区根据农村所辖范围、人口数量、居住集散程度、群众生产生活习惯以及党员分布情况等维度，按照每个网格覆盖范围1平方千米左右的标准，将每个村划分为3~5个党建"微网格"，形成"15分钟治理微圈"。在此基础上，把社区层面的综合治理网格、服务网格等融合成一张网，将相关条线的人、财、物等资源整合融入网中，实现"多网融合"，基于此形成了覆盖广泛、功能完善的社区治理基本单元。崇明区还把党建"微网格"中的"人、地、事、物、组织"等数据搬上"一网统管"平台，形成电子地图，方便村民动态掌握党建"叶脉工程"提供的各类服务。除了获取服务外，崇明区还通过设置"我有话对组织说""我有事找组织办"等村民需求征求栏目，全天候听取村民的意见建议，掌握民众需求。

12.2.3　关键基础设施

城市关键基础设施是城市正常运行和安全发展的物质基础，一般包括能源供给系统、给排水系统、道路交通系统、通信系统、环境卫生系统以及城市防灾系统六大系统，加强城市基础设施管理对增强城市综合承载能力、提高城市运行效率具有重要意义。

国务院《城市道路管理条例》规定，城市道路管理包括道路规划、建设、养护、维修和路政管理，其目的在于保障城市道路完好，充分发挥城市道路功能。然而，传统的城市道路管理多为局部的静态管理，缺乏对其运行状态的动态全面感知。为此，上海市城市运行"一网统管"将城市关键基础设施作为最小管理单元，用数字孪生赋能智慧监管，提升道路管理的现代化与精细化水平。

以1993年通车的杨浦大桥为例，杨浦大桥是上海跨越黄浦江的交通主干道，也是道路运输监管的重点路段和设施，是支撑城市运行的最小空间单元。为掌握大桥的数字体征，管理部门对杨浦大桥进行了静态与动态的数字孪生。一方面，对桥梁结构设施进行静态孪生，然后融合各类设施设备全生命周期的属性信息、技术档案信息、管理信息，实现空间管理单元向全息数字单元的升级进化。

另一方面，杨浦大桥还依托神经元感知体系，实现结构动态孪生。目前，全桥设置交通感知设备约10类200套，包括视频监控、动态称重、气象、车流量检测及边缘计算分析等设备，掌握桥面车辆运行实况，并自动识别桥面异常事件；布设了17类1 100多个结构安全数据感知点，实时监测风速、风向、大地震动等环境数据；监测桥梁自身应力应变、结构温度、振动、索力、变形和位移等结构状态数据，年监测数据量达2TB以上；设立5大类120多项结构安全指标，通过神经元智能分析模块实时计算指标分值，通过阈值设定及红黄绿颜色管理实时反馈桥梁的健康状态。

杨浦大桥通过打造数字孪生桥梁，实现了"实体—虚拟—实体"的映射，促进了线上与线下的高效协同。线上实现了多维数据的整合，线下推动了跨业态、跨部门的协同。例如，在大桥养护方面，孪生桥梁依托轻量化快速检测的自动化手段，对桥梁进行"实时体检",反馈桥梁当前的指标监测数值,再基于孪生桥梁的精准定位和模型的立体展示,实现对实体大桥的精准养护和精细管理。再如,当超过桥梁设计荷载的车辆过桥时,孪生桥梁会自动触发结构安全监测处置流程,并向交警总队和交通委员会执法总队推送车辆违禁信息,实现运输管理由被动处置向主动发现转变,实现"智能巡查、自动派单、及时处置、智能确认"的闭环管理。又如,在危化品车辆管理中,孪生桥梁可通过边缘计算感知设备秒级发现危化品车辆违规上桥事件,并进行车辆标注,开展全程监测跟踪。孪生桥梁将违禁车辆车牌号、上桥时间和照片等数据,推送给"云路中心"危险货物道路运输数字化监管系统,实时启动相关管理处置流程。

杨浦大桥最小管理单元通过物联、数联、智联,让基础设施成为一个生命体,实现了"感知自动发现、实时自动推送、快速协同处置"的线上线下协同闭环管理,实现了城市治理由经验判断型向数据分析型转变,由被动处置型向主动发现型转变。

12.2.4 公用事业

城市公用事业是城市生产经营、居民日常生活不可缺少的事业,一般包括城市自来水、电力、煤气、供热、公共交通事业等。城市公用事业是城市生存与发展的基础,是保障和改善民生的关键,直接关系着城市居民的生活质量和城市形象。

上海市城投水务(集团)有限公司在上海市南市水厂建设了全市水务行业的首家数字孪生水厂。该孪生水厂的建设体现了虚拟与实体的映射,将数字技术与业务需求、管理需求进行深度融合。南市水厂数字孪生系统基于"一网统管"的框架和"智慧水务"的理念，依托黄浦供水示范区建设，融合了三维仿真、数据交互、运行模拟、仿真控制等要素，对南市水厂的构筑物、生产设备、管路系统进行了依托Unity 3D技术和现场扫描方式的超精细三维数字化复原。这一孪生系统综合了生产业务数据、水质监测数据、物联感知数据等动态数据，并实现与现实工厂同步。

数字孪生水厂不仅是物理水厂的数字模型，而且结合业务需求，对接了大量实时的生产数据和设备信息。通过算法加持，从传统的经验式治理转变为计算机辅助决策，实现管理精细化、生产智慧化、角色科学化、运维高效化。比如一家水厂每天需要生产多少自来水？以往这一答案要靠有经验的老师傅来"毛估估"决定。而在数字孪生系统中，水量平衡系统能够自动接收来自黄浦供水示范区管网模型的压力需求和水量预测，通过模型计算后实现最优调度方案并向生产系统下达指令，从而实现"按需供应、动态调整"。南市水厂通过全自动水平衡系统让黄浦供水示范区的整体服务压力更加平稳，不仅能够直接给市民带来用水体验的提升，而且能够有效降低水管爆裂和用水设备故障的概率。

数字孪生系统的建设不仅提升了供水效能，解决了城市供水的传统难题，还保障了水的优质稳定，带来了更有品质的城市生活。数字水厂引入水质评价指数体系和食品危害分析与关键点控制（HACCP）体系，通过监测水质变化情况，预判水质变化趋势，识别当前生产过程中的水质风险点，评估风险等级、制定管控措施、形成分析报告，向相关生产工艺环节自动推送水质管控措施，实现从数字技术向业务管理的赋能。

此外，数字水厂孪生系统还可以通过系统仿真与场景切换，模拟可能发生的各类突发事件，精准研判发展趋势和可能影响，并给出正确的处置流程，改变了传统应急演练"纸上谈兵"的做法，转变为通过"准实战化"的场景，实现对工作人员的日常培训和模拟操练。

12.2.5 公共空间

城市公共空间是日常生活的开放性场所，是城市公共服务充足供给、多样化创新要素集聚培育、生态宜居环境营造的重要区域。[①] 城市公共空间连接生产与生活，是城市治理的焦点区域。

（1）田子坊

数字技术的应用激活了城市公共空间的活力，在实现城市空间更新与产业转型的同时，又保留了城市的"烟火气"。田子坊作为整建制的完整社区、景区、创意园区，是上海备受欢迎的网红打卡地，其内部是20世纪20年代木屋结构老旧房屋，共有建筑154幢、商户300多家，空间分布密集，却仅有3个出入口，疏散通道狭窄，在高温天气下存在消防隐患，在管理中存在不少痛点与难点。

田子坊借助数字技术的运用与管理责任的划分，在政府与市场主体间形成了紧密衔接的协同工作模式。在技术层面，景区内安装了11类共近千个安全智能感知设备，构筑人机优势互补的田子坊生命体征感知网络。在管理层面，田子坊划清各主体的管理权责，营造数字协同治理生态。例如，为了有效防范各类隐患，田子坊管理办公室将涉及城市安全的管理要求制定成准入规范，商户在窗口办理入驻手续时，通过签署《田子坊地区数字治理使用及

---

① 李麟学. 城市公共空间精细化治理模式探讨[J]. 人民论坛, 2021.

服务协议》，明确管理办公室与商户间的责任与分工。田子坊管理办公室还推荐各类市场治理主体安装感知设备，诸如可第一时间察觉消防隐患的烟感设备和及时发现店招、店牌松动倾斜的倾角仪等。在管理模式上，将原来的"智慧平台+管理者"处置模式转变为"智慧平台+管理者+经营者+居民"的联动响应机制，充分体现了城市运行"一网统管"科技之智、规则之治、人民之力的融合。

此外，田子坊的数字体征系统所采集的数据不仅服务于管理，还主动向商户提供信息服务。比如曾有一家新进商户提交了经营化妆品销售的申请，但数据分析结果显示该处相邻几家商铺曾4次经营化妆品销售，都因业绩不佳而调整了经营种类。管理办公室通过智能平台主动把信息推送给经营者，经营者及时调整了业态。

（2）上海历史博物馆

数字化技术还可以广泛应用于博物馆的藏品陈列、文物管理与保护、文物修复、宣传教育及观众服务等工作，让收藏在博物馆里的文物、书写在古籍里的文字、静止在宣纸上的画作，都变得鲜活起来，向公众展现立体的人类文明。

上海历史博物馆是由上海城市运行"一网统管"支撑的首个数字孪生博物馆。数字孪生博物馆对实体博物馆自身及周边环境进行了超精细三维数字化复原，利用三维数字孪生引擎实现了博物馆大楼内外的1∶1三维数字孪生，并对接政府业务数据、物联感知数据、环境天气等多维实时动态数据，赋予博物馆"智能大脑"，让博物馆"活"起来。

数字孪生博物馆的建设是一次科技与人文、历史与未来的交融。该系统的建设将空间、数据、管理和服务连接起来，从馆方的管理需求和观众的参观需求出发，设计构建了7大板块和14个数字化场景，以更加精准、便捷、个性化的方式守护上海的历史文脉。在馆方管理方面，数字孪生博物馆赋能博物馆日常管理，如打造能耗检测系统模块，监督用水用电，促进节能减排；对老建筑进行智慧化、精细化护理等。在游客服务方面，数字孪生博物馆特别关注游客体验，为游客提供在线登记、在线参观云展览、在线参观文物、听取文物讲解、留言互动、交通路线查询导航、应急出口和卫生间位置查询等服务。

文物是凝固的历史，是历史文化的重要载体，是人类文明的见证。每件文物都有一个独特的故事，上海历史博物馆将虚拟与实体相互映射，实现线上线下联动，在数实互动中以更生动的方式呈现历史，向游客展现看得懂、记得住的上海城市发展历史脉络。

上海历史博物馆还根据用户位置向用户提供不在馆、在馆两种业务场景，让观众超越时间、地点的限制，在线参观云展览、查看近期展览文物。在科技赋能下，数字孪生博物馆除了展示历史厚重的一面，还能够呈现灵动的面貌，让博物馆不再是冰冷的，而是充满人性的温度。

（3）上海科技大学校园

校园是师生教学、研究、生活的空间基础，是学习知识和追求真理的场所。由于校园具有人口密度高、人群结构复杂、建筑物分散等特征，校园管理的复杂性不言而喻。校园管理，既包括对人的管理，又包括对建筑物与环境的管理，也是一类极其典型的最小管理单元。

上海科技大学是2013年经教育部批准并正式建立的一所年轻的学校，位于上海市浦东新区张江高科技园。基于学校自身特点和专业优势，上海科技大学充分利用数字技术，打造了数字孪生校园，1∶1全场景还原了校园的地貌、交通、楼宇和设施。通过空间三维传感技术，对环境空间进行SLAM（同步定位与地图绘制）扫描；通过三维感知技术，自动区分管道及弱电桥架，对地下空间进行健康监测，提供快速精准的体检报告。

数字孪生校园将实体校园与孪生校园相映射，将实时视频与三维模型动态组合，实现管理需求与技术之间的联动，如通过安全巡航模块，提升精细化管理水平；依托危化品实验室的实时安全监测模块，满足校园安全治理的需求，默默守护实体校园的安全；基于人员密集度、人流分布的实时数据反馈，让疫情防控决策更科学。

12.3 数实融合的四个特征

上述这些城市最小管理单元案例作为对城市治理数实融合的新探索，呈现虚拟与实体互为映射、工具与规则双轮驱动、线上与线下高效协同、科技与人文相映生辉等特征。

12.3.1 虚拟与实体互为映射

城市治理中，既有看得见的问题，也有看不见的问题。基于云计算、人工智能、区块链等技术构建城市的虚拟数字空间，可以将看得见的问题和看不见的问题全面展现，并将虚拟空间赋能于真实物理空间的治理。虚拟与实体就像是"一枚硬币的两面"，它们的相互映射可以更全面系统地感知城市的每一个管理单元，给城市治理带来全新的可能。

构建虚拟映像，不是为了虚拟而虚拟，而是为了将鲜活的实体世界在虚拟空间中呈现，并将虚拟空间运用于优化实体世界。虚拟与实体的关系，是工具与目的的关系，前者要为后者服务。

在传统城市治理中，有效的试错容错机制是激励地方政府创新治理方式的保障。然而，在传统治理环境下，对试错的成本很难进行精细计算和模拟。虚拟与实体的互为映射为"试错"方案提供了实验场景，面对城市治理的复杂难题，可首先在虚拟空间仿真模拟，找到相对最优的解决方案后，再在实体世界中试点。

12.3.2　工具与规则双轮驱动

人类的历史就是依靠工具和规则的共同演进不断推动的。数字技术是一种中性、双刃的工具，既可以为善，也可以作恶，取决于它被什么人、出于什么目的、以何种方式使用。技术上可能的，并不一定就是管理上可行的，或是政治上和社会上能被接受的。凯文·凯利在《科技想要什么》一书中提到"新技术产生的问题比它解决的问题还要多"，新技术有可能带来的好处往往是基于技术逻辑的推演而形成的"美好愿景"，而愿景的实现需要配套的制度规则予以约束和保障。

"没有规矩不成方圆""无论网上还是网下，无论大屏还是小屏，都没有法外之地。"[1] 数字技术的应用并非漫无边际，技术的嵌入需要有与之配套的制度体系与运行规则[2]，以创造公共价值为导

---

[1] 习近平主持中共中央政治局第十二次集体学习并发表重要讲话[EB/OL].（2019-01-25）. http://www.gov.cn/xinwen/2019-01/25/content_5361197.htm.
[2] 窦旺胜，秦波. 技术嵌入视角下城市精细化治理逻辑框架与优化路径——基于北京市海淀区治理实践的分析[J]. 城市问题，2021（11）：19-25.

向合理使用技术[1]，明确技术运用的边界和尺度，实现技术的工具理性与人的价值理性之间的平衡，做到"以道驭术"。[2]

上海城市运行"一网统管"在实践中也注重技术工具与制度规则的互动，实现科技之智与规则之治。在规则制定方面，上海从2020年以来制定实施了《上海市城市运行"一网统管"建设三年行动计划（2020—2022年）》《上海市城运系统建设网络安全二十条》等一系列规范性文件，以"规则之治"保障城市数字治理的成果。

在治理架构方面，城市最小管理单元明确了市、区与街镇之间的关系，划清政府、市场与社会的边界，并将责任层层落实。我国政府间"职责同构"的组织结构造成基层政府权小、责大、事多的格局[3]，越来越多的工作下沉到基层，"上面千条线，下面一根针""上面千把锤，下面一根钉"成为基层负担重的真实写照。

上海城市运行"一网统管"不是简单的整合和派发任务，而是不断通过数字技术和数据向基层赋能。按照"全链条、紧平台、松耦合"的思路，推动市、区、街镇三级城运平台和各大生产系统的智能迭代，形成"一门户多系统"的系统基座。同时，还通过"一网统管"市域物联网运营中心，将政务数据中涉及物联感知的数据，和社会、企业、机构等第三方数据在一个平台上对接，通过共享共建，汇聚更多实时数据向基层赋能。

---

[1] 熊竞. 超大城市基层应急治理现代化路径研究——以上海市浦东新区为例[J]. 上海城市管理，2022，31（01）：47-54.
[2] 杨嵘均. 韧性城市建设：不确定性风险下"技治主义"城市治理范式的转型方向[J]. 探索，2022（01）：125-135.
[3] 刘雪姣.基层政府权责不对等现象及属地管理模式的研究[J].江汉学术，2022（4）.

在建设机制上，上海城市运行"一网统管"还对全市范围内的新建硬件设施项目建立了审核机制，以可用、够用为原则，要求尽量利用既有设施，调用政府和市场的现有数据，避免重复建设。

12.3.3　线上与线下高效协同

敏捷高效的超大城市精细化治理离不开线上与线下的高效协同。在线上，通过跨部门、跨层级、跨行业的数据共享和利用，掌握真实客观、系统全面且动态鲜活的数据资源，并通过算法模型，对数据进行分析研判，及时灵敏地发现潜在的城市风险与问题，防患于未然。在线下，基于数字技术与治理经验的融合运用，形成精细化的处置方案，推进线下部门间、层级间以及政府与市场主体间的高效协同。尤其重要的是，需要打通纵向数据壁垒，在确保安全的前提下，让数据反哺基层，赋能基层治理活动的开展，使基层不再只是数据的采集者，更是数据的利用者。

12.3.4　科技与人文相映生辉

科技的逻辑，往往以"无差异"为基础。科技可以扩展人的能力，但科技只能提供"工具"而不能给予"价值"判断，只能告诉我们"是什么"和"为什么"，却不能解决"应当如何"的问题。著名建筑大师梁思成先生认为，科技与人文分离的结果，是出现了两种畸形人——只懂技术而灵魂苍白的"空心人"和不懂科技、侈谈人文的"边缘人"。

城市发展为了人民、城市治理依靠人民，在城市建设中，关注人的需要和诉求是人民城市建设的应有之义。在很多场景中，人和科技之间存在着复杂矛盾的关系，人对技术的依赖感与被剥夺感并存，因为人的诉求不只是物质化、工具性的便利，往往还有生命化、非工具性的情感诉求。在披上科技外衣的城市治理中，人文关怀变得尤为重要，城市公共空间内人的真实行为、使用诉求、隐私保护等需要得到充分重视[1]，需要做到"技术留白"以避免"技术利维坦"现象的产生[2]，需要从"人民至上"的价值取向出发，聚焦解决群众最期盼、最迫切的问题，满足市民的多样化、品质化、个性化需要，提升治理效能。

一个社会对待弱者的态度，体现了这个社会文明的高度。城市数字治理的顺利推进，离不开用户对数字化设备的使用意愿和能力。然而，用户在数字化接入设备、数字能力、经验等方面的差异是客观存在的[3]，这就产生了"数字鸿沟"问题。在这一背景下，数字化的弱势群体不仅包括传统意义上的老年人、残疾人、妇女儿童等人群，还包括所有在对数字设备和资源的获取和使用能力上相对落后的人群。

数字技术的运用不仅要为数字化优势群体锦上添花，更要为数字化弱势群体雪中送炭，增进弱势群体的数字福利。《国务院关于加强数字政府建设的指导意见》提出，数字政府建设与数字治理要坚持以人民为中心，坚持数字普惠，消除"数字鸿沟"，让数字政府建设成果更多更公平惠及全体人民。

---

[1] 李伟健，龙瀛. 空间智能体：技术驱动下的城市公共空间精细化治理方案[J]. 未来城市设计与运营，2022（01）：61-68.
[2] 周济南. 数字技术赋能城市社区合作治理：逻辑、困境及纾解路径[J]. 理论月刊，2021（11）：50-60.
[3] 孙琪，陈娟. 游离在数字化政治生活参与之外的公民：致因、风险与规避[J]. 学术探索，2022（01）：41-48.

上海城市运行"一网统管"城市数字体征系统的核心元素不仅通过基于视频数据的"城市之眼"和基于物联感知设备的"城市之感"等硬科技来观测城市,更通过"城市之声"来倾听市民的诉求。"城市之声"通过随申办App、12345市民热线及委办局现有的各类热线、人民建议、网络热点等渠道,主动发现市民的高频需求,不断增加市民的获得感、幸福感和安全感,使城市治理不仅有精度,更有温度,不仅有智慧的科技大脑,更有暖人的城市心灵。

第13章

从万物互联到众智成城

郑磊　侯铖铖

2021年11月25日，一份"互助共享文档"在社交媒体上流传着，这是复旦大学江湾校区的同学们为了应对疫情闭环管理，创建并维护的"江湾物资需求及信息问答"在线表格。因临时封控而无法出校的同学们可以在表格中填写自己的物资需求："充电宝两个，100W转换插头""一次性牙膏牙刷""大学普通物理教材"等。同时，学校服务团队或其他同学也可以在表格中填写自己能够提供的物品，实现了物资供需的线上对接。此外，这份"可写可读"的表格还起到了信息分享互助的作用，"在教学楼怎么吃饭""外卖应该送到哪个门"……一个个问题在文档中得到了解答。[①]

复旦大学的这份在线共享文档并非个案。在此之前，郑州暴雨、山西暴雨中就曾出现过由公众发起和维护的"救命文档"。这些数字工具通过互联网，将处在危机中的个体连接起来，实现了信

---

① 新民晚报.闭环中的复旦江湾校区，一份互助文档传递温暖和爱[EB/OL].（2021-11-26）. https://xw.qq.com/cmsid/20211126A0CXPZ00.

息共享和资源匹配，提高了整个社会协作应对危机的能力，缓解了政府在应急状态下单方面提供公共服务的压力。

技术催生治理变革，每一个时代都有相应的政府治理模式。[①] 在数字时代，互联网、物联网和社交媒体能够将人与人、人与物、物与物广泛而紧密地连接在一起。在万物互联的技术环境下，不仅政府内部不同部门、不同层级和不同地域的组织和人员更容易实现跨时空的信息共享和行动协同，政府与社会之间也更能形成互动协作，使得市场和公众能更广泛深入地参与城市治理，提升政府借助社会资源解决各类城市问题的能力。

13.1 万物互联：连通城市的数字根系

电影《阿凡达》讲述了在一颗名为潘多拉的智慧星球上，有一个万物互联的生态网络。在这个生态网络中，不管是动物还是植物，不管是普通生物还是智慧生物，每一个个体之间都可以相互连接，所有个体都能将其积累一生的信息、知识与经验存储到身边的植物中，再经由植物根系汇聚到一起，沉淀在整个生态网络中。通过这个万物互联的生态网络，生物种群得以实现协作并不断演化。

新兴数字技术的发展也正在让我们的城市逐渐拥有与电影中类似的万物互联网络。分布在城市各处的传感器通过物联网相互连接，为城市管理者提供了全面、动态的数据和信息。移动互联网和社交媒体也将政府、企业与公众连接起来，实现信息互动、资源调

[①] 戴长征，鲍静. 数字政府治理——基于社会形态演变进程的考察[J]. 中国行政管理，2017（09）：21-27.

度与协调合作。万物互联正像潘多拉星球上的植物根系一样，将更多的人与物连接到网络中，成为城市这个有机体、生命体的底座，支撑着城市生产生活的"数繁业茂"，也促成了政府、社会和市场多主体之间的协同治理。

13.1.1 物联知城：城市态势的显微镜

2020年5月31日，一块墙砖从天而降，砸穿了一辆停在大厦楼下的汽车前盖，围观的路人纷纷感叹自己躲过了一场血光之灾。这是发生在上海北外滩兰侨大厦外的惊险一幕，高层居民楼外墙体面砖脱落，造成高空坠物砸坏地面汽车。20层高的兰侨大厦建于2000年，这类高层建筑大多较早建成，如果缺乏定期检查和维护保养，通常会在投入使用的5~8年后出现外墙保温材料或饰面材料起壳、脱离等问题，形成严重的高空坠物风险，给楼下的过往行人和车辆带来巨大风险。

针对高层建筑外墙脱落的隐患，上海市虹口区推出了高楼外墙安全智能检测应用，运用无人机智能巡检平台和数字孪生建模技术，对兰侨大厦建筑物外墙安全隐患进行整体红外成像和高清可见光的检测评估，通过三维数字模型旋转展示，全方位、立体化地呈现了21处高风险部位所在的墙体立面的具体位置和隐患类型。街道办事处房管办基于建筑安全专业鉴定修缮单位出具的检测评估报告，对这些高危位置拟定整治方案，以防范高空坠物风险。

虹口区广中路街道的井盖传感器，是城市物联感知的又一个案例。每年夏季，小区化粪池溢出的污水气味熏人，严重影响生活环境。针对该问题，街道为小区的全部化粪池井盖安装了智能传感器，具备污水满溢预警和排水管道破损判定的功能。一旦发现污水即将满溢，街道就能收到预警信息，并通知环卫部门到现场及时处置。借助这枚芯片，社区理清了物业、环卫部门等不同主体的责任分工，让环境整治流程更为明晰与合理。

就像人类运用眼、耳、鼻、口等器官感知光、声、气、味等信号一样，城市数字治理也通过万物互联构建自己的感知体系，获取有关人、事、物、环境等各种城市要素的态势信息。上海城市运行"一网统管"的感知体系由各种摄像头和传感器设备组成。

首先是"城市之眼"体系，该体系既包括安装在路边的普通监控设备，也包括装载在楼上的鹰眼镜头，还包括搭载在巡逻车及其他车辆上的移动监控设备，以及在城市上空巡查的无人机。依托"城市之眼"，城市运行"一网统管"平台可以基于算法库对各路高清公共视频采集的信息进行分析研判，实时智能地发现消防通道车辆违停、下立交积水、严重交通拥堵等城市问题。

然而，仅仅依靠这些"天上"的摄像头还不够"接地气"，无法"触摸"到城市中那些看不见的问题。因此，上海城市运行"一网统管"还借助各种物联传感器建立了"城市之感"体系，包括井盖传感器、道路温度传感器、内河水位传感器、水管压力传感器、楼房倾斜传感器等。这些传感器能够实时"贴近"城市运行状态，为"一网统管"提供物联数据支撑。

物联感知体系是城市运行状态的显微镜。与依靠人力的传统巡查方式相比，物联感知主要有以下几个方面的优势。一是细微，物联设备能及时感知人的感官难以察觉的问题，从而防微杜渐、提前处置。二是全面，物联设备能获取有关事件态势的多方面数据，从而对城市问题做出全面综合的判断。三是实时，物联感知设备能够

24小时不间断运行,为城市管理提供持续不断的实时动态防护。

物联感知技术降低了管理者获取细微、全面、实时动态数据的成本,催生了管理变革。城市数字治理得以将"看不见"的城市运行情况变为"看得见"的传感器监测数据,从"闭目塞听"转为"耳聪目明",化被动为主动,变"人防"为"数防"。例如,上述案例中的广中路街道不再需要对井盖进行不定期人工巡查,而是借助技术工具实现了整个问题处置流程的再造。

2020年10月21日,上海市"一网统管"市域物联网运营中心正式启用,这是全国首个市域物联网运营中心。[1] 该运营中心由政府与社会共同搭建,将来自政府和社会企业等第三方的物联感知数据接入同一个平台,以解决物联网设施分散建设、运维管理不到位、数据不全、共享不足等问题,集政府和社会的合力来统筹全市物联感知基础设施的有序建设和运维,推动物联数据与公共数据、社会数据的融合,丰富了城市运行管理的数据来源,为城市管理者提供实时感知数据,实现对"一网统管"应用场景的共同研发与运用。

13.1.2 人联观心:市民感受的测温计

城市病了,痛的不是城市,而是生活在其中的市民。超大城市在运行中会遇到各种各样的"城市病",例如交通拥堵、声光污染、道路积水、高空坠物、煤气泄漏、水灾火灾等问题。物联感知体系

---

[1] 青春上海.全国首家!上海"一网统管"市域物联网运营中心启用,大数据为城市插上智慧翅膀[EB/OL].(2020-10-20). http://www.why.com.cn/wx/article/2020/10/22/16033286591377691164.html.

虽然能察觉城市物理世界中的许多细微问题，却不能反映市民的内心感受。就像医生对疾病的诊断既要依赖各种先进设备的检查结果，也需要倾听病人的主观感受，城市数字治理中的"观"，也要既能观表象，又能观人心。

由此，上海城市运行"一网统管"在"城市之眼""城市之感"的基础上，建设了"城市之声"板块，也就是通过市民热线、互联网和社交媒体了解市民对城市治理的真实感受。"城市之声"以12345市民热线为基础，整合环保热线、质量监督热线等27条热线，每天接听并处置近2.5万件市民诉求，同时对接110、120、119等应急热线，提取其中反映社会民生的数据信息。此外，"城市之声"还通过舆情监测模块，实时关注互联网上的舆论焦点事件，了解市民当下最关切的问题。通过引入"城市之声"，城市运行"一网统管"得以聆听城市的"心声"，测量市民的"感受度"，才能真正急市民之所急，想群众之所想。

2020年12月29日，一场寒潮袭击了上海，市区气温断崖式下降。为了应对公众最迫切的诉求，静安区城运中心在寒潮来袭前，对12345热线的大数据开展分析，对往年遇到类似灾害性天气时，市民集中于求助哪些问题、物业接到最多的维修保障需求类型等数据进行了系统分析，梳理出15类可能影响市民生活、影响城市安全的问题，并提前对网格巡查员和后台处置人员进行有针对性的培训。[①]

[①] 青年报.寒潮来袭时发生水管爆裂，静安"一网统管"预警比市民报修提前40多分钟[EB/OL].（2021-01-03）. https://www.jingan.gov.cn/rmtzx/003008/003008002/20210103/9958564c-768e-4201-b911-6f70acf85c0f.html.

然而，当前的"城市之声"还处在起步探索阶段，虽然能在常态化的城市治理中发挥有效作用，但在面对突发紧急事件时，"城市之声"如何及时全面地倾听和处理来自市民的海量求助仍然是城市治理的一大挑战。在近些年的极端气象灾害或重大疫情事件中，短时间内涌入的巨量服务需求，常常导致热线堵塞，网络渠道崩溃，公共资源供给和公共服务能力被严重挤兑，对民众诉求也就无从全面、及时地感知和回应。

城市数字治理还需要加强在应急状态下全面迅速地感知和回应市民诉求、处置和解决城市问题的能力，以增强城市治理的韧性，提高风险应对的敏捷性，提升市民的安全感，使数字治理下的城市不仅是可以"奔跑"起来的"大象"，还可以是灵活应对外界变化的敏捷的"大象"。

13.2 众智成城：共筑城市的数字结界

长久以来，民间流传着"魔都结界"的传说，讲的是上海有一种神奇的"魔法"，守护着城市的平安，能屡次让台风与上海擦肩而过，很少正面登陆市区。民间因此常常调侃，这是由于"台风没有上海牌照"，或是因为"台风没有72小时核酸阴性证明"。

当然，"魔都结界"在现实中并不存在。能守护城市一方安宁的是城市的治理体系与能力，包括精准的风险预警、前置的行动预案、充分的资源准备、有力的指挥调度、及时的信息公开等。这其中既需要线上的技术赋能，也需要线下的高效协同，既需要政府的统筹组织，更需要企业、公民、社会组织的多方协作，通过集众智，合众力，打造守护城市烟火的"数字结界"。

13.2.1 感知与行动的合一

编织城市的"数字结界"，首先需要在数字技术的加持下打通感知与行动之间的壁垒，不仅要能"一屏观天下"，更要能"一网管全城"。从事实到数据（D），从数据到信息（I），从信息到知识（K），从知识到智慧（W），串联起城市数字治理的中心线索。[①]

目前，各地的城市数字治理都在力求采集多种渠道的数据，将其汇聚到"一屏"上，以实现对城市运行状态的感知与研判，通过数据融合、信息共享、知识调用和智慧汇聚，织成城市的感知和认知之网。

然而，仅仅依靠感知本身并不会自动带来有效的城市治理，更为重要的是感知与行动的合一，将感知和认知化为决策和行动，才能最终达成治理效果。很多城市问题的根源不在于"看不见"和"不知道"，而是"没办法"和"做不到"，不在于"心中无数"，而在于"力不从心"。因此，城市数字治理在借助"一网"实现了感知和认知之后，还需要通过"一网"来调度人员、设备等各类资源，实现对城市的"统管"。

上海城市运行"一网统管"提出了城市数字治理的"三原色"，即神经元、数字体征与城市大脑（见图13.1）。第一，神经元系统

[①] 叶继元，陈铭，谢欢，华薇娜. 数据与信息之间逻辑关系的探讨——兼及DIKW概念链模式[J]. 中国图书馆学报，2017，43（03）：34-43.

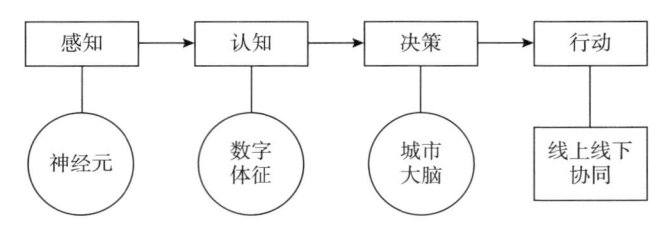

```
感知 → 认知 → 决策 → 行动
 ↓      ↓      ↓       ↓
神经元  数字   城市    线上线下
       体征   大脑     协同
```

图 13.1　感知—认知—决策—行动框架与上海城市数字治理"三原色"

对应着感知层，即获取和传输数据的各种渠道和网络，就像人体可以通过各种器官来采集光线、气味、声音、温度等信号一样，城市治理也能通过神经元获得有关人流、车辆、建筑、道路、环境的各类数据。以网络端、感知端、市民端组成的发现机制为基础，神经元系统能全面感知城市态势，为之后的数字体征系统提供支撑。

第二，数字体征系统则对应着认知层，即通过对神经元系统采集和汇聚的数据进行分析，从中提炼出关键信息和基本规律，以识别和掌握城市运行的总体趋势和各类风险。数字体征系统需要充分结合城市管理经验和专业知识，搭建算法模型对数据进行挖掘利用。借助数字体征系统，管理者能够判断城市运行的"健康状况"和风险等级，甚至预先识别交通拥堵、环境污染、人流拥挤等问题，防范火灾、危化品泄漏、暴力事件等安全隐患，以保障城市的安全平稳运行。

上海城市运行"一网统管"的数字体征体系以"态势全面感知、趋势智能研判、资源全面统筹、行动人机协同"为指导理念，力求对上海城市运行态势进行"实时、动态、鲜活"的感知，对趋势、规律和风险进行"科学、智能、高效"的研判和预警。数字体征系统包括宏观、中观、微观三级体征系统，分别针对不同层级的管理需求。其中，宏观层面的数字体征覆盖上海全域，重在全时空、广覆盖、抓关键，服务于城市的全局治理。截至2021年，宏观体征已涵盖气象、交通、安全、城市保供、环境、人口、舆情民意、社会稳定八个方面。中观体征侧重区级治理赋能，突出专业化与个性化，事件发现和处置颗粒度更为精细。2021年，中观层面已经形成了16类31项各区共性体征和若干个性体征。最后，微观体征则为城市最小管理单元提供支撑，以街镇、网格、居村、园区、楼宇等为问题发现域，聚焦区街一体与社区自治共治，突出实战性和精细化。

第三，城市大脑对应着决策层，即判断事件态势、制定行动方案、指挥调度资源以处置问题的过程。在大数据时代，政府的决策方式正逐渐从"经验决策"走向"循数决策"，全方位采集海量数据、深度挖掘数据与智能可视化分析，是"循数决策"的典型特征。[①] 城市数字治理过程中还采用算法模型来支撑人的决策，就像人脑可以通过不断学习、重复，实现用程序记忆和潜意识完成决策一样，城市大脑也正在用"数脑"辅助和部分替代机械性和重复性的人脑工作，以节省管理者的时间和注意力，把"人"这一稀缺资源投放到解决更重要和更复杂的问题上。

在管理层借助城市大脑的赋能做出决策后，还需要各部门、各层级、各区域在行动层面展开线上线下的协同处置。各级各部门工作人员依据"一网统管"的统筹调度和提供的数据支撑快速展开行动。同时"一网统管"平台全流程追踪事件处置进展，从立案、派单、处置到结案，实现线上线下的协同闭环管理。

---

① 李圣军. "大数据+微调"时代政府循数决策模式的构建[J]. 统计与决策，2016（24）：59-62.

从神经元、数字体征、城市大脑到线上线下协同，城市数字治理实现了"感知—认知—决策—行动"的全链条贯通（见图13.2）。首先，以"城市之眼""城市之感""城市之声"为依托的神经元体系构成了城市的感知系统，这些神经元为城市治理提供了实时动态数据。然后，通过算法对数据进行运算处理，得出对城市运行状态的初步分析结果，再融入管理者的实践经验，产生了城市运行的数字体征。

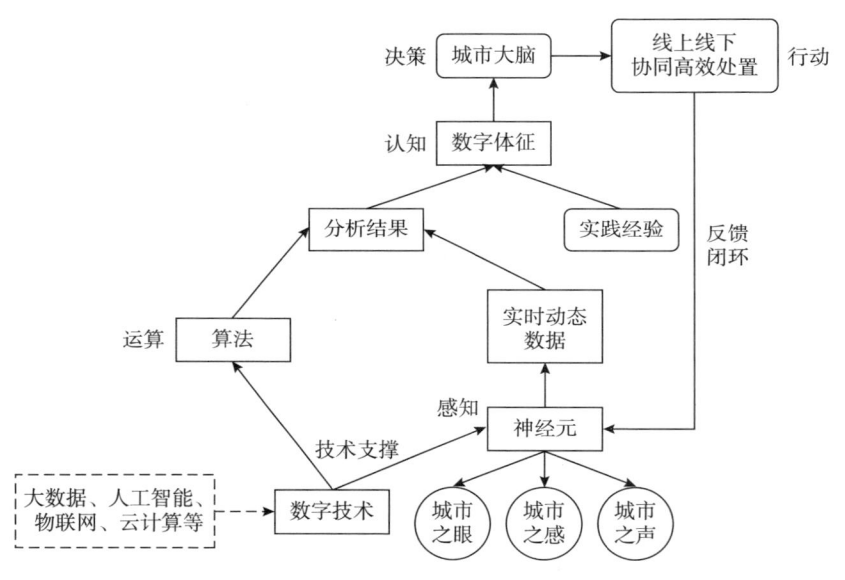

图13.2 上海城市运行"一网统管"从感知到行动的全链条

多维度、多层次的数字体征构成了城市治理的认知层，为管理者掌握城市运行态势、识别问题风险、做出决策研判提供支撑。之后，在数字体征的基础上，对于常态化、标准化事件，城市大脑将根据既有流程部分自动做出决策。而对于非常态化的复杂事件，则由管理者在数字体征的支撑下，根据对事件态势的综合研判做出最终决断。最后，经由数据共享和指令下沉，不同部门、不同层级和不同地域的人员展开线上线下的协同行动，并将处置结果反馈回系统，形成管理闭环。

需要特别强调的是，在此过程中，数字技术的应用并不能完全取代人脑的智慧。在当前的技术环境下，"零人工干预"还只存在于科幻小说的美好想象中，复杂的城市治理依然需要依靠人的感知和认知来做出最终决策和展开行动。正如克里斯蒂安·马兹比尔格在《意会：算法时代的人文力量》一书中所言："我们的文明，从未像今天一样被人工智能、机器学习和认知计算所诱惑，但我们必须提醒自己以及我们的文化，人的因素仍然是感知这个世界最重要的因素。"[①]

在打造城市"数字结界"的过程中，虽然数字技术在感知、认知、决策、行动的全过程中都发挥了重要的支撑作用，但人的创造力和判断力仍然是最关键的要素。不管是数字体征的模型搭建，还是事件的决策处置，都离不开人的知识、经验、智慧和行动。

13.2.2 条与块的协同

数字技术的应用，为条与块之间的协同赋予了全新的能力。从"三金"工程时期的计算机办公自动化，到政府上网，再到互联网+政务服务与智慧城市、数字政府建设，计算机和互联网的技术应用在弥合部分组织鸿沟的同时，也产生了新的碎片化问题。数字时代

---

① 克里斯蒂安·马兹比尔格.意会：算法时代的人文力量[M].谢名一，姚述，译.北京：中信出版集团，2020.

的治理将基于需求的整体主义视为核心原则[①]，实现条与块之间的协同。

在此背景下，上海城市运行"一网统管"致力于通过加强部门、层级与区域间的协同来编织"魔都数字结界"。在纵向维度上，打造了"三级平台、五级应用"的"王"字形架构，以平台为基础，向基层赋能，推进政府上下层级之间的协同，做到实战管用、基层爱用和群众受用。

随着大量事务和职责落到街道和社区，基层亟须获得各类资源和数据支撑以推进各项任务的落地执行。根据"三级平台、五级应用"的架构，99%的事项需在基层处置，而与之相匹配的管理权限和资源配置也需要下沉到位。在推进"一网统管"的过程中，如何合理界定条块职责，实现重心下移、资源下沉和权力下放至关重要。

基层最了解城市治理中的问题和诉求，高水平的城市治理不仅仅要依托"高大上"的科技，还需要结合接地气的"土办法"。上海城市运行"一网统管"平台坚持"不包办、不替代"的原则，将工作重点放在发挥协调调度的职能上，支撑而非替代具体业务部门的工作。城市运行"一网统管"重点围绕紧急事件、重大事件、跨区域与跨部门事件，以"高效处置一件事"推进体制机制创新和业务流程再造，支持基层部门协同完成事项处置，但并不干预其处置细节。

能否为基层减负是实现"基层爱用"与上下层级协同的关键。浦东新区陆家嘴街道的"独居老人风险分级管理平台"就体现了通

[①] Dunleavy P. New public management is dead—long live digital-era governance[J]. Journal of Public Administration Research & Theory, 2006（3）: 3.

过"一网统管"为基层减负的理念。平台将线下工作流程转移到线上，并进行了优化，且同步打通了电脑桌面端和手机端，以方便社工、志愿者和其他工作人员在上门走访时调用数据。此外，平台对于走访时需上报的内容字段进行了标准化定义，形成高频任务选项，让社工和志愿者在上门的同时，就可以在手机上根据系统提示直接勾选来完成绝大部分信息的上报，减少了不必要的二次录入。

在横向维度上，上海城市运行"一网统管"致力于打通部门和区域之间的边界。城市治理中的"事件"常常具有跨部门、跨地域的特征，例如群租整治、环境治理、防汛防台等事项，都需要多地区、多部门政府的联动配合才能实现高效处置。2020年国庆的G40高速拥堵疏导事件是"一网统管"平台赋能跨部门协同的一个典型案例。当年10月6日，G40高速返沪车流明显增多，下午3时，一辆小轿车在隧道内抛锚，造成短时拥堵现象。在浦东公安交警部门安排民警和牵引车迅速赶往现场的同时，市城运中心值班人员也在第一时间发出提醒，立即调度其他部门协同处置。在统一部署下，崇明公安交警部门利用"红波效应"，通过延长红灯的等待时间，控制G40长江大桥主线车流量，直至清障工作全部完成。与此同时，气象部门定时推送长江大桥风速等气象数据，以辅助交通部门进行管理处置。浦东、崇明城运中心则实时调度无人机在重点拥堵位置进行巡查，排查潜在风险。[1] 最终，通过各部门的协同配合，G40高速拥堵问题得到了及时解决。

市城市运行管理中心专门梳理了城市治理中的公众需求与难点

---

[1] 青年报.上海首次全面运用实时数据"动态指挥"城市运行［EB/OL］.（2020-10-10）. http://www.why.com.cn/epaper/webpc/qnb/html/2020-10/10/content_109840.html.

问题，将其纳入平台作为处置事项，然后协调各部门对处置流程进行了重新设计，对"事项发现、事项立案、事项处置、事项办结、事项反馈"的各环节进行数字化再造，装载于"一网统管"各应用场景中。当问题事件发生后，城市运行管理中心可以根据既有流程协调各部门或社会资源进行处理。同时，"一网统管"平台全流程跟踪事件处置进度，督促各部门与管理者及时跟进，在事件处置完成后，"一网统管"平台再根据反馈情况进行结案，实现线下执行和线上追踪的闭环。

由于组织架构、技术条件、人员能力等方面因素的制约，不同层级、部门、地域的组织在实际行动中并非总能实现高度协同。一方面表现为信息不一致、不同步。由于缺少统一的操作指引、"工具包"和文件模版，各部门在发布信息和与市民沟通的过程中，会出现口径不统一、手势不一致，甚至自相矛盾的情况。

另一方面表现为向基层赋能不足。在城市治理中，如果上级部门不能及时、全面地向街道与社区推送信息数据，基层在面对居民的各种问题时就会"一问三不知"或"各说各话"。为了让数据更好地为基层所用，在确保安全与隐私的前提下，上级数据管理部门需要通过查询、推送等多种方式，更多地向基层"返还"与其辖区管理相关的信息和数据，使基层不仅仅作为数据信息的采集者和报送者，更能成为其直接利用者和受益者。

在基层管理服务中，还有很多街道、社区的基层人员不能很好地运用数字化工具。一些公务员、志愿者依然在采用逐户敲门，填写纸质表格的方式采集各类信息。除了自上而下开发部署的大型应用系统外，在基层推广使用灵活通用的轻应用、小程序，也可以提升其日常工作效率和效能，提高基层治理的敏捷性和适应性。例如，一些部署在移动端小屏中的共享云文档、云表格，可让基层在面对新场景、新问题时迅速按需调用，团队成员都能可写可读，实时更新，实现在线协同。同时，还需要同步提升基层人员的数字能力素养，通过加强培训与日常演练，让基层人员不仅会用，还能在关键时候想到使用数字化工具。

13.2.3 政府与社会的共治

人民城市人民建，人民城市为人民，超大城市的治理数字化转型，除了需要政府自身的管理创新，也离不开市民、企业、社会组织等多元主体的充分参与。

为此，上海城市运行"一网统管"努力打造社会多方共建、共治、共享的数字治理生态，既注重政企学之间的合作，也鼓励市民公众参与城市治理。从连接到联结，万物互联让"众力"更易汇聚，使"众智"更能成城。

（1）调动市场和社会力量，聚"众智"

在数字时代，企业具备更为前沿的技术、丰富的应用经验和充足的人力资源，能够为治理的数字化转型提供有力的技术支撑。上海城市运行"一网统管"在建设与运营过程中，与企业展开了深入合作，汇聚企业的资源和智慧，将市场的力量引入城市数字治理体系。

例如，在"城市运行数字体征"的建设运营过程中，就汲取了诸多来自企业的数据、经验与能力。从2020年开始，上海市域物联网运营中心与多家企业签约合作，共同建设市域物联网基础设施，研发应用场景。2021年6月，上海市发布了全国首个政务领域生活服务数字平台——城市美好生活数字体征系统。该系统基于互联网企业在生活服务领域的消费、评价数据和实践积累，通过观测餐饮、娱乐等城市消费情况来构建体征指标，实时监测城市运行状况。

上海城市运行"一网统管"还与应用开发企业合作建设数字治理"轻应用平台"，为各部门的治理场景提供轻量化的应用工具。2021年3月，遵循"企业建设、政府支持、社会参与"的模式，上海市"一网统管"轻应用开发及赋能中心挂牌成立，致力于建设低代码轻应用平台，面向各级城运基层应用单位和应用市场开发者提供综合服务，解决基层单位需求响应慢、技术经验缺乏、应用集约化不足、应用合规性和安全性能力不足等问题，帮助基层快速实现高质量轻应用工具的充分投用并发挥效能。[①]

在上海数字治理"城市最小管理单元"的背后，也有企业的积极参与。2021年2月，上海市城市运行管理中心、上海市黄浦区人民政府发布了"上海数字治理最小管理单元"创新成果。该试点与数字企业合作，将南京大楼作为城市最小管理单元，融合多种数字技术，打造大楼数字孪生系统。2021年7月，黄浦区进一步将试点范围扩大到田子坊、春江小区、瞿溪路等地方。

除了市场企业之外，上海市城市运行管理中心还与复旦大学、同济大学等多所高校和科研机构开展合作，建立理论研究与治理实践之间的循环互动。例如，市城运中心与复旦大学国际关系与公共事务学院签署合作协议，为复旦大学"数字与移动治理实验室"加挂"上海一网统管城市数字治理实验室"的牌子，作为城运中心的

---

① 青年报.为市民站岗，上海"一网统管"轻应用开发及赋能中心成立［EB/OL］.（2021-03-25）. https://tech.qq.com/a/20210325/010008.htm.

研究实验基地，提供决策咨询和模拟实训服务。实验室还与上海数字治理研究院进行深度合作，对上海城市运行"一网统管"相关实践进行总结和诠释，在城市数字治理方面形成可复制、可推广的新方案，并通过举办"魔数会客厅"主题沙龙活动，与业内专家学者进行交流研讨，激发新理念，探索新方向，打造"一网统管"的策源地和试验场。

（2）依靠群众，合"众力"

在传统的政府管理服务模式下，市民虽然也会参与政府治理的过程，例如通过政府信箱、市长热线等形式向政府部门提出意见和建议，但在数字时代，这种传统的公众参与模式在实时性、双向互动性上已不能充分满足市民的新需要。

"一网统管"平台积极探索市民参与城市治理的新途径，通过"随申拍"等移动政务应用引导公众通过数字化平台发现城市问题，反映服务诉求。徐汇区基于微信应用，推出了"汇治理"小程序，公众可以在"汇治理"小程序上上传所发现的城市问题的图片、视频与基本描述。"汇治理"小程序与徐汇区"一网统管"系统相互联通，收到公众反映的问题后会马上对问题进行处置。在"渣土车治理"场景中，有市民使用"随申拍"功能对未加盖遮土篷的渣土车进行举报，徐汇区"一网统管"微信小程序中心在接诉后立即对该车实施了处罚。

在社会公益领域，也有许多热心市民主动参与公共服务和城市治理。渐冻症患者唐旭在工作之余和大学好友蔡碧琦一起研发的"小蜜蜂无障碍"小程序，致力于制作一份"无障碍出行地图"，为有出行需求的残障朋友免费提供无障碍设施的信息分享、交流和查询服务。两人自己购买服务器、编写代码，从零开始积累原始数据。

在小程序的开发过程中，上海相关委办局、企业、市民也积极支持，一同助力"小蜜蜂"的数据采集工作。北外滩街道十多位工作人员，耗时两个星期，分工走访了街道3.98平方千米的区域，制作成一张包含202个无障碍点位的表格。上海海事大学信息工程学院学生会组织了一支志愿者团队，帮助唐旭点亮助残爱心地图。2022年初，"小蜜蜂"在3个月时间里，使地图点位扩容了5倍多，爱心助残地图不断得到完善。[①]

互联网和社交媒体能将更多的市民连接起来，形成城市数字治理共同体。这种基于"互联网"的"人联网"，在城市遇到突发事件时，不仅可以实现信息的对接，还能实现资源与能力的对接，从而迅速结成一张保护网，为城市治理助力。

2021年8月3日，由于出现了新冠肺炎确诊病例，上海市心圆西苑小区被列为中风险地区，实施只进不出的封闭管理。当天晚上，一则招募志愿者的信息开始在小区的居民微信群里轮流转发。"招募令"里写道："现在招募小区内部志愿者，每栋楼需要招募志愿者5~7名。希望符合条件的小区居民积极报名，守望相助、共克时艰，心圆西苑需要您的一臂之力！"仅仅一个晚上，全小区就有近200人报名。[②] 在小区封闭期间，志愿者为居民登记信息、取快递、派送物资。家住小区的医生则设立了"医疗咨询室"，为有特殊需要的居民提供咨询服务。几名摄影爱好者还用镜头记录下了

[①] 浦东时报.他用一"指"之力研发"小蜜蜂无障碍"小程序［EB/OL］.（2022-01-19）. https://www.pudong.gov.cn/006001/20220119/655371.html.

[②] 文明上海.浦东心圆西苑小区被封之夜，近200人报名志愿者［EB/OL］.（2021-08-09）. http://www.pad.gov.cn/wmsh/zyxw/content/fd1a7bdf-6aa1-49ff-906f-978d76e8e30d.html?licurr=3&page=zyfw.

居民的隔离生活，制作成短视频在互联网上传播。

在2022年上半年的上海疫情防控期间，为了缓解物资供应紧张导致的"买菜买药难"问题，80万名"上海团长"组织社区团购，担负起"保供"重任。"团长"们借助轻应用"接龙"在业主群内汇总每家每户的物资需求，然后线上完成支付，线下组织分发。这些社区层面的自组织、自管理与自服务，弥补了在应急情况下政府公共服务供给能力的不足，提高了城市治理效能。

"最强的智是众智，最大的力是合力。"企业、社会和市民广泛参与的"共治"之网体现了城市数字治理的人民性、多样性与协同性，共同守护城市的平安。在城市数字治理中，政府需要充分借助社会各方参与带来的巨大能量，"化管理对象为管理力量"，打造人民城市共建、共治、共享的局面。

13.3　数联生态：守护城市的人情烟火

从万物互联到众智成城，数字技术为城市治理打下了新的根基，将更多主体连接到城市治理的生态体系中，编织起坚实、温暖而又柔韧的城市"数字结界"，守护城市的烟火气和人情味，让市民更有安全感、获得感与幸福感。

第14章
数字机遇与应急创新

孙磊

　　城市应急管理以风险监测预警、响应处置各类突发公共事件、善后恢复和减少各类干扰的负面影响为主要内容。切实做好城市应急管理工作，是保障城市安全有序运行和健康稳定发展的重要方面，也是健全国家应急管理体系的重要环节。随着城市化程度的逐渐深化、人口和生产要素的大规模聚集以及城市地下空间的深度开发，城市应急管理工作也面临越来越多的挑战。大数据、物联网、人工智能、云计算、区块链等新兴技术的发展为城市应急管理工作提供了新的思路和方案。深度融合新兴信息科技与传统应急管理模式的"智慧应急"业态已成为城市应急管理体系建设的重要内容。在"经济、生活、治理"全方位数字化转型的时代浪潮下，"数字化"已成为助推城市应急管理模式创新的重要抓手。

　　在"智慧应急"愈发成为城市应急管理工作转型进路的新时代，上海市已经开展了先期的重要探索。上海市结合多年城市网格化管理经验，依托自身数字技术基础和基建优势，发展出"一网统管"城市治理新模式。当前，"一网统管"平台已经深度嵌入上海市的日常城市管理活动，在提高城市治理现代化水平的同时，也为上海城市应急管理工作的数字化转型提供了强大助力。

14.1 数字机遇：上海城市应急管理的潜在风险和转型机遇

中华人民共和国成立以来，中国应急管理体系建设大体经历了三个阶段：以单灾种分类管理为主的阶段（1949—2003年）、以"一案三制"[①]为核心的综合应急管理阶段（2003—2018年），以及新时代应急管理体系建设时期（2018年至今）。整体而言，中国的应急管理体系建设过程较短、基础薄弱、短板突出，在全球化、城市化、信息化等浪潮下，中国应急管理体系和能力现代化的建设之路面临巨灾风险加剧、综合性风险增加、非传统安全领域挑战加大等诸多问题。[②]

作为中国经济中心城市、沿海口岸城市，上海市的应急管理制度逻辑与实践模式一方面内嵌于中国应急管理体系变迁的历史进路之中，另一方面也因其自身的城市资源基础和风险背景而呈现区域特征。上海城市应急管理面临着存量和增量风险的双重威胁，在数字化浪潮下，亦存在重要的战略机遇。

14.1.1 数据阻塞加剧存量风险

台风、暴雨内涝、风暴潮、赤潮、雷击、高温、地面沉降、旱灾

---

① "一案三制"即应急管理预案、应急管理体制、应急管理机制和应急管理法制。
② 薛澜.学习四中全会《决定》精神，推进国家应急管理体系和能力现代化[J].公共管理评论，2019（03）：33-40.

等是威胁上海社会和经济发展的主要自然灾害。据统计，上海市几乎每年都会遭受太平洋热带气旋的袭击，随之而来的大风、暴雨、风暴潮等灾害，对海塘、堤坝、内河防汛墙等工程造成严重破坏，对市区排涝系统提出极高要求。上海面临的自然灾害风险呈逐年增大趋势。

除自然致灾因素外，庞大的城市规模与频繁的人口流动，使得城市管理中的人文数据要素数量极其庞大繁杂，上海的应急管理工作格外艰巨。

"风险社会"时代，城市系统自然和人文等诸多元素的联结结构和反馈回路愈发复杂化，理解城市地事人物之间的关系，深度刻画与追踪城市内部物质流、能量流和信息流，是认知城市系统复杂性的关键。当前，对城市复杂性的研究从探索单一尺度影响因素和动力机制向依托大数据算法挖掘多尺度城市复杂性综合本质特征转变。[①] 而面对大体量、高密度、多种类、多尺度的城市空间数据，及纷繁复杂的要素流动，传统城市数据监测手段已显得愈发力不从心，且不同数据之间缺乏共享和流动，数据阻塞加剧了城市既有存量风险。

14.1.2 分析缺位衍生增量风险

上海作为全国最大的综合性工业城市，同时也是最大的经济中心和贸易港口，其城市安全形势错综复杂，面临传统风险与新兴风险多元叠加的新局面。从增量风险来看，如果应急管理的存量风险处理不及时、不到位，它就会蔓延扩大、衍生转化甚至升级变性。[②] 上海

[①] 薛冰，赵冰玉，李京忠. 地理学视角下城市复杂性研究综述——基于近20年文献回顾[J]. 地理科学进展，2022，41（1）：157-72.

[②] 龚维斌. 做好社会领域风险存量化解和增量防范[EB/OL]. http://www.rmlt.com.cn/2021/0113/604988.shtml.

高层建筑、地下空间、大型综合体等存在诸多安全隐患，危险化学品安全管控压力较大。与此同时，上海市日均人流量大，人员复杂且流动性强，因各种矛盾处理不当而积累、突发的社会安全类事件难以预测，也给城市运行管理施加了极大压力。[①] 城市化的迅猛发展、地下空间的持续深度开发，使隐患点持续增加。网络生态空间风险加大，呈线上线下联动趋势，也增加了社会矛盾和社会冲突产生的风险。

"不确定性"已成为这些增量风险的重要特征，既包括发生概率、时空特征的不确定性，也体现为突发公共事件负面后果的不确定性，且随着城市系统本身的复杂性增加，这些风险不确定性本身也呈现增加趋势。传统城市监测数据的可用性降低、城市治理要素迅疾的时空变化已成为城市应急管理中诸多"不确定性"的重要来源。然而传统的城市数据分析手段已难以通过生产新的城市应急管理知识来降低这些风险的"不确定性"，因此我们应呼唤创新与变革。

14.1.3 "数字化"转型中的机遇

"数字化"转型被学界认为是推进应急管理工作升级换代和能力现代化的重要路径。[②] 2019年习近平总书记考察上海时强调，提高城市治理现代化水平，要抓一些"牛鼻子"工作，抓好"政务服务一网通办""城市运行一网统管"。上海市积极响应党中央精神，践行"以人民为中心"的城市建设理念，依托自身强大的技术优势，紧抓数字化时代的新机遇，于2019年在全国首创"政务服

[①] 中国新闻网. 上海生产安全事故总量、死亡人数持续"双下降"[EB/OL]. https://baijiahao.baidu.com/s?id=1699543317596025861&wfr=spider&for=pc.
[②] 李瑞昌，侯晓菁. 一网联通：技术赋能海上应急救援协作的策略[J]. 南京社会科学，2021（08）：48-55.

务一网通办"("一网通办")和"城市运行一网统管"("一网统管"),作为数字化城市治理的"牛鼻子"工程,给这座超大城市的应急管理工作带来新的机遇。

"一网统管"是指通过建设、架构和联通与城市运行管理和突发事件应急处置相关的各类城市运行系统,形成"城市大脑",并对海量城市运行数据进行采集、汇聚、分析、研判和应用,从而实现城市运行"一屏观天下、一网管全城"目标的技术治理模式。[①]上海市的"一网统管"模式实现了一网联通,即打破条块的信息壁垒和数据阻塞,将条块协调层的指挥系统以及执行层的专业信息系统联结起来,以其精细化、智能化和专业化的管理和运作模式,助力上海市应急管理数字化转型,为城市风险隐患识别、辅助决策支持和应急响应支撑提供了强大的科技支撑。

14.2 应急创新:"数字化"赋能上海城市应急管理全过程

突发事件的应急处置往往具有高度的时间压力、高度的决策压力和高度的不确定性,需要应急管理者在有限的时间和信息条件下迅速做出决策,以避免突发事件恶化,演变为危机。应急管理研究认为,无论准备工作多么充分、预案多么详细,出人意料的突发事件总会发生,这由我们所处的城市社会生态系统的复杂性决定。[②]

当前国内外政府部门的应急管理体系大都基于科层制的组织架

[①] 董幼鸿,叶岚. 技术治理与城市疫情防控:实践逻辑及理论反思——以上海市X区"一网统管"运行体系为例[J]. 东南学术,2020(3):24-33.
[②] TAKEDA, M. B., M. M. HELMS. Bureaucracy, meet catastrophe[J]. International Journal of Public Sector Management, 2006,19(2):204-217

构和运作方式。[1] 科层制应急管理体系通常采用"自下而上"的信息反馈与"自上而下"的应急决策模式来处置突发事件，囿于其固有的运行机制特点，容易造成应急决策迟缓（slow decision-making）、难以有效吸收和利用体系外部信息，以及对失败方案的"承诺升级"（escalation of commitment）等问题。[2]

随着信息通信技术的迅猛发展及深度应用，技术治理已经逐渐成为应急治理的重要组成部分，传统的行政首长协调或委员会协调模式正逐步向数字化技术手段赋能的应急协调模式转变。[3] 一定程度上，技术赋能在弥合了组织协调缝隙的同时，也提高了组织决策的准确性和科学性。

上海利用数字化转型构建"城市大脑"，实现了应急管理全过程的覆盖与赋能。在新型"王"字形管理架构中，数据成为重要资源，并通过应用场景驱动传统管理体系不断跨界融合。围绕让群众"高效办成一件事"、让部门"高效处置一件事"，建设了市城市运行管理中心和市大数据中心，以及市、区、街镇"三级平台、五级应用"体系，实现了数据纵向级联和场景化解决问题，推动上海市应急管理过程的模式转型。

14.2.1 数据交互：风险感知和研判

做好风险感知和研判，最大限度地消除风险和隐患，是践

---

[1] SCHNEIDER, S. K. Governmental response to disasters: the conflict between bureaucratic procedures and emergent norms.[J]. Public Administration Review, 1992: 135-145.
[2] T, M. B., M. M. HELMS. Bureaucracy, meet catastrophe[J]. International Journal of Public Sector Management, 2006,19（2）: 204-217.
[3] 李瑞昌，侯晓菁. 一网联通：技术赋能海上应急救援协作的策略[J]. 南京社会科学，2021（08）: 48-55.

行"以防为主，防救结合"应急管理原则的重要举措。上海市借助"一网统管"系统，重构了城市运行常见灾害的隐患点位排查和风险沟通方式，提高了城市对于常见灾种的风险感知和协同研判能力，切实推动了城市应急管理工作的"关口前移"和"资源下沉"。

例如，在防汛防台方面，相关部门打造的气象精细化智能管理系统的预报颗粒度可以细致到对全城每1~3平方千米的区域接下来1小时的天气情况进行精准预报，将各类灾害性天气给城市带来的冲击降到最低[1]；上海市黄浦区、静安区等城运中心利用城市运行的大数据集、"一网统管"平台及与物联网传感器的数据交互，通过智能技术手段探查城市高坠和积水隐患点，以数字地图等可视化方式下发给街道，提高基层的防汛防台能力。[2]

同时，上海出台相关制度文件，为城市应急管理与城市治理数字化转型的深度融合提供保障。上海市人大常委会于2021年10月修订了《上海市安全生产条例》，明确强调要强化安全生产的数字化管控，运用现代信息技术，依托大数据资源平台，汇聚涉及安全生产的各类基础信息以及风险管控与隐患排查治理、事故查处、应急救援、行政执法等信息资源，加强数据共享和专业应用开放，提升对安全风险隐患的实时动态感知和科学高效的研判水平。对于负有安全生产监督管理职责的部门，应当依托大数据资源平台实现安全风险信息的汇总，运用"一网统管"平台绘

---

[1] 徐惠丽，上海"城市大脑"努力打造城市治理样板，以更精细、更智能、更高效展现新时代"中国之治"新境界，2021。

[2] 人民日报. 上海防汛："宁可备而不用，不可用时无备"——民防时刻准备着［EB/OL］. https://m.thepaper.cn/baijiahao_13736607.

制、更新安全风险分布图。无论是市一级还是区一级的城运中心，在"一网统管"平台系统支持下，依托多元数据交互释放的数据红利，对于城市风险的感知和研判能力均得以大幅度提升（见表14.1）。

表14.1 "一网统管"下的城市风险感知、研判和防范案例

部门	风险感知和研判
市城运中心	"一网统管"2.0平台接入了50个部门的185个系统、730个应用，可以实现对气象、防汛防台、公共卫生、应急、交通、大客流、舆情感知、水电燃气等城市运行管理实时数据的共享交换、分析研判和闭环处置。[1]
黄浦区城运中心	为提高防汛防台能力，"一网统管"平台收集约200万条数据，通过智能技术手段实现非标准化的多维数据在同一标准下的有效汇集，分析生成1 042个隐患点位，经过区域体检，重点将风险率高、频次高、隐患较多的高坠和积水各100个点位绘制成数字地图，下发各街道。[2]
静安区城运中心	151个防汛防台相关项目全部接入区城运中心"一网统管"平台，布设了54套积水点感知器，提前预警积水风险；为消除"头顶上的安全"隐患，消防、公安等多部门通过大数据分析，对洋山港区大型机械、堆高集装箱、景区户外游乐设施、建筑工地脚手架等易发生险情的高空隐患精准定位、一再巡查。[3]
市城运中心	通过分析实时数据发现，除了陆家嘴、南京路等景点很"红火"外，饱和度数据显示，今年长假"红色旅游"非常受欢迎，四行仓库、一大会址、二大会址等都排在热门景点前列。通过饱和度的数据，对城市旅游态势进行研判，并将景点目前客流和最大可承载量进行对比，一旦超过阈值，城运体系会加强监控，提前预警。[4]

---

[1] 引自《上海市城市运行管理中心年度工作总结》，内部资料。
[2] 人民日报.上海防汛："宁可备而不用，不可用时无备"——民防时刻准备着［EB/OL］. https://m.thepaper.cn/baijiahao_13736607.
[3] 同上。
[4] 引自《上海市城市运行管理中心年度工作总结》，内部资料。

14.2.2 算法分析：应急处置与善后

"十三五"期间，上海市已完成市、区、街镇"1+3+N"网格化系统2.0版的开发升级和部署应用，按照"三级平台、五级应用"的逻辑架构，建立了市、区、街镇三级城运中心，实现了前线指挥部、后方指挥部、专业指挥部跨地域的联动，助力突发事件的高效应急处置与善后。[①]

由上海市城运中心牵头研发的联动指挥系统，采用事件触发模式，围绕高效处置重大突发事件，汇集事件相关的全量多维实时动态数据，通过大数据和智能算法筛选提取关键要素，为事件处置提供全方位决策支撑。

例如，在汛情台风等上海最为常见的自然灾害应急处置方面，城运中心通过智能指挥系统将各类防汛数据集合在"一张图"上，并将原先分散在各个模块的信息，通过暴雨防御、台风防御等场景应用关联起来，实现从"观看"到"实战"的转变。[②] 从台风防御实战场景出发，以GIS（地理信息系统）地图和台风过程时间轴时空联动的形式呈现，将防汛相关功能模块集成在系统后台以打造可视化大屏；围绕高效处置积水的目标，实现道路积水处置闭环管理。

再如，2020年8月20日凌晨，长江口发生一起油船和砂石运输

[①] 沪府办. 上海市人民政府办公厅关于印发《上海市城市管理精细化"十四五"规划》的通知［EB/OL］. https://www.shanghai.gov.cn/hfbf2021/20210827/0630088139a84697a55c0a982437b1bb.html.

[②] 环菲菲，王梦江. 上海市防汛防台智能指挥系统汛情分析功能及应用分析[J]. 中国防汛抗旱，2021（7）：67-70.

船碰撞事故，造成砂石船沉没，油船起火，17人遇险。面对这起形势危急复杂的重大海上突发事件，上海市委市政府、交通运输部多位领导做出批示，市城运中心即刻启动联动指挥，配合交通运输部，组织海事、救助、打捞、海警、应急、消防等方面人员进行搜救和灭火，通过城运指挥大屏实时了解现场情况，统筹调度各类救援资源，给予一线救援强有力的支撑。①

14.2.3 实战检验：数字化应急管理初显成效②

外滩作为上海市最具标志性的景点之一，每逢节假日便有大量游客聚集观光。2021年国庆假期首日，上海外滩亲水平台总客流累计超61万人。庞大的游客数量给城市应急管理部门带来了巨大的考验。

为应对外滩等区域的大客流情况，上海黄浦警方在南京路步行街沿线采取"南进北出、慢进快出、交替开关、波次放行"等管控引导措施。通过不同路段波次放行的方式，降低区域内人流步行进入外滩的速度。为配合客流量管控工作，上海市依托"一网统管"平台，利用智能手段制定精细预案，根据实际情况采取相应的管理方案，对有关路段的社会车辆通行及时采取管制与开放措施，同时尽可能地减少对市民日常生活的影响。

据报道，当前"一网统管"下的城市运行数字体征系统已汇集上海市218类1.79亿个数据感知端、1 150个解决问题的应用，涵

---

① 引自：《上海市城市运行管理中心年度工作总结》报告，内部资料。
② 自由评论.回不去的北京和烟花下核酸检测的上海：人民需要什么样的防疫［EB/OL］. https://mp.weixin.qq.com/s/mJk2vOgwO8eWfRqkAMa1tg.

盖气象、交通、环境等8个方面。① 比如通过系统预设的智能算法，一旦发现交通事故等风险隐患，系统就会通过可视化方式在电子大屏上发出预警，公安和交通等相应部门就会展开协同处置，极大程度地保障了整个城市系统的正常运行。"数字化"赋能的上海市应急管理已初见成效。

14.3　上海方案："一网统管"赋能下的上海应急管理转型进路

"数字化—智能化—智慧化"是上海市应急管理体系建设的重要转型方向。上海市以"一网统管"建设为依托，将应急管理工作与城市日常运行管理深度结合，采用"问题导向—数字赋能—关口前移—实践闭环"的应急管理模式，在贯彻"智慧应急"方面先行尝试。2021年8月，上海市政府召开推进城市精细化管理会议，时任市委书记李强指出，"城市是个巨系统、生命体，要把科技之智与规则之治、人民之力更好结合起来，推动治理理念、治理手段、治理模式不断创新，以数字化让城市更聪明、更智慧"。"科技之智、规则之治、人民之力"成为对数字治理"上海方案"的精准概括。② 通过城市多元数据融合提升多部门协同联动效能、以系统融合促进城市从单灾种应急管理向综合应急管理模式转变，是城市数字化应急管理的上海方案。

---

① 文汇报."一网统管"形成数字治理"上海方案"：科技之智、规则之治、人民之力［EB/OL］. https://wenhui.whb.cn/third/baidu/202201/09/443188.html.
② 新华社. 解码魔都：这12个字，就是数字治理"上海方案"［EB/OL］. https://xhpfmapi.xinhuaxmt.com/vh512/share/10517806？channel=weixin.

14.3.1 以数据融合提升协同联动效能

体制阻隔和机制不畅是城市应急管理效能低下的重要原因,而这与数据不通又互为因果。在数字技术赋能下,多源数据融合可以更好地发挥"人不跑,数据跑"的作用,促进跨层级、跨地区、跨部门数据对接与信息共享,激发协同预警能力。[①] 在2021年7月25日台风"烟花"到来之际,奉贤区城运中心工作人员通过视频巡查与检测点位,发现不少群众聚集在海边拍摄,于是第一时间调度相关人员赶赴现场处置,不到一小时便将现场群众全部劝离。"一网统管"平台使应急管理决策机制扁平化,提升了各部门协同联动效能,提高了应急处置效率。

14.3.2 以系统融合促进综合应急管理

"全灾种、大应急"是新时代应急管理体制建设的重要理念和方向。在数据赋能基础上,借助系统融合模式可以解决同一管理对象的不同管理要素由于分别隶属不同部门而产生的碎片化管理问题,也大大降低了各部门针对各自职责内管理事项从底座建设到应用的成本。"一网统管"平台为践行这种综合应急管理理念提供了落地平台。上海市在利用数据赋能的同时,也及时完善旧有制度框架,促进不同专网系统的融合,为应急管理数字化转型工作建立合理的政策体系充分释放效能。比如上海市于2020年最新修订的《上海市消防条例》明确规定,要着力推动智慧消防建设,将其纳

---

① 董幼鸿,叶岚. 技术治理与城市疫情防控:实践逻辑及理论反思——以上海市X区"一网统管"运行体系为例[J]. 东南学术,2020(3):24-33.

入"一网统管"城市运行管理体系，为城市火灾防控、风险评估、应急处置提供技术支持。

"构建统一指挥、专常兼备、反应灵敏、上下联动的应急管理体制，优化国家应急管理能力体系建设，提高防灾减灾救灾能力"，这是我国未来一段时间内，推进应急管理体系和能力现代化建设的重要工作目标。城市应急管理体系是一个城市在应对突发公共事件上的理念原则、制度安排和资源保障等各方面的综合体，是国家应急管理体系的重要组成部分。寻求高效、经济、合理的应急管理模式，确保城市在安全中发展是当前城市治理面临的重要课题。

上海市深入贯彻落实"人民城市人民建，人民城市为人民"的重要理念，面对存量与增量风险双重施压等城市应急管理的诸多挑战，通过"一网统管"平台建设，将城市日常运行管理工作与应急管理工作无缝衔接，在提高超大城市治理现代化水平的同时，也实现了城市应急管理工作的升级换代，呈现以人为本和技术赋能的管理特征。"一网统管"建设为中国超大城市应急管理数字化转型提供了上海经验和上海模式，同时为世界超大城市应急管理提供了中国经验和中国方案。

第四部分
迈开新的步伐

第15章
城市进化论：超大城市的周期管理

顾丽梅　凌佳亨

区别于传统城市所关注的条线逻辑，现代城市的运行更需要对来自方方面面的主体、资源、系统进行匹配与整合，更需要汇集来自各条块线的信息，超大城市俨然成了一个生命体。而对这一超大城市生命体的治理，需要进行美丽城市的周期管理，从数字生命体征体系、城市生命指标、城市体检表三个方面出发，形成涵盖全生命周期的管理体系。全生命周期管理体系要求连通城市生命体的各个"微小细胞"，形成治理闭环，并能够持续监测潜在的"健康风险"。以全生命周期管理理念和数字化生命体征管理系统为基础，内嵌数字治理，方能使城市治理迈向更高维度。

15.1 至善城市，至美生活

15.1.1 城市何以成为"鲜活"的生命体？

生命是人类文明自诞生以来便离不开的一个概念。生命万物构成了多样化的自然世界与人类世界。那么，城市作为人类文明进化到高级的产物，是否也被赋予了生命的内涵，是否成了一个独立的生命体？我们又能否像对待生命一样治理城市？这些问题的答案藏在接下来的讨论中。

在管理学的知识体系中，管理规模决定了管理形态，因此在城市管理领域中形成的一个基本认识是，城市规模越大，城市运行管理的面也就越宽，各类城市运行的问题也将越多，越需要先进的管理模式与管理形态与其匹配。同时，城市规模越大，各类城市子系统的联系也就越紧密，小问题更可能经由子系统之间的传递与放大形成连锁反应并最终演化成大问题。在超大规模城市治理的现实情况下，依靠传统落后的人海战术和常规化技术手段，极易导致对很多问题看不清楚、管不过来、处理不了。此外，增长机器理论指导下的绝大多数城市将自身的运行定位于服务城市发展、经济增长与资源汲取的目标，也决定了城市的治理大多遵循严格的条线逻辑，即关注城市的每项功能模块以及城市内部每个子系统如何实现良好运行，服务于城市发展目标，较少考虑子系统与子系统之间的协作与运行，较少关注城市居民的幸福感、获得感，更缺少对城市治理的整体性考察与系统性思维。而将城市视作生命体，运用系统性思维治理城市是当前超大城市治理的实践所需，亦是时代之义。

将城市视作生命体，其根本原因是现代城市区别于传统城市，传统城市的城市功能较为固定，信息要素的流动形式较为局限，各城市子系统的运行也大多遵循既定轨迹，条块关系较为固化，也基本不具备自我更新与自我进化的能力，更无法实时对自身各项体征进行监测，因此其治理模式多为条块逻辑的治理。而在现代城市中，多主体、多资源、多系统、多信息在此汇集，复杂程度远超传统城市，且治理的单元愈发繁杂，甚至小到每个家庭、每个个体。而相较于一般规模的城市，超大城市则意味着更大规模的治理需求，需要对更为纷繁众多的条线结构进行梳理与整合。尤其是伴随着人类社会生产力的高速发展，各行各业、各个城市运行模块的专业细分化程度也越来越高，达到空前的水平，分别建构了不同的专业系统，梳理和整合难度也较高。与此同时，现代人的公共服务需求越来越多、质量要求越来越高，对城市公共服务供给能力和治理水平同样提出了更高要求，如何协调各个系统，满足现代人公共服务需求也成为现代超大城市治理的难点与痛点。

区别于传统城市所关注的条线逻辑，现代城市的运行更需要对来自方方面面的主体、资源、系统进行匹配与整合，更需要汇集来自条块各线的信息，这种信息响应与汇集的效能与速率决定着现代超大规模城市治理的成败。分而视之，从主体角度来看，现代城市汇集了政府、市场、社会、公民等多元主体以及纷繁众多的各类行动主体，不同主体在城市发生活动、进行交互；从资源视角来看，现代城市又是各类资源沉积的洼地，逐利的经济资本、人力资本、自然资源等诸多资源在城市内部交叠作用，产生系列"化学反应"支撑并作用于城市发展的全过程；从系统间的关系来看，城市的每一具体功能模块所对应的城市子系统无时无刻不在相互结合与运作，多主体、多资源、多系统、多信息的汇集与交互已然使现代城市尤其是超大城市成了一个生命体，并且具备生命体的各项特征，每一个微观要素的改变都会产生一系列连锁反应。

在学理意义上，城市生命体是指在人类社会发展过程中在一定区域内形成、以非农业人口为主体的，人口、经济、政治、文化高度聚集的，具有新陈代谢、自适应、应激性、生长发育和遗传变异等典型生命特征的复杂巨系统。[①] 2020年3月，习近平总书记在武汉考察时强调，城市是生命体、有机体，要敬畏城市、善待城市，努力探索超大城市现代化治理新路子，提出了城市治理的新理念[②]，同样也为将超大城市作为城市生命体的城市治理提供了新思路。

无论从学理上讨论还是从实践层面考察，以上种种已然表明当今的超大城市是一个有机生命体。

15.1.2 "触摸"鲜活的城市

如何治理城市生命体，使其保持生机？在我们看来，城市生命体的"鲜活"需要借助数字化转型实现。数字化技术通过在城市治理空间内搭建可视化界面，以形成人与城市的良好交互与治理信号的动态感知。将城市视作生命体进行治理，其中，城市运行数字生命体征体系是基础，指标的归集与分类管理是手段，城市体征表是工具。

城市运行数字生命体征体系是治理城市生命体的重要基础。具体来说是以"城市神经元系统"为基础，以"城市运行研判中枢"和"三级平台、五级应用"城运体系为支撑，共同构成"感知、认知、决策、行动"体系。其中，"城市神经元系统"以网络端、市民端、感知端组成的发现机制为基础，结合城市运行特征库，全面

[①] 姜仁荣，刘成明.城市生命体的概念和理论研究[J].现代城市研究，2015（04）：112-117.
[②] 人民网.习近平在湖北省考察新冠肺炎疫情防控工作时的讲话［EB/OL］.（2020–03–31）［2020–04–16］. http://www.gov.cn/xinwen/2020–03/31/content_5497465.htm.

感知态势和需求;"城市运行研判中枢"以城市运行"风险清单"和"场景清单"为着力点,聚焦"神经元系统"捕捉到的规律、趋势、风险,进行智能研判和预警;"三级平台、五级应用"城运体系支撑"高效处置一件事"的资源调配和执行调度,快速响应、有效协同。[①]

城市生命体征指标的归集与分类管理是治理城市生命体的有力手段。各类能够反映城市生命体征的指标是感受城市生命体征的基础,对这些指标背后的数据进行归集与分类管理是治理城市生命体的有效手段,其中一类是政府部门内数据,即负责城市管理的各政府部门内部的数据,其主要来源于各数据端口,由各部门自主收集,职能部门将此类数据归集后为城市管理活动提供决策基础。另一类为归集数据,负责城市管理具体模块的各职能部门呈报后由城市运行管理中心统一归集、共同使用。在具体模块的城市运行数据中,又以交通、气象、供水供电、生活保障等与人民生活息息相关的指标最为常用。对此类数据的治理遵循了两项基本原则,一是便于理解,即数据包含的信息能够被大多数人接受,避免数字鸿沟的形成。例如在上海浦东新区某老龄化较为严重的社区,为保证相关信息能够及时反馈给社区老龄居民,社区在人流密集区域设置了数字大屏展示信息。二是部分不涉密数据无条件开放,以供二次开发利用。例如寒潮数据、路面传感器的一手数据、老旧水管改造平面设计图与结构尺寸等,都做到了简易化、开源化与共享化。与此同时,在对各类城市生命体征指标的归集与分类时,坚持先有场景,再有体征指标的理念,以避

---

① 根据2021年8月上海市城市运行管理中心"一网统管"汇报材料整理。

免指标式治理，坚持指标服务于治理场景本身，避免陷入形式主义的泥潭。

城市体征表是管理城市生命体体征的有效工具。在超大城市治理的实践中，明晰城市生命体征的首要任务是打造一个自循环、持续积累、自主研判、自主决策、自主执行的城市体征表。城市体征表能够实时反映城市整体的运行情况，并检测和研判其运行是否正常，各项城市生命体征是否符合标准。与此同时，通过治理理念的革新实现政府管理部门间条块结构的畅通与组织流程的再造，以数据多跑路的形式实现信息的互通有无，强化治理效能，并逐步梳理制度与逻辑，形成体系化的城市体检系统。与此同时，在城市治理技术提高的基石上，完善治理流程和逻辑，共同服务于超大城市的治理。城市体征表立足城市生命体的各项体征，通过整合分析源自政府的部门数据、社会数据与部分非公开数据，能够做到实时动态监控城市的"健康"状况。尤其是涉及城市民生的交通、气象等领域，数据实时更新程度较高，能够精准判断可能发生的情况。例如在突发性天气来临前，城市体征表就已经根据城市实时的动态指标做出研判与决策，提前将可能发生的情况告知城市运行管理部门，以便提前应对。具体应用场景包括在寒潮天气即将到达上海时，城市体征表能够精准研判寒潮来临后可能会结冰的路面、可能发生爆裂的水管，以实现"未雨绸缪"式的事前管理，避免"亡羊补牢"式的事后管理，从而减少灾难性天气可能带来的经济损失和人员伤亡。

15.1.3 对城市生命体的全周期管理

城市是一个开放的复杂巨系统，并与区域或周围环境时刻进行物质、能量及信息交流[1]，这些特性都决定了需要对城市生命体进行全周期管理，时刻监测其与外部环境的交互情况。具体而言，城市生命体的全周期管理蕴含三个逻辑，一是城市治理时间线索上的连续性，二是城市治理过程环节上的完整性，三是城市治理多主体的全覆盖。

时间是传统上理解城市治理的线索，一件事如何生成、如何演变、如何终结、在时间顺序上如何变迁、是否得到良好的治理，是评判城市治理效能的重要指标。在治理事件发生前，"一网统管"结合城市体征表，实时监测城市运行状况，能够对可能发生的事件提前预防，尽量实现前端控制与解决。在治理事件的过程中，借助"一网统管"平台整合的数字信息技术，动态监测治理事件的基本情况与演变态势，并予以针对性解决。在治理事件处置结束后，对治理全过程进行总结分析，找出治理过程中可能的改进之处。与此同时，数字化转型与数字赋能下的城市治理能够做到全天候感知城市运行的风险，大到城市各宏观子系统的日常运行能够时刻反映在"一网统管"平台之上，市级城市运行管理平台负责对上海城市全域运行情况的把控，区级城市运行管理平台对区内城市运行情况进行实时把控，层级分设，上下联动。小到公民个体的各类诉求事项从提出、办理到完结，均能够在"一网统管"平台中能够得到呈现、跟踪与回应，以实现城市治理的24小时全覆盖。此外，城市作为各类资源与人口的集聚中心，也汇集着各类治理主体，它们通过不同的形式，全方位全时段参与城市治理的各个过程。同样，与

---

[1] 房艳刚，刘鸽，刘继生.城市空间结构的复杂性研究进展[J].地理科学，2005（06）：754-761.

时间线索类似，过程线索同样是理解城市治理的重要逻辑。从治理过程看，事后处置是传统城市治理的发生方式，是一种"发生—应对"的治理模式，即只有城市运行过程中涌现出需要解决的异常现象，城市治理行为才得以进行。伴随着城市治理的数字化转型，借助"一网统管"平台，各治理过程与治理环节得以前移，尽可能使风险在积累过程中就被城市体征指标发现，进而针对性解决。

　　作为全国规模最大、治理体系最为健全、治理能力最为强大的城市之一，面对现代超大城市治理的难点与痛点，上海探索出一条针对超大规模城市的简约治理道路，即通过改变传统的网格化管理与属地责任制，运用一系列新兴的物联网、互联网、数字技术、信息技术、人工智能技术等实现对城市日常运行各项指标与体征的监测与管理，达到万物互联、动态更新、及时响应的治理目标，全方位提升城市治理能力与水平，以期实现城市的自我更新与自我进化，使其越来越具备生命体特征，成为城市生命体。根据学界现有的观点，城市是具有新陈代谢、自适应、应激性、生长发育和遗传变异等生命特征的复杂巨系统。超大城市就像一个个"巨无霸"，具有更加鲜明的巨系统特征。[1][2] 这五种生命体征分别构成了城市的独特机能，对应不同的要素或设施，具有不同的管理和运行特征。在大量运用数字化技术的基础上，城市有了"呼吸"，能够进行"新陈代谢"与"自我进化"，具备极强的"适应能力"，这些生

---

[1] 姜仁荣，刘成明.城市生命体的概念和理论研究[J].现代城市研究，2015（04）：112-117.

[2] 韩志明.规模驱动的精细化管理——超大城市生命体的治理转型之路[J].山西大学学报（哲学社会科学版），2021，44（03）：113-121.DOI：10.13451/j.cnki.shanxi.univ（phil.soc.）.2021-03-14.

命体征都使其区别于传统城市，成为城市生命体、有机体，城市运行的"呼吸"与"脉搏"、"新陈代谢"与"自我进化"等都是其鲜明特点（见图15.1）。

图 15.1 作为生命体的超大城市

资料来源：根据上海市城市运行管理中心相关材料整理。

15.2 城市生命体的畅通经络

15.2.1 连通各个"微小细胞"

"细胞""组织""器官"是生命体城市的重要组成部分[①]，其中，"细胞"作为最小单元，时刻进行着生物反应，并在城市生命体中发挥着重要作用，唯有连通各个"微小城市细胞"，方能更好畅通城市生命体的经络。

在城市治理的场域内，政府是第一责任主体，通过各类数字体征和监测指标打造城市治理的有机体，形成"一网统管"的数字底座。基于数字底座，打造"一网统管"平台，连通城市治理与城市

---

① 高春留，程德强，刘科伟.生态智慧的新表征——生命体城市[J].科技管理研究，2016，36（17）：257-261.

运行的各个末端和角落，并运用"一网统管"平台感知城市的"呼吸"与"脉搏"。其中，数字大屏是"一网统管"的实在化体现，各类与城市运行、城市治理相关的指标在数字大屏上集成与展示，并且能够动态更新。在各类数据集成于屏幕的基础上，通过对治理数据的研判分析以及掌握每次动态更新的变化幅度与情况，"一网统管"平台能够切实感知到超大城市的日常运行，并观察城市运行的过程中有无异常行为与异常指标。例如，平台能够展示辖区内各地的人口密集度情况、城运案件数量及具体信息、实时热搜情况、当前城市运行管理工作人员的位置信息和处置情况等。

2018年，上海率先提出了建设"智慧政府"的目标，"智慧政府"将城市视为"生命体"，赋予城市生命特征，使城市能够像生命一样进行思考。概括而言，"智慧政府"要求城市治理是"耳聪目明、智能研判、四肢协同、动作精准、动态调整"的循环系统。如果说城市具有"生命体"的特征，那么能够像生命体一样观察、分析、研判、预防就是城市智慧性的重要特点。"一网统管"是实现"智慧政府"建设目标的重要手段，也是提升城市治理现代化水平的重要探索。"一网统管"表面上是技术手段的创新，实质上是管理服务模式的创新，是行政方式的重塑，是政府职能和体制机制的变革。"一网统管"并非管全部，而是管住、管好需要政府管理的关键领域和核心环节，采取信息化、智能化手段以更好地管理和治理城市，努力使城市运行和管理更高效、更便捷、更精准。

15.2.2 构建有机生命体的治理闭环

城市有机生命体的治理需要形成闭环，闭环治理方能实现全周期管理的目标。上海数字化转型聚焦于三个方面，三方面都有着不同的主体驱动,在经济数字化上,市场主体即法人主体是主要驱动力,在生活数字化上,社会主体(居民主体)是主要驱动力,而治理数字化的核心驱动在于政府主体,需要政府引导其他主体共同参与,最终实现城市生命体的有机运作。尽管政府是城市运行管理的第一责任主体,并且具有较强的资源调配能力,但超大城市的规模治理仅依赖政府主体的力量仍较为单薄,城市治理也要避免政府将大量的责任揽到自己身上,需要贯彻人民城市共同参与的理念。因此,城市生命体实现良好善治的基础是充分调动城市场域内各主体参与治理过程的积极性,政府管理部门牵头调动各主体参与城市治理的积极性,能够为城市生命体的生长与更新提供充足的活力与养分。

在上海"一网统管"服务城市治理的实践中,黄浦区为调动市场、使社会的各方主体参与城市治理全过程进行了实践创新。黄浦区城市运行管理中心探索了以大楼作为最小管理单元的新型城市治理模式,突破了以道路、网格为最小管理单元的管理模式,更好助力"一网统管",对城市生命体进行全周期管理。大楼是城市内部复杂场景的缩影,经济活动、生活活动在大楼发生,政府主体、市场主体、社会主体、公民个体等多主体在大楼内部的各项活动中交互。在微型的复杂治理情境中,仅依靠政府主体进行管理与协作较为困难,也无法进行数据的归集。黄浦区城市运行管理中心基于共治、共建、共享的主体互动理念,对各主体的责任进行了梳理,在明确各主体责任的基础上推进各主体参与城市治理过程。在政府部门层面,由城市运行管理中心梳理部门责任事项,避免部门推诿扯皮,在梳理部门责任事项后,部门数据得以归集。进而对市场主体的城市运行责任进行界定,引导其参与城市治理过程,并在互动过程中与"明星"市场主体寻求合作，黄浦区在 2021 年 2 月 25 日召开发布会，宣布最小管理单元的南京大楼试点方案。对辖区内的南京大楼进行数字孪生，将南京大楼的信息搬到数字大屏中，以形成城市生命体内部的大楼生命体，感知大楼的各项生命体征，监测大楼的运行情况，预防可能会发生的风险，提升治理效能，充分贯彻了人民城市人民建、人民城市为人民的共建、共治、共享理念。

在责任分置、充分调动各类城市治理主体的基础上，黄浦区构建了五级闭环以支撑城市治理，五级闭环包括城市日常管理闭环、两网融合闭环、应急处置闭环、市场主体管理闭环。近期，黄浦区推进田子坊数字孪生，梳理田子坊内 145 家商铺的城市运行管理责任，并与其协调签署最小管理单元协议，使政府主体与市场主体共同负担相关感应设备的装备花费，建构城市治理的多主体协同生态。

在城市数字化转型与"一网统管"的建设中，较大的资源投入集中在传感器和各类硬件的配置上，通过将共建、共治、共享的责任嵌入并完善城市治理全过程，在"一网统管"与数字孪生底座的搭建上，根据主体职责确定投入，在政府管理部门内部，通过责任确定与职能归属确定传感器等设备的投入。在数据的归集与数字底座的集成上，由"一网统管"的组织承载——城运中心来承担。在具备较好数据基础的领域，充分利用已有基础数据库，并推动政务数据、社会数据和行业数据的融合和交换，结合具体应用场景实现闭环治理。

基于上述实践，可以概括出城市生命体完整的生态治理闭环，包括三个重要维度，一是参与主体，二是运作逻辑，三是责任分配。通过责任确认与责任分配搭建应用场景内部的参与主体，进而通过主要牵头主体的流程梳理完善运作逻辑，进而实现生态治理闭环。黄浦区最小管理单元的治理实践，首先针对田子坊市场主体进行主体责任确定，例如监督举报门前高空抛物行为、维护市容市貌等责任。在责任确认后，市场主体即成为这一应用场景内部的参与主体之一。进而由管理主体责任与牵头部门——政府部门进行运作逻辑的梳理，实现这一生态治理场景的闭环运作（见图15.2）。

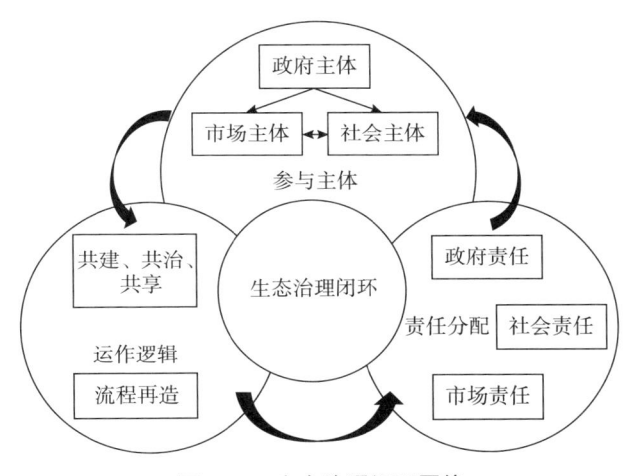

图15.2 生态治理闭环网络

资料来源：根据2022年1月黄浦区城市运行管理中心调研访谈资料整理。

15.2.3 监测潜在的"健康风险"

只要是生命体，就有可能"生病"，也就存在"健康风险"，因此对潜在风险的监测需要留意城市生命体日常的生命活动。

注重城市生命体的"呼吸"与"脉搏"。"呼吸"与"脉搏"是生命体尤其是高级生命体的基本特征之一，生命体的"呼吸"与"脉搏"作为基本生命体征意味着生命系统能够实现与外部环境的实时交互，将系统内不需要的生产性废物与杂质排出至外部环境，并从外部环境中汲取生命个体生长所需的各类养分。城市每时每刻都在不断变化，作为微观最小单元的个体以及由每个个体构成的小系统与大系统都处在不间断的运行之中，个体和系统的每一次活动都意味着生命体的一次"呼吸"与"脉搏"。在现代规模城市的治理中，"呼吸"与"脉搏"有两个层面的隐喻，一是微观层面的城市活动，即城市内部每时每刻的运行，每个区、每个乡镇街道、每个社区的运行都意味着诸多"生命体征"的变换，意味着城市生命体汲取外界养分进行吸收、消耗与再生。例如社区每日的进出人口流动、各类生产要素与生活要素的交换。二是宏观层面的城市活动，即各城市子系统之间的互动，城市的生产子系统、居住子系统、道路交通子系统等都具有各自的生命运动、自我消耗与再生特征与规律。微观与宏观两个层面的生命活动共同构成了超大城市的"呼吸"与"脉搏"，也表明城市生命体治理具备基本线索。

留意城市运行中的"脉搏"感知与"新陈代谢"。城市运行中的"脉搏"体现在各类城市生命体征数据之中，打通来自条块管理部门的各类城市运行数据并汇集到城市运行管理中心。中心通过对体征数据在"一网统管"数字底座——数字大屏上的实时呈现与动态更新，能够时刻观察城市运行的动态更新，感受城市运行的"脉搏"。与此同时，"新陈代谢"是生命体维持生命体征与日常运行的保证，也是生命体不断实现自我进化的前提。城市运行的各个环节、各个主体以及各个子系统在每天循环往复的生命活动中既会产出养分与能量，也会产出杂质与废物，不断进行城市更新。作为生命体的超大城市能够将"新陈代谢"作为城市更新的基础，通过动态识别城市运行的各项指标，监测异常指标，不断适应城市环境的变化。例如在数字化转型的过程中，作为治理核心的各级城市运行管理中心负责城市生命体各项生命体征的维护，吸纳新数据，更新旧数据，整合原有功能模块，开发新的功能模块，以推动城市生命体的"新陈代谢"。

运用数字化手段监测潜在风险。城市生命体在循环往复的运行过程中会积累与涌现许多风险，发现并提前解决隐藏的风险能够大量节省城市运行管理的成本，显著提升城市治理效能。如何监测城市生命体运行中的潜在风险？传统城市治理依靠管理部门进行人力排查，数字化转型后，运用现代科技手段，建设超级大脑，将城市全面"数字化"，从海量数据资源中及早预见潜在风险，为城市治理带来更加持久的推动力，也为尽早应对突发事件提供了可靠的决策基础，使城市更有序、更安全、更干净，并为超大城市精细化管理提供方案，这都是治理城市生命体的有效手段。在组织结构层面，由城市运行管理中心负责系列城市运行管理事务，运用"一网统管"平台型治理模式实现城市治理信息的汇流、条块数据的打通，以达到一网监测全城的目标，对城市整体运行情况进行全方位把控，实现全方位、全周期感知城市生命体征。各类城市生命体征集成于"一网统管"平台，能够实时调动各类城市运行信息，例如城市基础设施建设情况、城市交通运行情况、城市建筑物设立情况、是否存在高空抛物风险等。与此同时，通过科学算法的嵌入，结合已集成的数据计算城市风险。例如，浦东区基于区内老龄化程度较高的实际情况，构建了独居老人风险分级管理平台，通过整合民政系统已拥有的老人详细信息，结合社工点对点上门摸查，构建全方位的独居老人个人健康体征信息、家庭状况信息，并通过算法，将所有独居老人进行风险分级，识别具有较高风险的独居老人，对其投入较多的注意力，以预防可能发生的城市运行风险。

15.3 打造数字时代"健康"的城市生命体

15.3.1 全生命周期管理理念

生命周期是一个跨学科概念，在生物学、生态学、心理学、人力资源管理、城市管理等诸多学科中都有涉及。而将城市视作生命体的城市生命周期理论强调城市的兴衰变迁构成了城市的生命周期[①]，并体现了城市演变的内在规律。诚然，事物的发展有着不同层次的递进，其中理念又是指导实践的有力工具，因此在城市治理升级的过程中，理念重塑也是其迈向更高阶段的首要任务，通过革新传统城市治理遵循的条块化、静态化、政府全能化等落后理念，将多主体责任嵌入、共建共治共享、全周期、动态化、整合化、系统化等新型理念融入现代城市治理，为实现超大城市善治提供支撑。与此同时，将城市生命体作为理解城市治理的出发点，延展传统宏观层次的城市生命周期理论至微观层面，聚焦城市运行全过程各个阶段，构建更为精细化的城市生命周期轨迹与成长生命树，对城市的萌芽期、幼年期、少年期、成年期、老年期、衰亡期等各个时期进行治理侧重的规划，在城市生长的不同时期制定针对性治理方案，解决治理的难点与痛点。

在城市生命体的治理实践中，通过围绕"态势全面感知、趋势

---

① 陈忠.再论城市生命周期与城市可持续繁荣：一种城市批评史的视角[J].江汉论坛，2012（01）：5-10.

智能研判、资源全面统筹、行动人机协同"的核心理念，融合多维（人、物、动）、多源（网络端、市民端、感知端）、多态（战、平、缓）数据，对上海城市运行态势"实时、动态、鲜活"感知，以及对趋势、规律和风险"科学、智能、高效"的研判和预警，以精准提升对风险的感知力、抵抗力、处置力和城市的自适应力。[①] 具体而言，全生命周期管理理念意味着城市治理在五个层面上的革新（见图15.3）。

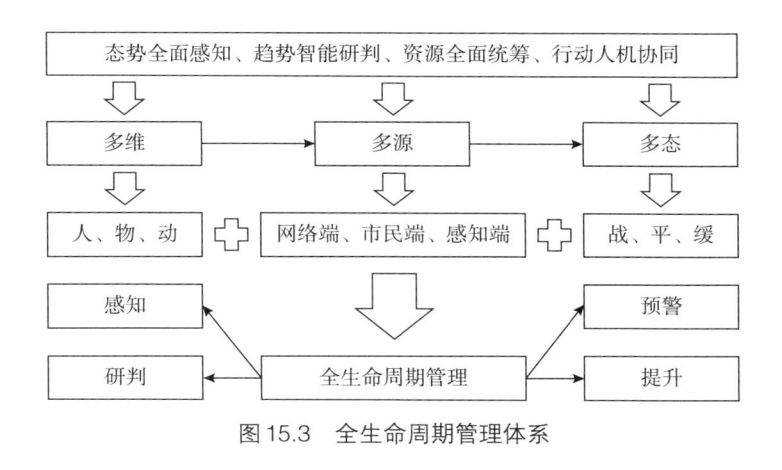

图15.3 全生命周期管理体系

全生命周期管理理念意味着城市治理在时间上的连续性。时间是城市治理的重要线索，城市治理的时间连续既包括宏观上的时间连续，也包括微观上的时间连续。宏观上的时间连续意味着城市治理过程在作为城市生命体的超大城市发展的各个阶段均处于"在场"状态，能够随时对各项关乎城市生命体"健康"的生命体征进行监测，做到对可能产生的城市"疾病"与风险提前研判与分

[①] 根据2021年8月上海市城市运行管理中心"一网统管"汇报材料整理。

析，保证城市能够正常"新陈代谢"与"生长发育"。微观上的时间连续性即能够充分感知城市运行的"呼吸"与"脉搏"，对城市运行日常事务和子系统进行全覆盖，监测城市运行的日常化体征指标。

全生命周期管理理念意味着城市治理在过程上的接续性。过程接续意味着城市治理各个大小环节的无缝隙化，意味着不存在治理空缺，其同样包括宏观与微观两个层面。宏观上的城市治理接续性与无缝隙化要求条线上的城市治理过程即常态化运行、动态化监测、风险与异常状况研判与城市事件处置等环节的有效打通，做到数据、信息、资源的互通有无，尽可能降低协同成本。与此同时，也要求块上与面上的各个城市子系统之间做到无缝隙化，每个子系统能够与其余城市子系统实现良好协作。微观上的城市治理过程则更为复杂，其意味着各城市治理事项的全方位覆盖，同样意味着从一项城市治理事务的产生，到研判分析，再到处置解决的全过程全方位覆盖。

全生命周期管理理念意味着城市治理的主体嵌入性。现代超大城市治理在规模、难度上都远超以往，因此无论是政府主体、市场主体还是社会主体，都无法做到仅靠自身承担治理重任。此外，不同城市治理主体在不同治理场景中也都有着各自不同的需求，亦有着各自的治理优势与不足，仅依靠政府主体、市场主体或是社会主体都无法实现城市治理的善治，最终会走向碎片化的治理结局，需要依靠各方力量的共同参与，嵌入各方主体应承担的城市治理责任，进而形成共建、共治、共享的协同治理格局，实现人民城市人民建的治理目标。

全生命周期管理理念意味着城市治理的系统整合性。城市功能的复杂性决定了子系统之间的关系同样错综复杂，整合难度较大。仅仅依靠各城市子系统的独立运作或借助具体城市功能模块的传统单轨制城市治理无法实现 1 加 1 大于 2 的效果。与之相对应，现代超大城市的治理需要将所有城市子系统及其交互作用考虑在内，整合各城市治理主体进入治理场域，协同、整合、嫁接各城市子系统和城市功能模块，以期实现超大城市的整体性治理，改变传统城市治理的碎片化倾向，产生 1 加 1 大于 2 的效果。

全生命周期管理理念意味着城市治理的精准针对性。城市治理同样需要讲求"性价比"，即以尽可能小的治理成本实现较好的治理目标，而非采用传统的"大水漫灌"、粗放式、错配式的治理策略。这也意味着，高质量的城市治理要求之一是对有限治理资源的精准化配置，将可供调配的治理资源用于最需要之处，并根据实际情况实时调整。具体而言，一是空间维度上做到精准针对，在最需要的治理场景、城市治理子系统与功能模块上配备合适体量的治理资源。二是时间维度上做到精准针对，即在最需要的治理时机配置合适的治理资源。

15.3.2 数字化生命体征管理系统

对城市生命体的管理同样需要借助现代化的管理系统，以高度智能化与数字化的管理手段予以匹配。城市数字体征管理系统是城市生命体的管理基础，同样也是超大规模城市治理的第一接入端口，将其并入"一网统管"平台，整合各类反映城市生命体征的指标，借助数字化手段，使数字体征系统能够实时呈现城市运行的生命"健康"状态，成为领导决策的"驾驶舱"。

对于超大城市生命体的治理，初步形成的数字体征的架构是以

"城市神经元系统"为基础，以"城市运行研判中枢"和"三级平台、五级应用"城运体系为支撑，共同构成"感知、认知、决策、行动"体系。其中，"城市神经元系统"以网络端、市民端、感知端组成的发现机制为基础，结合城市运行体征库，全面感知态势和需求；"城市运行研判中枢"以城市运行"风险清单"和"场景清单"为着力点，聚焦"神经元系统"捕捉到的规律、趋势、风险，进行智能研判和预警；"三级平台五级应用城运体系"支撑"高效处置一件事"的资源调配和执行调度，快速响应、有效协同。与此同时，按照分层分级、精准施策的思路，从三个层面根据体征变化进行管理（见图15.4）[①]。

首先，就宏观层面而言，以全市为发现域，重在全时空、广覆盖、抓关键，形成气象、交通、安全、城市保供、环境、人口、舆情民意、社会稳定8个方面435类共10 988项指标项，融于1 050个应用场景中实战实用，将其中114子类的646项高频风险问题，作为市城运中心日常运行监测和处置的重点，自动分色分级响应。当监管事项超过告警阈值，体征球的颜色就根据事件的严重程度由正常状态的蓝色变成黄色、红色，相应的事件会出现在当前事件列表中。如气象方面，布设相控阵雷达系统，在台风期间不间断探测和传递三维风场、强度场、双偏振数据，还试点毫米波雷达监测云内物理变化，准确获取精确降水数据并清晰预测街镇的小时降水量，预防内涝。又如防疫方面，运用手机信令、LBS、车联网等终端采集的大数据，支撑全域人口流动、流调、集中医学观察等环节。再如在供水方面，通过6类近万个物联感知设备，采集本市四大水源

[①] 根据2021年8月上海市城市运行管理中心"一网统管"汇报材料整理。

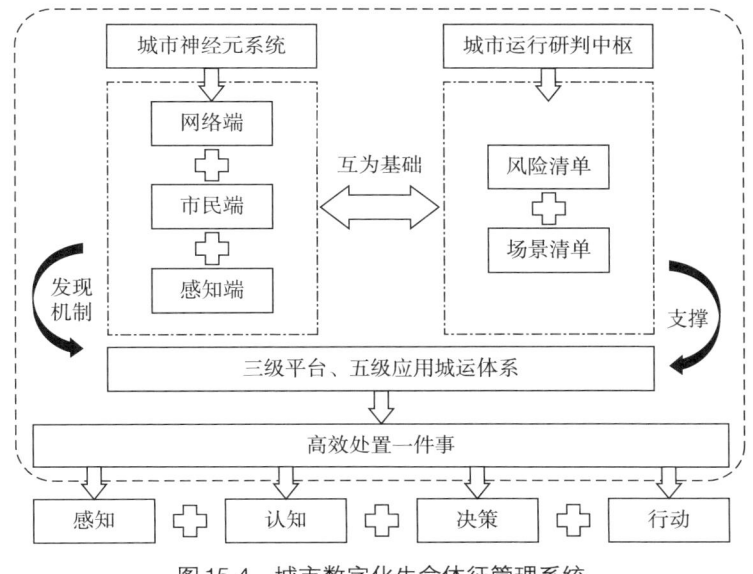

图 15.4　城市数字化生命体征管理系统

地、39 家水厂和管网监测数据，另有约 800 个在线监测点，实时关注水压、水质、水量以及设备状况和水库水位等，精准识别出可能影响供水安全的因素。①

其次，就中观层面而言，以 16 个区为发现域，事件发现和处置颗粒度细化到全市，突出"专业化＋个性化"，形成各区 16 类 31 项共性体征和若干个性体征。例如在共享单车的管理上，可以实时查看各区当前车辆投放和运行情况。在疫情防控方面，也可以实时掌握各区对中高风险地区人员来沪返沪的排查进展情况，还有各区当前正在处理的电力报修等。各区也结合区域实际，自行推出了个性化运行体征。例如浦东新区提取出大客流、河道污染、噪声扰民

---

① 根据 2021 年 8 月上海市城市运行管理中心"一网统管"汇报材料整理。

等35个体征，徐汇区从大建管、大安全等角度开发了上百种体征，实时进行监测和处置。中观层面有重大事件发生，会触发市城运中心宏观体征，使其予以关注并推动处置。[①]

最后，从微观层面而言，城市数字化治理的体征以街镇、网格、居村、园区、楼宇等为发现域，社区自治共治，突出实战性和精细化，在各区统筹下，围绕区域管理需求，"百花齐放、管用为要"。如黄浦区开展的百年老建筑南京大楼最小管理单元数字孪生治理探索，与20多家企业一起合作，将大楼规划建设数据、17类80多套感知设备数据、物业实时管理数据、周边关联数据等汇聚在孪生模型中，实时了解大楼的震动倾斜、温湿度、广告牌震动摆幅、人流管理、防疫消毒5类20余项管理现状，并叠加AI智能算法，将问题的发现和处置时间提前、颗粒度变细，如楼内吸烟行为报警由原来的烟雾报警提前到拿出香烟即报警、保洁员错过公共区域消毒时间即报警等，有效地落实了企业的管理主体责任。例如在城市服务中，使社区管理三要素：力量、管理、服务融合发展，即谁管事、管什么事、为谁管事，三方面互相协同。[②]

15.3.3 数字治理让城市更美好

生命体的追求不仅在于简单意义上的生存，更在于面向更高品质的美好生活。对于城市生命体而言也同样如此，无论是对城市生命体的全周期管理，畅通城市生命体的经络，连通各个"微小细胞"，构建有机生命体治理闭环，还是监测潜在的"健康风险"，打

---

① 根据2021年8月上海市城市运行管理中心"一网统管"汇报材料整理。
② 同上。

造数字化生命体征管理系统等,都是为了让城市生命体更健康,让城市更美好。美好生活的保证在于掌握城市治理的以人为本、动态化、智能化、整合化特点,助推城市新陈代谢,加速城市转型升级与生长发育,强化城市生命体的"自我适应"能力,最终实现其"自我进化"。

第一,技术服务于治理的以人为本。"一网统管"表面上是技术手段的创新,实质上是管理服务模式的创新,是行政方式的重塑,是政府职能和体制机制的变革。"一网统管"并非管全部,而是管住、管好需要政府管理的关键领域和核心环节,采取信息化、智能化手段以更好地对城市实施管理和治理,努力使城市运行和管理更高效、更便捷、更精准。而人机交互的便捷程度则是城市治理数字化转型与"一网统管"实现的基础,换言之,技术嵌入与实现一张网管城市并非信息、神经网络、机器学习、人工智能等前沿技术的简单迭代,更非以"炫技"为目的,而是为了切实融入城市治理场景,最终服务于城市运行工作者与管理者。以人为本,强调人对系统的掌控与运用是服务城市运行本身,也是数字体征管理系统界面化的根本意蕴所在。

第二,动态化保证治理信息的准确性。城市数字体征管理系统背后的支撑逻辑与运作基础是一系列从各条块端口整合与收集的城市运行数据信息。因此,信息的准确与否直接关乎系统界面化结果的呈现,并进而影响城市管理者对城市运行状态与城市生命体"健康"情况的研判分析,信息的偏误与滞后也将直接制约系统的治理效能。而只有提高各类信息数据更新的频率,促进界面化平台数据呈现的及时有效,方能提高城市数字体征管理系统的运行效果。

第三,智能化保证研判决策的提前性。将数据集成于系统之中仅是最基础的运用方式，界面化呈现也并非城市数字体征管理系统的根本目标，其更需要在各类体征指标的基础上进行分析研判，通过算法与人工智能技术，尽可能地将城市事务的治理端口前移，在事件尚未发生时就定位并预防，最大限度发挥城市数字体征管理系统的效能，尽可能减少事后治理，规避可能带来的损失。

第四，整合资源保证数字系统的覆盖性。全周期城市治理需要同时保证空间逻辑上的城市方位全覆盖与时间逻辑上的全天候，并且做到全流程无缝隙化。这就需要城市数字体征管理系统最大限度地整合事关城市治理的各项指标，并通过运用数字化技术，设立数字化、信息化的接入端口，配备专业的数字整合队伍，运用各类系统整合手段以确保体征管理系统对城市治理各环节的全覆盖。

第五，共同助推城市的新陈代谢。在城市数字体征管理系统对城市运行与城市治理全周期管理的基础上，能够发现城市运行过程中产生的异常指标，判断当前城市生命体的"健康"状况。当城市空间上的某一地方或功能场景中的某一模块出现异常情况时，能够及时发现并解决，同时，亦能够发掘城市运行的优良指标与活跃场景。通过对异常指标的发现与解决，为城市生命体的良好运行提供基础，代谢出一系列"废物"，并将可供吸纳的经验充分吸收，使其成为生命体的"养分"。

第六，加速城市转型升级与生长发育。宏观的城市生命体在发展过程中会演变出不同的时期，会先后经历萌芽、幼年、少年、成年、老年、衰亡等时期，通过树立全生命周期管理理念，运用城市数字体征管理系统，能够对城市生命体所处生命周期精准定位，并对关乎城市生命体成长周期的指标进行动态跟踪，针对薄弱指标进行强化提升，进而加速城市生命体的转型升级与生长发育。

第七，强化城市生命体的"自我适应"能力。超大城市的日常运行并非静态化逻辑的平面呈现，而是动态化、流动化的形态。城市无时无刻不处在运行与变化之中，突发性事务也是城市运行无法避免的，评价城市治理能力的关键指标之一是城市适应能力的高低，即是否能够及时有效地应对危机事件。在探索规模城市的治理道路上，借助系列数字化技术与"一网统管"平台，能够实现对城市运行的全局性考察与动态监测，基于由各类数据集成的数字底座，整合各类反映城市生命体征的指标，搭建可视化监测系统与领导"决策驾驶舱"，能够根据指标的变化精准定位突发情况的地点与周边情况，研判危机，这对于及时发现特殊现象与异常指标，提前预防城市突发危机具有重要意义。与此同时，在数字底座的基础上，叠加应用一系列算法，实现对城市简单事项的自主化处置。例如，花木街道搭建了"数字孪生城市"，并在辖区设置智能探头，融入算法，当城市治理与事项处置需求被探头发现后，能够通过算法及时派单给街头管理人员，实现流程智能化。

第八，实现城市生命体的"自我进化"。"自我进化"是城市发展的根本目标之一，是助力城市发展质量提升的重要手段。作为具有强大适应能力的超大城市生命体能够在循环往复的"呼吸""脉搏跳动"和"新陈代谢"中迈向更完善与更高级的形态，最终实现城市的"自我进化"与"自我迭代"。当前，超大城市"自我进化"的动力来源主要有两大方面，一是基于不断完善的数字底座，整合来自各个端口的数据与信息，并加强"一网统管"的应用广度与深度，进而深化城市万物互联，形成自适应、自监管、自进化的超大城市生命体。二是通过数字技术重塑城市运行监管的流程机制，根除传统城市治理中效率低下、流程混乱、权责不明等顽疾。建构共建、共治、共享的城市治理生态，践行"以人民为中心"的理念，从民众的需求出发设计治理场景，坚持"实用为要、管用为王"的取向，进而提升人民群众的安全感、满意度和获得感，做到实战管用、基层爱用、群众受用，最终达到"人民城市人民建"的治理目标，真正实现一直以来上海的城市治理理念，"至善城市，至美生活"。

第16章
"两张网"融合助力数字化转型

王欢明　孙晓云

2020年10月29日，党的十九届五中全会通过了《中共中央关于制定国民经济和社会发展第十四个五年规划和二〇三五年远景目标的建议》，明确指出要"加快数字化发展"，并对数字经济发展、数字社会和数字政府建设提出了具体要求。数字化转型发展是中国积极适应信息技术变革，推动社会从工业时代向数字时代发展跃迁的重大战略。在"数字中国建设"的背景下，上海迅速响应中央关于数字化发展的新要求。2020年年底，上海市政府出台《关于全面推进上海城市数字化转型的意见》，强调要深刻认识上海进入新发展阶段，全面推进城市数字化转型的重大意义，指出推进数字化转型是面向未来、塑造城市核心竞争力、构建超大城市治理体系和实现治理能力现代化的必然路径。

城市数字化转型以人工智能和大数据应用为主要特征，是对城市架构进行整体性变革和根本性重塑的复杂系统工程。从其定位和内容看，城市数字化转型统筹运用数字化技术，旨在对城市建设进行全过程、全方位、全覆盖的综合性革新，不仅包括政治、经济、文化、生活、生态文明等多领域的转型升级，更强调运用数字工具解决城市现实问题的思维模式转型，实现政府职责边界、组织方式、治理工具和管理模式的系统性重构，推动从政府数字化转向全局数字化的跃迁。"一网统管"和"一网通办"作为上海城市智能化建设的两项"牛鼻子"工程，为实现数字化转型提供丰富的应用场景和实践经验。综合来看，"两张网"以现代化手段助力城市治理全方位改革，通过线上线下的协同联动，推动城市治理由被动处置型向主动发现型转变、由经验判断型向数据分析型转变、由人力密集型向人机交互型转变，是上海城市数字化转型的重要驱动力。

16.1 上海"两张网"融合创新之道

16.1.1 "两张网"融合的理论与实践基础

"一网统管"和"一网通办"一体两翼，是"城市大脑"的重要组成部分，两者联动构成整体的"城市大脑"，是上海智慧政府运行的基础。"两张网"分别围绕"高效办成一件事""高效处置一件事"的要求，充分利用信息化手段促进政府职能转变，优化政务流程，实现协同高效治理，保障市民的获得感、幸福感和安全感，实现"人民城市"的重要理念。[①] 其中，城市运行"一网统管"的服务对象是政府管理部门，旨在利用大数据、人工智能等智能化手段实现"一屏观天下、一网管全城"的目标，广泛动员

---

① 董幼鸿，等.上海城市运行"一网统管"的创新和探索[M].上海：上海人民出版社，2021：169.

和整合城市管理资源，实现资源优化配置，激活线上线下、条块结合等协同治理机制，推进和谐之城、安全之城、智慧之城的建设；政务服务"一网通办"的服务对象是社会民众，旨在借助数字化技术实现自身流程重塑，简化与便捷民众办事流程，打造优质的营商环境，满足民众对政务服务的高质量要求。[①] 由此可知，"两张网"的作用对象分别对应公共服务的供需两端，旨在以现代化手段高效满足"以人民为中心"的价值理念要求，如何借助"两张网"建设实现公共服务供需双侧的精准匹配，满足社会需求，是当前城市数字化转型亟须解决的难题，也是"两张网"融合创新的根本动力。

（1）"两张网"融合的属性基础

借助"一网统管""一网通办"数字化政务服务工具，上海构建线上线下融合的一体化政务生态系统，在城市治理层面探索多样化的应用场景，改革并优化民众和企业办事流程，提高政务管理的精准性和匹配度。通过广泛的信息收集和数据分析，发挥"一网统管"信息平台的信息调度、趋势研判、总览全城的功能，上海遴选出一系列亟须优化的社会关注热点领域，借助数字系统的数据赋能功能以便捷和优化办事流程。2020年，推进医疗付费、小孩出生、企业职工退休等"15件事"；2021年，重点推进市级支持资金申请、残疾人就业保障金征缴、公共信用信息修复、居住证办理、支持科技型企业创新发展、企业招用员工（稳就业）、社会救助、职业健康、校车使用许可、船舶开航、一般项目挖掘道路施工、企业

---

① 李文钊. 双层嵌套治理界面建构：城市治理数字化转型的方向与路径[J]. 电子政务，2020（07）：31-42.

高频证照变更联办"12件事"。[1] 上述场景的开发和应用是"两张网"相互赋能和彼此融合的结果，反映了两者属性上的共通之处。具体体现在：

①价值理念与总体目标相同

"两张网"均是深入贯彻习近平总书记关于网络强国、数字中国、智慧社会重要思想的产物，是城市精细化管理的重要载体，践行了"人民城市人民建、人民城市为人民"的重要理念，坚持"人民至上"和"用户导向"的价值取向，以巩固提升城市能级和核心竞争力为战略导向，为推进城市数字化转型升级发挥各自独特优势。[2] "一网统管"建设的目的在于"高效处置一件事"，运用大数据、云计算、人工智能等数字工具完成数据的即时归集与汇总，实现"一屏观天下、一网管全城"的目标，分析和挖掘民众"急难愁盼"的问题并高效解决，提高城市运行的速度和温度；"一网通办"建设的目的则在于"高效办成一件事"，借助数字化技术和网络平台系统实现政务服务流程的重塑，实现"只跑一次、一次办成"的目标，提高市民与法人办理政务的便捷度和简捷度，营造良好的居住环境和营商环境，提升民众的办事效率和满意度。

②技术逻辑相融

"两张网"都是运用大数据、云计算、人工智能、移动互联网等现代化信息技术手段，实现数字技术工具与城市转型升级的交融

---

[1] 上海市大数据中心. 2021年"一网通办""高效办成一件事"12件事项全部上线运行[EB/OL].（2021-11-23）. https://www.shanghai.gov.cn/nw4411/20211123/72cfb17808634b-da97cb6f2633a8944d.html.

[2] 李文钊. 双层嵌套治理界面建构：城市治理数字化转型的方向与路径[J]. 电子政务，2020（07）：31-42.

互嵌，以此达到城市治理的科学化、智能化和精细化。技术工具与城市治理之间具有互构性，数字技术治理与"两张网"的建设运营本质上是内容与形式的关系。[1] 技术治理为"两张网"运行提供具体工具和指引导向，而"一网统管""一网通办"作为技术治理在城市运行和治理中的载体和工具，则是技术治理的实现方式和具体路径。具体而言，"一网统管"建设通过城市运行管理中心和大数据中心的平台建设，打通各职能部门的"数据烟囱"，打破资源壁垒，快速整合人力、物力和财力资源，完成单一部门或主体难以解决的事务，实现政府管理流程再造，促进体制机制的优化，提高处置一件事的效率；"一网通办"则通过信息化手段打破各职能部门间信息和资源共享的屏障，实现职能部门办事资源整合、精简民众办事流程和材料，提高办事效率。

③实践路径相通

"两张网"的行动逻辑和运行路径彼此交融相通、互为因果，利用信息技术手段倒逼自身体制机制变革，实现政府职能转变与业务流程的重构，是一场由外而内、自下而上的自我变革。[2] 具体而言，"一网统管"遵循"应用为要，管用为王"的服务宗旨，旨在借助数字技术工具和网络信息平台将问题发现于未然，通过打通跨部门、跨层级、跨区域间数据信息传递系统的"任督二脉"，消除部门间数据流通与共享不畅、资源整合的难题，重塑政府体制管理流程与组织架构，完成数据收集、汇聚、比对、分析、挖掘、研判

---

[1] 董幼鸿，叶岚. 技术治理与城市疫情防控：实践逻辑及理论反思[J]. 东南学术，2020（03）：24-33.
[2] 董幼鸿等. 上海城市运行"一网统管"的创新和探索[M]. 上海：上海人民出版社，2021：169.

与运用等主要任务，做到"高效处置一件事"；"一网通办"则坚守"找政府办事像网购一样便利"的初心，旨在以技术赋能政府业务办理的流程再造，以整体性思维设计和构建网络一体化办事系统，整合多部门资源和力量来简化民众和企业的办事流程和材料提交，达到减环节、减材料、减时间、减跑动次数的"四减"标准，做到"高效办成一件事"。[1]

总体来看，"一网统管"和"一网通办"的运行有诸多相通、相似、相近之处，两者互为补充，相互促进。"两张网"均以海量数据的挖掘、分析和追踪为基础，从数据库中获取群体事件发生的轨迹和路径，借助信息化工具通过数据分析探讨群体事件的普遍规律，以数据追踪判断群体事件中个人的行为与动机，以此建立群体事件的数字化预警机制、处置机制和追责机制，从而实现群体事件的精准预测、科学处置和依法追责，达到政府服务和社会治理的精准化。[2]"一网统管"在具体问题的解决过程中积累大量现实数据，为大数据中心和城运中心提供源源不断的动态数据资源，从而为"一网通办"挖掘社会需求、重塑业务流程提供资源支撑和技术保障；"一网通办"的业务实践则为"一网统管"的平稳运行提供场景支撑和数据基础。因此，从这一意义上说，实现"两张网"的融合是城市数字化转型升级的必然途径。

---

[1] 荀澄敏，潘文，李芹."一网通办"让办事像"网购"、"一网统管"让城市高效治理，两网推进让上海更便捷、更精细［EB/OL］.（2020-05-20）. http://static.zhoudaosh.com5805D7AEE77A2C6B8C385DDAB75C553D2353E997FBC55AC-F60207A972F508784.

[2] 李德满，黄欣荣.大数据时代群体事件的精准治理[J].江西社会科学，2018（02）：235-242.

（2）"两张网"融合的理论前提与实践目标

①理论前提。在城市数字化转型背景下，以"5V"，即海量（volume）、高速（velocity）、多样（variety）、价值（value）、真实（veracity）为主要特征的大数据思维颠覆了社会治理和生产生活的传统方式，"两张网"通过网络一体化和平台化操作有效汇集多方数据和资源，推动社会治理向双向互动、线上线下融合、社会协同治理的全新模式转变，致力于应对社会问题碎片化、群众需求多样化、服务供给定制化的城市治理新挑战。[1] 发源于企业管理领域的"精准化"管理模式为数字化环境下的政府转型升级提供了创新思路，即通过建立以社会问题和社会需求为靶向的积极政府，实现以结果为导向、以用户为驱动的社会治理模式。[2] 在数字化时代，从粗略管理走向精准管理，已经成为现代政府进行社会治理的必然要求。[3] 精准化治理旨在构建完备的数据治理体系，利用现代化信息技术实现数据的汇集整合，从而准确反映个体和公众集体的选择[4]，使政务服务供给由传统的以政府为中心的包办式、粗放型模式，转向以公众为中心的精细化、集约型模式。

党的十九大报告指出，"中国特色社会主义进入新时代，我国社会主要矛盾已经转化为人民日益增长的美好生活需要和不平衡不

---

[1] 容志.大数据背景下公共服务需求精准识别机制创新[J].上海行政学院学报，2019（04）：44-53.
[2] 宁靓，赵立波，张卓群.大数据驱动下的公共服务供需匹配研究——基于精准管理视角[J].上海行政学院学报，2019（05）：35-44.
[3] 王春城.政策精准性与精准性政策——"精准时代"的一个重要公共政策走向[J].中国行政管理，2018（01）：51-57.
[4] JOHNSON E, KRISHNAMURTHY R, MUSGRAVE T, et al. How open data moves us closer to precision governance[R]. The IDEAS Quarterly Report-Alliance for Innovation，2013.

充分的发展之间的矛盾"。从服务本质而言，这一矛盾是由需求和供给的不均衡、不适应、不匹配导致的。因此，要从根本上化解这一矛盾，不断增强人民群众的获得感、幸福感和安全感，不仅需要大力提升发展的质量和效率，实现人民的高质量生活水平，更应着重把握"美好生活需要"一词的内涵，以人民需求为导向，建立科学完备的资源供给与服务需求精准匹配机制，拓宽民众表达需求和参与公共服务决策的渠道，形成人民共建、共享、共治的城市创新生态系统。精准感知、识别和研判动态变化、复杂多元和分层分类的公共服务需求，正是实现这一目的的重要前提和保证，这与"一网统管""一网通办"的运行逻辑不谋而合。

②实践目标。"一网统管"和"一网通办"建设是数据信息技术应用于社会治理的高阶表现形式，以数据汇集、数据挖掘、数据分析、数据呈现为基础，将大数据嵌入城市管理的全流程，消除不同部门、不同群体间信息不对称造成的信息孤岛、数字鸿沟等现象，疏通政务信息传输的通道，达到对城市社会问题的精准识别，并施以靶向应对，实现城市转型的整体性治理目标。[①] 从实践本质和价值层面看，一方面，"两张网"基于平台型运作模式，按照多重功能集成、全域系统架构、全面技术驱动和整体流程再造等环环相扣、彼此支撑的多重运作逻辑，实现对城市运行的实时动态管控，整合不同治理领域的业务功能与资源，构建跨部门、跨层级、跨区域的网络一体化协同政府，本质上反映了以需求为基础的整体性政府治理思想。另一方面，"两张网"的运行模式为城市数字化转型提供技术

[①] 吉鹏，许开轶.大数据驱动下政府购买公共服务精准化：运行机理、现实困境与实现路径[J].当代世界与社会主义，2020（03）：183-190.

支撑和实践先导,借助信息技术手段精简民众办事流程,构建政府、社会与公众点对点、面对面、立体式的即时互动式治理模式,第一时间回应公民诉求、应对情势变化,提升事务处理与响应速度,体现了城市治理"以人民为中心"的价值理念。此外,"两张网"借助大数据、人工智能和算法算力等技术工具,通过精准建模与预测,准确挖掘社会核心需求,促进公共服务供需的有效对接,实现公共资源的合理化配置和公共服务的高质量供给,在科学决策的基础上力求使政务服务更有温度,更加分层化与个性化。

"两张网"建设的出发点是"以人民为中心"的城市治理理念,反映了将技术融合应用于社会治理的实践逻辑,精准化的整体性治理思想则为其提供了建设思路和发展导向。[①] 因此从这一意义上说,实现精准管理下的服务供需匹配既是"两张网"建设的实践目标和理想效果,也是推进"两张网"深度融合的理论前提,是城市进入高阶发展阶段的终极发展趋势。

16.1.2 上海"两张网"融合的创新实践

全面推进数字化转型是面向未来、塑造城市核心竞争力的关键之举,是超大城市治理体系和治理能力现代化的必然要求。围绕以数据为核心的新市场要素确立的数字化内核,聚焦加快数字政府的"三化"转型,即运行协同化、管理精准化和服务一体化,加速形成数据驱动、多元协同、动态精准的数字治理和服务,是数字化转型背景下实现治理创新的有效途径,"两张网"融合为其提供

---

① 李大宇,章昌平,许鹿. 精准治理:中国场景下的政府治理范式转换[J]. 公共管理学报,2017(01):1-13.

了实践基础。2020年4月，上海市委部署"两张网"建设，成立由市长龚正任组长的领导小组，统筹推进全市"两张网"融合创新。2020年年底发布的《关于全面推进上海城市数字化转型的意见》也指出，要以"云网端边安"一体化数据资源服务平台为载体，形成"一网统管""一网通办"互为表里、相辅相成、融合创新的发展格局，结合新技术和新制度的供给，以数字化推动基本民生保障更均衡、更精准、更充分，打造一批数字化示范场景。目前，"两张网"在公共数据、基础设施、功能应用等方面相互依托、相互支撑、相互赋能，已实现初步融合。

（1）数据治理融合

数字化转型背景下，数据的全方位渗透满足了民众对便捷与个性化服务的需求，数据治理效度已成为社会治理能力的重要标尺。[①] 习近平总书记曾多次强调"要建立健全大数据辅助科学决策和社会治理的机制，推进政府管理和社会治理模式创新，实现政府决策科学化、社会治理精准化、公共服务高效化"。[②] 数据流动是"两张网"健康运行的基础，数字技术的应用是数据通畅流动的前提，聚焦数字技术应用于社会治理时的固有弊端和缺漏，"两张网"从技术革新与制度完善两个方面共同促进彼此间的深度融合。

在技术革新方面，一是加强信息基础设施建设。数字化转型时期，以新基建为代表的智能基础设施为"两张网"建设运营中实现数据汇集、数据可视化、需求感知、智能研判与预测提供硬件基础

[①] 王真平，彭箫剑.政府数据采集的法治路径[J].图书馆，2021（12）：17-24.
[②] 人民网.以大数据促进国家治理现代化［EB/OL］.（2019-10-25）.https://baijiahao.baidu.com/s？id=1648322771176720259&wfr=spider&for=pc.

与软件保障，助力提升城市服务与管理的智能化和精准化水平。在具体实践中，加大智能安防、智能停车、智能充电桩等新型基础设施建设力度，扩大新基建应用场景和试点范围。丰富"两张网"应用赋能场景，如持续推动视频应用系统建设，加强"城市之眼"视频图像对城市运行管理一线业务的赋能支撑，强化大客流聚集管控功能，打造城市交通管理"大基座"，升级经济风险运行监管应用场景等，运用海量数据和智能算法，不断提升超大城市精细化管理水平。二是深化数据信息管理平台的开发与数据仓库建设。进一步优化"两张网"数据信息平台的数据汇集、开放、流通、共享和挖掘分析功能，在"三级平台、五级应用"的"王"字形框架下，按照"全链条、紧平台、松耦合"的思路，推动市、区、街镇三级城运平台和各大生产系统的智能迭代，形成"一门户多系统"的系统基座。加快"居村"数字化平台建设，将所有的基层管理要素以及"居村"的高频需求和急难愁盼的事项全量纳入。[①] 在扩充平台系统数据类型与数量的基础上，强调对系统内数据进行及时归类与分析，挖掘其中潜在信息，完善平台内数据仓库建设。三是加强数据全生命周期信息安全防护。加大对信息安全防护技术的开发与应用，借助磁盘阵列、数据备份、数据迁移、数据库加密等安全防护技术，确保"两张网"运作过程中经过网络传输、共享和交换的数据不会发生增加、修改、丢失和泄露，保证"两张网"建设与运

---

① 新华网. 徐汇区今年以来重点推出完善疫情防控、精准救助、居村平台三大典型治理数字化场景［EB/OL］.（2021-12-03）. http://sh.xinhuanet.com/2021-12-03/c_1310348748.htm.

营的正常开展，确保政务信息数据的可用性、完整性和安全性。[①]四是开发弱势人群专用智能设施和服务渠道。突出"科技向善"导向，坚持开放式部署、模块化实施，统筹推动共性场景、特色应用的研发上线，加快推出适用于老年群体、残疾人群体等弱势人群的智能设备与"两张网"专区功能模块，设计贴合弱势人群生理和认知特点的智能终端与服务流程，确保设备使用和流程操作的简易性、方便性和快捷性，如智能设施开发大按键、大字体、语音输入和识别、可撤回、一键操作等友好功能，政务平台为其提供有针对性的线上专门服务。强调"服务至上"的理念，适当保留传统服务方式，如对社区内弱势人群定期走访、设置线下服务大厅等，主动帮助弱势人群解决其现实问题和困境，使城运系统更具弹性和韧性。

在制度优化方面，一是将现有数据治理政策文件贯彻落实于"两张网"建设中。依据《上海市数据条例》（上海市人民代表大会常务委员会公告〔15届〕第94号）、《上海市公共数据和"一网通办"管理办法》（上海市人民政府令〔2018〕第9号）、《上海市人民代表大会常务委员会关于进一步促进和保障城市运行"一网统管"建设的决定》、《上海市公共数据开放暂行办法》（上海市人民政府令〔2019〕第21号）等政策办法，界定和划分"两张网"运营中各级部门、不同主体的职责与功能，明确数据汇集、流通、共享和应用等的具体流程、标准、规则和制度，提高"两张网"建设与运营过程中数据治理的规范性和有效性。二是健全数据治理标准与安全规

[①] 上海市人民政府. 推进治理数字化转型实现高效能治理行动方案［EB/OL］.（2022-01-13）. https://www.shanghai.gov.cn/nw12344/20220113/b4752dcf13764c06914b0475f-5f4818a.html.

范体系。细化"两张网"运行中的数据收集、数据脱敏、数据使用、数据共享、技术安全、隐私保护、权利归属、技术项目承接主体责任监督等方面的具体制度规则,根据政府数据在现实中遇到的保护与开放的矛盾冲突,出台法律条文具体规范"两张网"运行中"数据开放"的范围和要求、"数据保密"的形式与程度以及"数据控制"的责任与义务等;优化和完善数据录入规范和存贮安全标准,统一跨部门数据接口标准,包括明确元数据标准及数据格式、开发标准库和工具包等,为部门之间信息共享和融合协同创造条件,提升城市治理的效率和可持续性;[1] 针对企业承包的"两张网"设施建设和数据运营过程中出现的公民个人与企业的利益之争,以具体的法律条文规定企业"数据收集"和"数据挖掘"的渠道、领域和权限,"数据所有权"及其归属和范围,以及"数据利用"的意图和方式等,以明确政府、企业、公民等在数据治理活动中的权限和责任。[2]

(2)跨部门协同融合

数字技术的引入赋予政务系统突破时空限制的巨大优势,然而由于技术应用不成熟和机制建设不健全,跨部门、跨层级、跨区域的政务协同和信息沟通不畅等问题一直是困扰"两张网"平稳运行的主要障碍。在数字化转型背景下,跨部门协同治理呈现根本目标一致性、治理系统开放性、流程操作一体性等新特点[3],需要不同

---

[1] 上海市人民代表大会常务委员会. 上海市数据条例[Z/OL]. (2021-11-12). https://www.shanghai.gov.cn/nw12344/20211129/a1a38c3dfe8b4f8f8fcba5e79fbe9251.html.
[2] 上海市人民代表大会常务委员会. 上海市数据条例[Z/OL]. (2021-11-12). https://www.shanghai.gov.cn/nw12344/20211129/a1a38c3dfe8b4f8f8fcba5e79fbe9251.html.
[3] 梁宇,郑易平. 我国政府数据协同治理的困境及应对研究[J]. 情报杂志,2021(09):108-114.

区域、不同层级、不同部门的政府机构立足"以人民为中心"的服务理念。上海"两张网"运营过程中通过信息互联互通、平等协商、权责明晰、分工合作和优势互补,发挥政府跨部门数据治理的最大化协同效应,以共同应对"两张网"交叉互嵌过程中的挑战,更高效地使数据技术服务于城市数字化转型。具体包括以下几点:

一是优化跨部门协同治理的顶层设计。依据城市数字化转型的现实需要,加强政务平台系统规章建设,聚焦"一网统管""一网通办"建设与运营过程中政务协同的顶层设计,制定统一的政务处理法规和标准,明确跨部门、跨层级、跨区域协同的参与主体、治理原则、治理目标、治理工具、权责分配、操作流程等要素,探索出台地方性实践改革长效推行机制并将其制度化,为政务服务顺利开展和城运平台健康运行提供制度保障。二是建立健全利于"两张网"跨部门协同治理的组织架构。基于"一网统管""三级平台、五级应用""一网通办""一梁四柱"组织架构[①],成立市级跨部门协同治理协调中心和领导机构,负责跨区域、跨层级、跨部门数据协同治理过程中统筹、规划、协同、实施、考核、监管等工作。探索建立首席数据官制度,成立跨部门协同治理领导小组,明确治理主要负责人,有重点、有目的性地规划、协调和推动"两张网"融合运行过程中不同部门间的合作事宜。[②] 三是完善跨部门协同治理的信息共享与利益协调机制。构建"横向贯通""纵向级联"的数据共享和管理体系,打通不同组织间数据壁垒,推动市、区、镇三

[①] "一梁"即一体化在线政务服务平台的"一网通办"总门户;"四柱"即"四个统一":统一总客服,统一身份认证,统一物流快递,统一支付。

[②] 上海市人民代表大会常务委员会. 上海市数据条例[Z/OL]. (2021-11-12). https://www.shanghai.gov.cn/nw12344/20211129/a1a38c3dfe8b4f8f8fcba5e79fbe9251.html.

级平台之间、相关管理部门之间数据全量全过程无缝共享、各有侧重、职能互补，整合不同政府部门的职能与资源，有效协同来自不同地区、不同层级、不同部门的分散化和多样化的政务数据。同时，构建与完善跨部门协同利益协调与激励机制，通过建章立制实现不同部门和治理主体间权责利相统一，协调与化解不同治理主体间的利益冲突；将跨部门协同治理和数据共享效果纳入部门考核体系，提高政府组织参与协同治理的积极性和治理效果，鼓励和引导各部门积极提供有价值的数据资源和发挥自身治理优势，实现跨区域、跨层级、跨部门的协同治理。四是优化政务平台数据的枢纽功能。加快城运中台建设，重点提升城运中台深度学习、数字模拟能力和扁平化联动指挥能力建设，推动城运中台成为城运系统的应用枢纽、指挥平台和赋能载体，依托智能化城运中台，连通各大业务系统，畅通各级指挥体系，为跨区域、跨层级、跨部门的联勤联动、高效处置提供快速响应，同步开发城运中台移动端应用，使城市态势随手可及。如徐汇区"城运中台"赋能"幸福养老"，发挥海量数据核心优势，借助智能算法模型使养老机构与养老服务需求实现精准匹配，在减轻机构负担的同时也保证每位老人都能享受到高质量的服务体验。[1]

（3）供需匹配融合

要切实提高城市治理实效，单靠政府管控的治理效果有限，需要企业、市民、社会组织等传统服务需求方的广泛参与，构建城市

---

[1] 上海市民政局. 发挥海量数据核心优势，徐汇区"城运中台"赋能"幸福养老"[EB/OL].（2021-03-12）. https://www.shanghai.gov.cn/nw15343/20210312/a9622b13a2f4451d99bd802f66d70d2f.html.

治理多元参与、共同生产的新局面。[①]"两张网"的建设与运行始终遵循"以人民为中心"的价值理念,坚持从群众需求和城市治理的突出问题出发,致力于借助数字技术实现服务的供需精准匹配。为鼓励和促进多元主体参与城市共治,要根据不同主体的特性和优势,明确不同主体的权责分配和职能边界。对此,上海市政府主动让渡部分职权以赋予其他参与主体更多的活动空间和话语权,激发其他主体的参与热情和积极性,发挥各类治理主体的优势和功能,推动数字化城市转型长效发展。具体包括以下几点:

一是完善多元主体参与的制度保障体系。构建多元开放生态体系,引入社会力量充实数据提供方、数据服务方、数据利用方等角色,探索政企、政社数据融合。以规章制度明确企业、市民、社会组织等社会力量参与城市管理和决策的权责边界,充分发挥不同主体在城市治理中的独特优势,如在"一网统管"市民随手拍、"一网通办""好差评"功能的基础上,增设更多民众反映意见和表达需求的网络入口并予以规范化,为市场和社会力量广泛参与"两张网"建设与运营,形成政府引导、市场主导、全社会共同参与的城市数字化转型格局,提供制度保障。

二是健全的社会需求表达与反馈机制体系。健全已有的社会需求表达和民众参与政务决策的运行机制,强化"市民端"的哨点作用。一方面拓宽媒体、网络平台等服务需求表达与供给反馈的渠道,依托三级城运工作体系,建立基层信息员队伍,加强对"朋友圈""微信群""微博"等新媒体的敏感舆情的收集能力,为

[①] 梁宇,郑易平. 我国政府数据协同治理的困境及应对研究[J]. 情报杂志,2021(09): 108-114.

管理力量下沉、人民广泛参与化解社会风险提供顺畅渠道和有力支撑，提高反馈时效性和精准性。另一方面畅通社会民众服务需求的表达渠道，"两张网"政务平台增设民众需求反馈特定通道并及时予以答复，保证需求信息的即时传送，从而实现服务供给与需求的精准对接与匹配。此外，充分挖掘已有政务数据中的潜在需求信息，对"两张网"运营、信访、12345热线等数据进行多维深入分析，逐步实现"未诉即办""未诉先办"，调动市民参与城市治理的积极性，使之成为"人民城市人民建"的重要参与者。

三是鼓励以市场化手段创新服务供给渠道。加强市场力量对"两张网"政务系统技术研发与操作运营的参与，借助市场化运作方式实现服务供给的效能最大化。对于非核心、基础性的技术硬件可通过政府购买或公私合作的形式，委托给私营企业负责；对于技术性难度较大的核心技术，由政府牵头提出相应的大数据信息技术研发计划，配套投入充足的资金，并邀请业界先进的科技企业共同参与研发活动，支持相关技术的攻关。同时，在引入市场力量参与技术建设与运营的过程中，辅以必要的规范条例以加强监管。

实现城市数字化转型的关键在于以公民本位、社会本位理念为指导，在民主制度框架内，将服务作为社会治理价值体系核心和政府职能结构重心，构建"服务型政府"。[①] "两张网"融合的提出与探索是城市数字化转型和"服务型政府"的具体实践，本质上是围

---

① 施雪华."服务型政府"的基本涵义、理论基础和建构条件[J].社会科学，2010（02）：3-11.

绕"高效处置一件事""高效办成一件事",用实时在线数据,从多维的角度,更准确地发现问题、研判形势、对接需求,推动线上线下、前台后台协同的高效闭环管理,从而打造人民城市的生命体征,提升城市治理的韧性与温度。

16.2 "两张网"融合的挑战与愿景

16.2.1 "两张网"面临的挑战

政务服务"一网通办"和城市运行"一网统管"借助信息技术工具重塑政务服务流程与政府组织结构,推进服务型政府建设和整体社会的数字化转型升级,显著提升了政务服务供给和城市运行的效率与质量。但"两张网"是涉及面广,跨部门、跨层级、跨区域,事项内容多的系统性和创新性概念,国际国内尚无成熟经验可供借鉴,实际和理论发展仍处于初级阶段,未来的发展也将面临一系列挑战。

(1)政务服务供给与民众需求脱节的挑战

"两张网"是以满足群众的多样化需求为导向的一体化治理界面,借助数字工具对政府各部门、各层级进行整合,以此实现"一屏观上海,一网管全城""一个界面,多样性需求提供""只跑一次"的改革目标。[①] 面向公民、以人为本、满足需求是建设"一网通办""一网统管"的初心,但在现实运营中,如何保证服务供给与民众需求精准匹配仍然是"两张网"融合面临的主要挑战之一。

---

① 李文钊.双层嵌套治理界面建构:城市治理数字化转型的方向与路径[J].电子政务,2020(07):32-42.

一方面，在"两张网"运行实践中，政府作为技术使用主体，秉承以高效管理为中心的实践逻辑和目标，往往以自身需求为出发点，站在管理者的角度建构平台体系，向社会主体、市场主体和公民等让渡的参与空间不够，社会力量直接表达自身需求的渠道有限，导致服务供给与现实需求存在脱节现象[①]，呈现"重管理、轻服务"的整体态势。另一方面，目前有关政府评价和排名的维度体系大多从供给侧出发，以客观指标作为部门绩效的评估依据，对以用户体验为具体表现的需求侧关注不够，办事者的主观评价尚未成为考量政府部门绩效的主要指标之一。[②] 这导致现实中"两张网"的运营过程往往更注重具体事项的完成数量和更新程度，而忽视了群众的内在感受和真实需求，造成客观与主观、供给与需求发生脱离。[③]

（2）数据共享与跨区域、跨层次、跨部门协同的挑战

"两张网"建设与运营的核心环节是数据要素的流通和共享，跨组织有效协同是"两张网"融合创新的前提。"一网统管"为跨区域、跨层次、跨部门的交流互动与协作共享提供了平台，可显著提升跨组织协同的效率与质量，但数据能否实现有效流通与共享是当前"一网统管"建设面临的一大挑战。一方面，由于政府部门管理体制条线分割，不同部门间"烟囱"林立、互不相通、部门壁垒现象较为突出，各个平台之间数据融合度较低，且数据参考标准也不

---

① 董幼鸿，叶岚. 技术治理与城市疫情防控：实践逻辑及理论反思[J]. 东南学术，2020（03）：24-33.
② 包国宪，周云飞. 政府绩效评价的价值载体模型构建研究[J]. 公共管理学报，2013（02）：101-109.
③ 朱宗尧. 政务图谱：框架逻辑及其理论阐释——基于上海"一网通办"的实践[J]. 电子政务，2021（04）：40-50.

一致，造成跨部门数据流通较为困难。[1]另一方面，由于缺少有效的信息共享和跨部门协同机制的规范建设，以跨区域、跨层级、跨部门为典型特征的多中心协同治理模式往往面临着成本、冲突和问责上的较大不确定性[2]，信息的横向流动、上下传递仍不够通畅，导致数据共享的时效性得不到满足，降低部门间协同工作的行动效率。[3]上海"一网通办"虽实现了特定区域系统内部不同层级和部门间的政务信息流通共享，但也面临着与其他地方政府间横向信息沟通，以及与国家相关部委间的纵向信息互联的跨区域、跨层次协同挑战。不同区域或层级的政府部门间往往在制度、利益、理念等方面存在诸多分歧和障碍，导致"一网通办"实践只能限定在特定行政范围区域之内，难以实现跨地域的横向通办或跨层级的纵向通办，降低了政务体系的整体运作效率。[4]此外，在地方政府间横向竞争日益激烈的外部环境下，当地政府为突出政绩和改革先进性，更加强调本地政务创新实践的原创性和引领性，过于追求与外地政务系统的差异，加剧地方性政务实践的分散化和政务信息的碎片化现象[5][6]，

---

[1] 邓理，王中原. 嵌入式协同："互联网+政务服务"改革中的跨部门协同及其困境[J]. 公共管理学报，2020（04）：62-73.

[2] 陈水生. 数字时代平台治理的运作逻辑：以上海"一网统管"为例[J]. 电子政务，2021（08）：2-14.

[3] 董幼鸿等. 上海城市运行"一网统管"的创新和探索[M]. 上海：上海人民出版社，2021：174.

[4] 陶振. 政务服务"一网通办"何以可能？——以上海为例[J]. 兰州学刊，2019（11）：121-133.

[5] 何艳玲，钱蕾. "部门代表性竞争"：对公共服务供给碎片化的一种解释[J]. 中国行政管理，2018（10）：90-97.

[6] 朱宗尧. 政务图谱：框架逻辑及其理论阐释——基于上海"一网通办"的实践[J]. 电子政务，2021（04）：40-50.

不利于跨区域、跨层级政府部门间开展政务协同，成为"一网通办"未来业务拓展所面临的严峻挑战。

（3）信息安全挑战

党的十九届五中全会提出"要统筹发展和安全，建设更高水平的平安中国"。"两张网"以构建共建、共治、共享的网络数据平台和政务一体化平台为依托，旨在归集、整合、传递和应用与社会民生相关的全息、多样、多维的实时数据，为人民群众提供高效便捷的优质服务。信息集中往往意味着权力集中，实践中技术"利维坦"搭建的全景式监控社会日渐成形，以个体被监控和个人隐私被威胁为典型特征的信息安全挑战愈演愈烈[①]，突出表现为信息泄露、信息失真、信息篡改、信息资源分类混乱、信息所有权模糊、信息价值重视度不够、信息收益权归属不清晰等。[②]"两张网"建设与运营涉及的信息和数据来源较为复杂多样，是一个包含海量信息的动态开放式巨型系统，信息安全保障的要求和难度更高。在具体实践中，一方面体现为对民众私人信息安全的威胁，隐私弱化和信息滥用的风险居高不下。以医疗数据管理为例，我国医疗数据的使用权和规划权主要由医疗研究人员和机构掌握，由于医疗数据蕴含巨大的商业价值和利益，因此这一权力配置也导致医疗隐私泄露事件频发，降低了公众对医疗系统的信任。另一方面，体现为"一网统管"系统的安全建设和后期安全运营难以得到有效保证。为缓解人才短缺和财政压力，政府部门往往将系统建设和后期运营等工作以市场化

---

① 单勇. 跨越"数字鸿沟"：技术治理的非均衡性社会参与应对[J]. 中国特色社会主义研究，2019（05）：68-75.
② 杨嵘均. 城乡基层智慧治理体系构建的基本范式、制约因素与创新路径[J]. 河海大学学报（哲学社会科学版），2021（04）：60-67.

方式委托给企业或第三方机构,而关于承包方在系统建设运营过程中的信息安全风险问题却缺少必需的监管和审查环节,易产生信息滥用、信息倒卖、信息泄露、恶意篡改等一系列信息安全问题。[①]

(4)高素质人才队伍建设挑战

城市数字化转型的有效推进离不开高素质人才队伍的支持。"两张网"以数字技术为依托,对管理者和操作人员的素质和能力具有较高要求,保证人才队伍建设的数量和质量也成为"两张网"建设的主要挑战之一。"一网统管"下设市、区、街镇三级城运中心,分别负责整体统筹、衔接贯通、行动落实等职能任务;"一网通办"也下设市、区、街镇三级政务服务大厅综合窗口,为市民和企业提供全生命周期、高质量、个性化的服务。其中,区级和街镇城运中心、服务大厅综合窗口等基层机构作为主要的任务传达者和执行者,却面临着人才队伍短缺、工作素质和能力不足的尴尬境地。首先,由于"两张网"建设和运行的业务性和专业性要求较高,而实践中既懂管理又精通技术研发与应用的复合型人才较为稀缺。[②]特别是区级机构的工作人员中有一部分是从其他管理部门借调而来,往往只是在此暂时任职或身兼数职,导致多头领导、人员管理混乱现象频发,人员工作重心易发生偏离,影响工作的延续性和人员队伍的稳定性。[③]其次,街镇

[①] 丁红发,孟秋晴,王祥,蒋合领.面向数据生命周期的政府数据开放的数据安全与隐私保护对策分析[J].情报杂志,2019(07):151-159.

[②] 上海人大.关于"一网统管"工作情况的报告[EB/OL].(2021-04-22).http://www.spcsc.sh.cn/n8347/n8407/n8938/u1ai234759.html.

[③] 董幼鸿,等.上海城市运行"一网统管"的创新和探索[M].上海:上海人民出版社,2021:178.

工作部门作为政府工作的一线落实和最终执行主体，对基层智能化管理的要求较高，但普遍面临人手不足、技术开发与应用能力不足等挑战。一方面街道原有工作人员的技术素养和能力往往较低，在大数据开发与应用等方面能力不足，无法满足"两张网"的工作需要；另一方面由于基层部门对数字治理逻辑的理解不统一，为满足上级数字治理的指标和要求，往往会不加区别地将所有工作都与数字技术挂钩，把原有的街道城市治理任务分配给城运中心或服务大厅综合窗口，导致其不堪重负，疲于应对各类烦琐的基础性事务，加重基层人员工作负担，制约"两张网"的健康稳定发展。

16.2.2 "两张网"融合的数字治理愿景

政务服务"一网通办"和城市运行"一网统管"，是上海城市治理的"牛鼻子"工程和金字招牌，其融合创新为上海城市治理数字化转型开辟了新的场域空间。"一网通办"的服务对象是个人、企业，围绕"高效办成一件事"，借助"一网、一云、一窗、一库、多应用"的技术架构，筑造"一梁四柱"平台结构，推进整体业务流程再造，实现政务服务一体化。"一网统管"的服务对象则是政府，围绕"高效处置一件事"，以"三级平台、五级应用"为核心，实现城市管理观、管、防有机统一，助力管理者对城市治理的精准把控。"两张网"以现代化手段助力城市治理全方位改革，通过线上线下的协同联动，推动城市治理"由人力密集型向人机交互型转变、由经验判断型向数据分析型转变、由被动处置型向主动发现型转变"，有效提升了城市运行和服务供给的精准性和高效性。因此，推动"两张网"融合创新、相互赋能、交融互嵌，最终实现"一网通治"，是上海城市治理数字化转型的必然趋势。

（1）感知与响应

如果将城市视为一个生命有机体，那么每一个"神经末梢"的感应能力，都将影响其响应速度。"两张网"的搭建基础和执行要义如出一辙，即城市感知网络的构建与布局：政务服务"一网通办"是以政府部门感知到的社会需求为出发点，通过流程再造提升响应速度与办事效率；城市运行"一网统管"则以实时感知、数据传输为运行基础，通过大数据的共享汇聚及时发现异常，并快速加以有效处置。就行动目标而言，城市治理搭建复杂而庞大的感知网络，旨在以政府部门的主动"感知"，换取城市中每一个个体的"无感"，比如：通过收集城市交通运行实时数据，借助城市大脑进行精准计算与预判，提前就道路拥堵情况布置和出台应对方案，帮助行人规避出行问题；市民在线上即可办理政务服务事项，坐等证照快递到家，享受"网购"一样方便的办事体验。因此，未来不断提升城市运行感知能力和城市服务响应速度将是"两张网"融合创新的基础性工作。

（2）"能办"与"好办"

政务服务"一网通办"运行之初，市民或企业常常反映：网上办事代替线下跑窗口后，看似节省时间，实际反倒更"一头雾水"。究其原因是，窗口办事有专业人员引导和解答疑惑，而线上操作虽标准化程度提高，但缺少个性化的"私人定制"服务。目前已有部门推出远程"帮办"等服务创新手段，但要充分满足市民的个性化需求，仍需借助"两张网"的融合交互。通过城市运行"一网统管"收集和挖掘居民特定需求，政务服务"一网通办"据此为市民提供针对性服务，同时辅以 AI 智能等高科技手段，不断提升系统的智能化、便捷化、人性化水平，真正实现政府服务从"能办"转变为群众"好办""愿意来办"。

（3）精细与精准

习近平总书记在上海调研时曾指出，"一流城市要有一流治理"。提高城市管理水平，要在科学化、精细化、智能化上下功夫。既要善于运用现代科技手段实现智能化，又要用绣花般的细心、耐心、巧心提高精细化水平，绣出城市的品质品牌。以大数据赋能群众、企业，并持续为城市高效运行提供精准化的决策方案，是"两张网"的实施诉求。"一网通办"以大数据为基础，精准对接群众急难愁盼的问题，为市民和企业提供针对性、精细化的政务服务。"一网统管"将城市的每个角落纳入治理体系，聚焦公共安全、应急管理、规划建设、城市网格化管理、交通管理、市场监管、生态环境等重点领域，实现态势全面感知、风险监测预警、趋势智能研判、资源统筹调度、行动人机协同，以数据为基石开展城市治理的精准化决策。

（4）服务与参与

新公共管理理论强调政府以用户为中心的服务意识，主张不断提高服务质量，政府必须以实现公共服务使命为基础。这与"一网通办""一网统管"最初的建设理念相契合。而随着服务网络的不断扩展与织就，仅仅依靠政府扮演服务供给主体角色的管理模式显然无法有效承载和匹配庞大的社会需求，强调参与主体多元化的公共治理理论给社会治理创新提供了理论基础。上海"人民城市人民建，人民城市为人民"的城市建设发展理念，强调以人民需求引导服务创新，打造共建、共治、共享的数字城市创新格局，因此促进社会多元主体共同参与"两张网"建设，是推动"两张网"融合创新的有效途径。未来构建超大城市治理体系将更大程度地依赖于社会力量的参与，引导市场主体参与城市数字化转型场景的建设与运营，鼓励群众主动通过各种方式参与城市的建设与管理，调动群众的积极性、主动性、创造性，做到问需于民、问计于民、问效于民，开创新时代中国特色社会主义现代化超大城市共建、共治、共管、共享的新局面。

16.3 上海"两张网"融合的经验借鉴与启示

依托"云网端边安"一体化数据资源服务平台载体，上海把牢人民城市的生命体征，打造科学化、精细化、智能化的超大城市"数治"新范式，形成了"一网通办""一网统管"相辅相成、互为表里、融合创新的发展格局。"两张网"的开发与革新不仅仅是技术应用上的迭代升级，更是深层次的治理模式改革创新，要求各条块、各部门、各主体树立"一盘棋"意识，以整体再造提升治理效率，在统筹协作中实现融合创新。毫无疑问，"两张网"融合的数字治理模式是推动上海城市数字化转型的重要助力，也是未来城市数字化治理的方向。借鉴上海治理模式并从中汲取经验，对于加快推进全国城市数字化转型具有重要意义。其他地区如何从上海经验中"取其精华、去其糟粕"，是一个值得深入商榷和谨慎论证的课题。

首先需要理清上海构建"两张网"融合数字治理模式的背景和原因。上海"两张网"建设是对国内外不断升级的城市治理变革和信息科技革命的回应。面对来自国内外经济、政治、科技等方面的多维压力，上海主动融入城市数字治理变革之大局，顺势而为、乘势而上，成为全面深化改革的"当头炮"、政府职能转变的"先手棋"。[1] 党的十八大以来，全面深化"放管服"改革，转变政府职能，不断优化发展环境，最大限度激发社会与市场活力，在全国掀起了新一轮的行政体制改革。2019年，习近平总书记在上海调研时指出，要抓好"一网通办""一网统管"建设，坚持需求导向和问题导向，做到实战中管用、基层干部爱用、群众感到受用。自此，推进"两张网"建设与运营，成为上海开展超大城市精细化治理的新起点、新方向和新目标。此外，从上海自身发展定位而言，其作为直辖市、国家中心城市、超大城市，是由国务院批复确定的中国国际经济、金融、贸易、航运、科技创新中心。2021年上海城市GDP总量为4.32万亿元[2]，名列全国第十，在开展城市数字治理模式创新方面具有雄厚的财政和科创实力。

上海城市数字化转型的顺利推进既依赖其得天独厚的政治、经济与科技条件，也取决于其长期实践经验。总览上海"两张网"建设与融合的数字治理模式及相关经验，可从以下三点进行归纳。

一是价值理念层面。上海在推进"两张网"融合建设时，始终将人民群众摆在首要位置，以满足群众需求和解决实际问题为出发点，把人民群众的认同和满意作为"两张网"建设与运营的逻辑起点和实践目标，追求构建以人民为中心的服务型政府。但在"两张网"现实运营过程中，也会因为管理体系、技术工具和人员能力的

---

[1] 石磊，熊竞，刘旭.上海"两张网"建设的发展背景、实践意义和未来展望[J].上海城市管理，2021，30（02）：17-21.
[2] 中国新闻网.2021年上海GDP增长8.1%突破4万亿元［EB/OL］.（2022-01-20）.https://baijiahao.baidu.com/s？id=1722442221117828556&wfr=spider&for=pc.

限制，未能准确捕捉用户的真实需求和内在感受并采取措施，造成一定程度上的供需脱节（对应章节16.2.1挑战1）。鉴于此，无论是传统城市治理抑或数字化治理，政府都需明确城市治理的初心是为人民服务，坚守人民至上的价值导向，以满足人民需求为服务出发点，真正将"人民城市人民建、人民城市为人民"的"人民城市"理念贯彻至城市数字化治理全过程之中。

二是体制机制层面。在体制建设方面，"两张网"的建设与运营是一个涉及多平台、多部门、多主体的复杂性系统工程。以上海为例，城市运行"一网统管"坚持"三级平台、五级应用"的运作体系，包括市级、区级、街镇级的运作平台，以及与之相对应的市级、区级、街镇、网格、小区楼宇五级应用；政务服务"一网通办"需公安、交通、气象、人社、民政、财政等多部门的协同才能顺利开展。但在实际运行过程中也面临部门间数据壁垒、标准不一、融合度较低等问题，地方性政务实践分散化和政务信息碎片化现象较为突出（对应章节16.2.1挑战2）。因此，地方政府在推行"两张网"建设时，应先完善顶层设计，依据本地特点制定自上而下的、统一的建设架构体系，按照上层政府统筹、街道引导，下级部门执行的协同方案，推进其下各区域政务服务和城市运行规范化。在机制建设方面，"两张网"均涉及跨区域、跨层级、跨部门问题的协调处置。政府应当在推行"两张网"建设之初，便构建突破行政部门壁垒的协作联动机制并统一数据接口，打破条块间的藩篱与障碍，以整体性政府的思维推动地区间、条块间、部门间的业务流程再造与重组，从而为"两张网"融合提供先决条件。

三是技术应用层面。当今时代，大数据、云计算、人工智能等高新科技正全方位渗透社会经济发展的各个领域，全面变革社会整体发展模式，将高科技智能手段与传统社会治理模式相融合是城市发展大势所趋。上海"两张网"融合创新的关键在于打破壁垒、共享信息、部门协同，通过数据挖掘和多维度算法，主动发现和处置问题，其中，以人工智能、深度学习为主的高科技手段是支撑前台系统顺利运行的核心。[①]数字化治理最大的挑战就是保障数据安全。公共服务的个性化程度越高，数据安全面临的威胁往往也越大。在运行实践中，数据滥用、数据泄露、恶意篡改、平台安全建设及后期安全运营等信息安全问题日益突出，加之缺少精通管理技巧与技术研发应用的复合型人才，在一定程度上制约了新兴技术快速应用于城市治理实践（对应章节16.2.1挑战3和挑战4）。因此，城市治理应当综合运用传统治理手段与现代治理工具，加强新型基础设施建设，充分利用高科技赋能，架构城市数字治理的神经网络，不断提升城市感知、研判、预测、服务等方面的智慧化水平，提高城市服务和治理的效能与精细化管理水平。与此同时，加强数据全生命周期信息安全防护，健全数据治理标准与安全规范体系，重视对政府部门人力资源的吸纳、开发、培训和管理，充分调动政府职工的积极性和工作热情，促使人才效能发挥的最大化，为城市数字化转型提供人力保障。

智慧化城市不只是若干功能的简单叠加，还是一个智能的生命体。它通过城市"感、传、知、用"等全要素覆盖，实现业务感知、数据传输、信息分析与处理、城市应用的完整闭环，构建完整

---

① 赵原江，戴佳慧，杨斯钰. 人工智能与护理安全管理[J]. 全科护理，2019，17（31）：3901-3905.

的数字化体系，融入城市全要素，让城市顺畅运行、均衡发展、自我优化、生生不息。因此，推进"两张网"创新融合、相互赋能、交融互嵌是城市数字化转型的必然选择，是数字技术、数字经济、数字社会创新发展的重要驱动力。打造科学化、精细化、智能化的超大城市"数治"新范式，应始终以服务公民和社会需求为导向，探索"两张网"融合发展的新模式，通过"两张网"相互赋能实现寓管理于服务之中，共同推动由"管理型"治理向"服务型"治理的有效转变，形成双轮驱动、两翼齐飞、供需精准匹配的智慧政府建设格局，实现政府"善治"和城市整体"智治"的发展目标。

第17章
科技重塑城市韧性基因

孙磊　杨雨琦

城市作为一个复杂的社会生态系统，其安全和发展面临系统内外的诸多冲击和威胁。"城市韧性"理念强调城市在发展和运行过程中，吸收抵御各种干扰的能力。随着经济社会的不断发展，将城市建设得更加具有韧性已经成为不同城市建设的共同目标和战略选择。《中共中央关于制定国民经济和社会发展第十四个五年规划和二〇三五年远景目标的建议》亦明确提出推进以人为中心的新型城镇化，建设韧性城市。依托强大的经济和技术优势，上海市于2019年率先启动"一网统管"城市运行管理数字化工程，以"一屏观天下，一网管全城"为城市建设愿景，并以此为重要城市建设支点，为城市韧性筑造起坚实的数字基座。

17.1 "韧性"理念与韧性治理

韧性（resilience）主要指系统抵抗干扰并保持原状以及在状态被外力改变后恢复原状的能力，是当前生态学、心理学、社会学、管理学等多学科共用的学术概念。小至个体，大至国家，皆具韧性，近年来随着诸多全球性事务愈发棘手，如何加强全球韧性（global resilience）也被提上研究议程。在城市治理研究与实践方面，2002年，倡导地区可持续发展国际理事会（ICLEI）首次提出"城市韧性"（urban resilience）议题，并将其引入城市与防灾减灾研究。[1]与"韧性"概念内涵基本一致，学界通常认为一个具有韧性的城市系统应该能够适应外部环境变化，能够吸收和适应各种扰动，并从干扰中快速恢复。

从理论层面看，当前关于"城市韧性"议题的讨论已呈分散化趋势，灾害韧性、工程韧性、生态韧性、社会—生态韧性等视角通常具有不同的讨论边界与理论主张。[2]工程韧性（engineering resilience）主要应用在工程学领域，指的是单一稳定状态的维系，强调系统在受到干扰之后能够恢复到原先均衡状态的能力；生态韧性（ecological resilience）概念认为系统极难甚至不可能复原到原来的状态，否定了工程韧性论中单一、稳定的均衡态观点，强调多重均衡；而社会—生态韧性则强调系统内部的动态性特征，无论外界干预与否，系统的本质都会发生变化，关注系统的自组织、学习能力与适应能力。[3][4]

---

[1] SAFA, et al. Modeling sustainability: population, inequality, consumption, and bidirectional coupling of the Earth and Human Systems [J]. National Science Review, 2016 (4): 470-494.

[2] SANCHEZ A X, JEROEN V, OSMOND P. The city politics of an urban age: urban resilience conceptualisations and policies [J]. Palgrave Communications, 2018 (8): 4 (1): 25.

[3] 陈玉梅，李康晨.国外公共管理视角下韧性城市研究进展与实践探析[J].中国行政管理，2017（01）：137-143.

[4] 杨秀平，王里克，李亚兵，等.韧性城市研究综述与展望[J].地理与地理信息科学，2021，37（06）：78-84.

在城市治理领域,"韧性"已从一种单纯的描述性概念转变为一种思考问题和建设城市的方式[①],城市"韧性治理"理念应运而生。

从实践层面看,随着经济社会的不断发展和人口的增加,城市将面临更多高度不确定的外部致灾因子和内生风险因素扰动。而在城市风险正日益呈现复合化特征的背景下,传统的应急管理及城市治理模式已愈发显得力不从心。"韧性治理"是对当下城市治理模式的一种新的理论构想。其根植于韧性系统应具有的组织能力、抵御能力、适应能力和学习能力的理论主张,吸收多主体"公共治理"理念,从"治理"角度出发,倡导城市内部不同的公共治理主体应以提升自身对于复合型风险冲击的适应能力为目标,基于合作治理和组织学习机制建立新的治理模式。[②] "韧性治理"则为城市建设提供了一个战略思路,如何使其拥抱数字化时代潮流则是城市管理者和建设者面临的现实命题。

17.2 "城市韧性"的新动能——"一网统管"

赋能授权源一词自"empowerment"的汉译,包含授予权力(authority)和增加能力(capacity)等多重含义。而从心理层面讲,授权赋能不仅包含授予权力和增加能力,还包含通过正式的组织实践和非正式的效能信息提供,进而提高赋能对象的自我效能

[①] MEEROW, SARA, NEWELL, JOSHUA P. Urban resilience for whom, what, when, where, and why? [J]. Urban Geography, 2019, 40(3): 309-329.

[②] 朱正威,刘莹莹.韧性治理:风险与应急管理的新路径[J].行政论坛,2020,27(05):81-87.

感。[1] 与传统的零和博弈下单纯授权（delegation）不同，授权赋能（empowerment）通过共享信息、知识等不同资源实现总体权力的加强，被认为是一种新的管理方法，可以通过结构性授权赋能、心理授权赋能，以及领导授权赋能等不同方式进行。[2]

数字化、网络化和智能化已经成为新一代数字技术的核心。[3] 通过数字赋能城市治理被认为是应对这些挑战、提高城市韧性的可行路径。将与城市运行有关的多源基础数据相融合，结合实时物联感知和视频监控数据，借助智能化的数据分析手段，可以高效排查城市运行中的潜在风险。与此同时，数字技术赋能能够弥合不同组织协作的缝隙，提高突发事件应急处置效率。[4]

上海市在全面推进城市数字化转型过程中（见图17.1），把整个城市作为"有机生命体"统筹谋划建设，将城市生命体的不同子系统（城市人类社会系统和城市物理空间系统）数字化、网络化和智能化，试图建立一个物联、数联和智联的数字城市；同时，按照"三级平台、五级应用"的逻辑架构，建立市、区、街镇三级城运中心，力图实现"高效处置一件事"。市级城运中心重在顶层设计，为三级城运中心提供大数据基础设施的开发建设，制定智慧化系统发展规划，汇集数据、集成资源，为全市"一网统管"建设提供统

---

[1] 张燕，王辉，陈昭全.授权赋能研究的进展[J].南大商学评论，2006（04）：117-132.
[2] 雷巧玲.授权赋能研究综述[J].科技进步与对策，2006（08）：196-199.
[3] 徐宗本."数字化、网络化、智能化"新一代信息技术的聚焦点[J].科学中国人，2019（07）：36-37.
[4] 侯晓菁，李瑞昌."一网统管"让城市管理更智能——上海市街镇应急工作调查[J].中国应急管理，2021（05）：82-86.

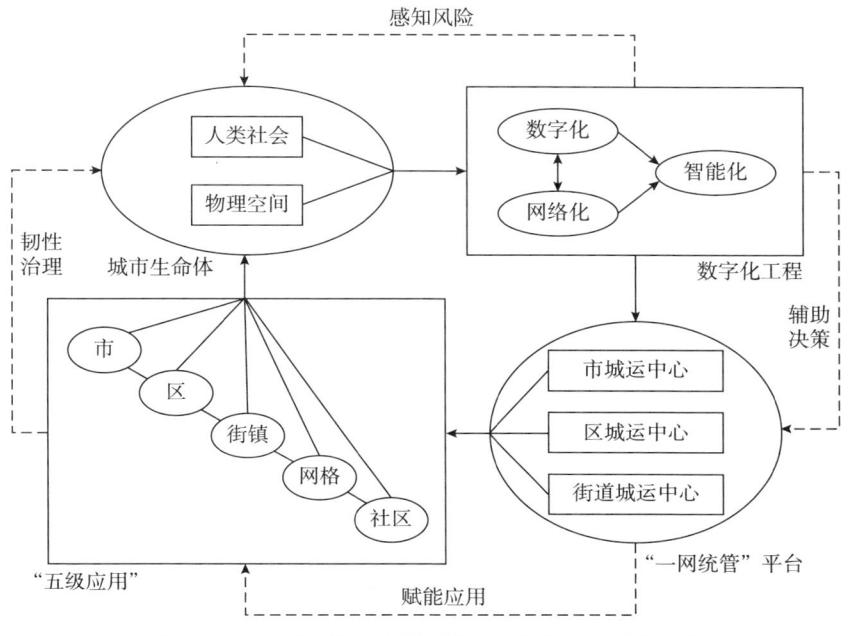

图17.1 "一网统管"支撑下的上海韧性城市建设实践

一规范和标准,同时强调数据和联动标准的统一,必要时对全市性重大事项进行统一指挥。区城运中心重在发挥承上启下的功能,向上链接市级,向下指导街镇,提供与本级应用相适应的软硬件基础,强化本区域个性化应用的开发和叠加能力,为区级和街镇、网格实战应用提供有力保障。[①] 街镇城运中心重在统筹基层资源与线上线下事件处理闭环,街道是数据收集的前端和事件处置的末端,需要统筹调动街镇一级的全部资源和力量,提高统一战线处理事件的能力。

---

① 人民日报.人民日报聚焦上海建"一网统管"平台:一块屏里的社会治理[EB/OL].（2020-04-29）. https://www.thepaper.cn/newsDetail_forward_7190831.

上海市试图借助"一网统管"工程，推动城市治理模式和体系的变革与重构，比如建立城市运行数字体征系统，实现对城市运行风险的智能感知、用数字化方式辅助城市管理主体决策、实现从市到社区的多层治理主体赋能，进而实现城市的"韧性治理"目标，重塑城市韧性。

有学者指出我国传统的城市治理模式存在基层权责失配、风险防控失衡和部门协同失调等短板，具体表现为基层的城市风险防控责任与其拥有的权利资源不相匹配、重视危机的应急响应但对风险预防投入不足、各部门碎片化管理缺乏协同等。[1] 除上述短板外，有研究认为问题感知灵敏度不够和风险防控的精准性有限也是制约城市治理效能释放的原因。[2] 综合而言，基层治理能力欠缺、城市应急管理效率不高、部门协同较差给建设韧性城市和推进韧性城市治理提出了重要挑战。毫无疑问，上海市"一网统管"建设为应对这些挑战、为培育上海"城市韧性"的新动能，在不同城市治理主体、不同城市治理流程和不同城市治理系统上均有所体现。

17.3 协同数治下的主体韧性

将城市韧性放在治理的语境之下，城市韧性的提高则需要具备韧性治理能力的现代政府组织。上海"一网统管"实践赋能城市的

---

[1] 吴晓林.特大城市社会风险的形势研判与韧性治理[J].人民论坛，2021（35）：56-58.
[2] 容志.技术赋能的城市治理体系创新——以浦东新区城市运行综合管理中心为例[J].社会治理，2020（04）：51-59.

全主体韧性表现为纵向各个层级、横向不同部门的政府组织的韧性治理能力得到提升。上海"一网统管"数字化从功能韧性和组织韧性两个方面赋能政府城市治理：功能韧性在对外维度体现，在非常态环境下依然能维持正常运作的能力，使政府的"条条块块"稳定有序地对外发挥效能，携手市场和社会，实现多元主体的协同共治。组织韧性则是政府主体对内维度韧性的体现，以优化组织内部的机构设置与职能安排，提高治理效能。[①]

17.3.1 功能韧性：数据汇流与"最小管理单元"理念

超大城市作为复杂的社会生态系统，其治理从主体到对象必然呈现多元化。单纯依靠传统的部门分工、条块结合的方式已经越来越难以满足超大城市的整体性治理需求。适度把城市治理的权力从政府主体让渡给市场、社会等多元主体，已成为从"城市管理"到"城市治理"转变的必然要求。受限于传统政府部门条块分割、各自为政的治理现状，城市治理效能没有充分释放。数字化技术手段通过数据汇聚和流动整合了无缝隙的治理体系，推动了不同层次政府部门、政府部门和市场治理主体的协同共治。上海通过推进城市"一网统管"，重构了城市治理体系，明确了市场在城市风险防控方面的主体地位。比如黄浦区践行城市最小管理单元的管理理念，通过与企业联合，以南京大楼为试点打造了"数字孪生"系统，将南京大楼作为开展城市数字治理最小管理单元的一期试点。在南京大楼的试点中不同主体的责任得到了明晰

---

① 张乾友.组织理论、政治理论与社会理论——公共行政的知识图谱[J].甘肃行政学院学报，2014（05）：4-11.

的划分，在不同应用场景中形成了责任闭环，各主体各司其职。保安、保洁等城市值守人员作为责任主体，企业、楼宇负责人等作为市场主体，与区政府、城运中心等城市管理与监督主体形成了管理闭环。[①]

上海城市最小管理单元数字治理实践充分发挥市场主体在城市治理中的积极作用，促成市场与政府的协同合作与良性互动，实现城市治理资源的高效利用、城市治理主体的高效联动，实现社会利益与市场利益的双赢。而在田子坊治理案例中，我们则看到了最小管理单元理念下政府与社会公众的合力。

田子坊是老上海弄堂文化与现代艺术相融合的创意街区，是上海著名景点，同时也是居民住宅区。但是田子坊的房屋基本建造于20世纪二三十年代，房龄动辄八九十年，是一个房屋结构、居民人员、业态都非常复杂的社区，田子坊地区管理的难点和痛点就在于房屋、用电、消防等方面，以及作为景点伴随而来的大客流安全问题。[②] 2021年4月，田子坊的一商家在营业结束后，店内发生电器故障而引发了火灾，因为该商家已经签署管理协议并且安装了火灾感知设备，所以离起火点最近的消防队及时出警并将火情消灭在萌芽状态。此次事件成了政府向公众宣传推广自费安装智能硬件设备的转折点，居民和商户通过发生在自己身边的事例认识到安装感知设备的重要性，如果发生火灾，不仅其自身的财产会蒙受损失，周边的居民和商户也可能会受到影响。因此原先不愿意安装智能硬件

[①] 澎湃新闻．城市智能体构建"活"的南京大楼，上海城市数字治理再现佳作［EB/OL］．（2021-03-02）．https://www.thepaper.cn/newsDetail_forward_11518522.

[②] 经济观察网．上海这一超大型城市治理新思路：云、大数据、人工智能等打造最小管理单元［EB/OL］．（2021-07-08）．https://www.sohu.com/a/476282278_118622.

设备的居民和商户开始自掏腰包安装设备，他们与黄浦区政府、田子坊管理办公室、当地消防部门共同打造了一个最小管理单元样本工程。

黄浦区政府领导表示，"落实最小管理单元责任是'人民城市人民建，人民城市为人民'重要理念的现实方案"，田子坊社区明确了每位居民和小商户需要承担的维护社区安全的责任，这个责任的承担是利己利他的，"如果是政府全款办成这件事，老百姓的配合度和设备后期的维护都是很大的问题；而当最小管理单元的理念深入田子坊社区的每户居民心中，由居民和小商户自费安装各类智能传感硬件设备，并负责后期设备的日常检修与维护，居民和商户就承担起了社区安全卫士的责任，政府更好地强化了监管责任"。

上海推进"一网统管"数字化工程采用政企合作的模式，以政府、市场和社会为治理主体，政府作为运营方，市场作为数字平台的开发方，充分调动市场力量，利用互联网等技术密集型企业在数据和技术上的优势，借助数据全面感知社会事项及公众所需，减少政府公共管理的横向协调及纵向整合的成本，大大提高了政府向社会提供公共服务的效率。市场、社会、民众等多元主体也逐渐参与到城市治理中，达到数据的共享共治，逐渐使多元共治的城市治理模式变成常态，提高城市功能韧性。[①]

17.3.2 组织韧性：架构优化与"三台一体"实践

城市韧性治理目标的实现需要高效科学的政府组织和体制具体

---

① 梁正.数字技术助力基层韧性治理的逻辑进路[J].国家治理，2021（41）：15-19.

负责，组织内部的机构设置与职能安排会影响执行与治理的有效性。学界将管理活动职能分为计划、组织、指挥、协调、控制等，以此视角来审视上海的"一网统管"实践，会发现数字化方案已开始重塑这座超大城市的组织韧性。

（1）计划组织：整体政府目标和新型组织架构

简政放权、机构改革、提高政府办事效能以及增强人民满意度，一直是现代政务服务改革孜孜以求的目标。[①] 实现整体政府目标需要城市管理者着眼当下、放眼未来，在智慧化与数字化的现代城市发展背景下，上海智慧城市治理体系不断完善，围绕"高效办成一件事、高效处置一件事"，将政务服务"一网通办"、城市运行"一网统管"的"两张网"建设作为城市发展的中心任务来抓。当前全市所辖16个区、107个街道都正在有效推进城市"一网统管"建设，已建立起市、区、街镇三级的城运管理中心和平台。

上海政府在推进"一网统管"实践的过程中，遵循整体性政府、无缝隙政府等理念，借助大数据信息与数字孪生技术模拟城市运行场景，在实时数据生成的过程中进行算法决策，制订城市管理计划，同时推动跨区域、跨部门、线上线下的协同一体化，实现"一屏观天下、一网管全城"。从最小管理单元入手，将城市中的人、事、物等管理要素纳入统一与高效的管理网络。"一网统管"就是上海城市管理者在坚持"人民城市人民建，人民城市为人民"理念下做出的政府整体性治理创新。在具体实践中，城市管理强调

---

① 石磊，熊竞，刘旭.上海"两张网"建设的发展背景、实践意义和未来展望[J].上海城市管理，2021，30（02）：17-21.

"解决问题驱动",即在一定目标下,以存在的问题为中心,将问题识别和建构作为组织决策和执行的起点,聚焦于解决问题的方案,有效解决问题。[1]

以推行"一网统管"为标志,上海市迈入技术深度嵌入城市管理阶段,城市管理中台出现并串起前台与后台,形成以"事"为治理对象的"三台一体"的新型组织模式。前台以高精度的物联感知和一站式的公共服务为基础,物联感知智能设备负责感知与收集城市运行的各种数据,一站式的公共服务则是基于城市网格化管理形成的,面向公民和组织的服务平台,是政府与民众直接互动交流的载体,例如一站式政务服务网站、手机端App、微信公众号与小程序等。后台对应城市中信息化建设的公共管理部门和组织,将前台感知和收集到的数据与信息汇总起来并以数据库的形式呈现,政府内部运营和管理人员有权限进入数据库,利用数据库的资源支撑和改善现有的公共服务。大数据技术的应用本身没有改变传统的城市治理遵循的专业化分工、分部门的原则,只不过其分工依据的是"事",以"事"为中心的部门管理后台,其工作目标并不是在各自职责范围内完成工作,传统的按照城市要素、对象以及工作流程划分来开展分工与合作的模式正在慢慢被按"应用场景"划分的城市管理后台代替。中台的建设是"一网统管"中最为关键的部分,中台所拥有的AI智能和算力为前台与后台的沟通架起了桥梁。数据中台部分地吸收了前台的数据采集等能力和后台的数据分析、决策制定等能力,并对

---

[1] 刘伟.技术运行与"一网统管"新型组织模式的建构[J].行政论坛,2021,28(03):125-130.

这些能力加以系统化整合与升级，转变为专门的城市数据管理能力。[1]上海的三台一体建设将前台、中台、后台汇集到一张统一的线上线下协同一体化的管理网络上，促进了城市政府的整体性治理能力建设，建构起大数据技术与政府治理机制紧密契合的新型政府组织模式。在应对外界风险和挑战等例外事件时，三台一体的新型政府组织模式具备更多抗干扰性、灵活性以及学习能力，能够充分接受外界环境的多样性并就外界环境的变化进行调整和适应，从而消减脆弱因子，提高组织韧性。[2]

（2）高效指挥：物联数联助力应急指挥

现代化社会发展的过程中伴随着城市风险复杂程度的提高，各类新型和复合城市风险对城市治理中心的指挥能力提出了新的更高的要求。城市指挥力的提升需要信息更新与汇总，当城市中发生突发事件时，城市管理中心能够做出兼具时间维度的有效性和精准维度的科学性的布局指挥显得格外重要。物联网感知系统进行实时数据感知与汇总，上海目前已经汇集全市218类1.79亿个数据感知端，这些数据感知端24小时为保障城市安全服务，并将数据从后台汇聚到城市大脑中，形成强大的发现、决策、指挥、监测机制。物理网技术给政府应急管理工作带来了从被动应对到主动发现的转变，同时在信息数据收集的时候增加了一个实时更新的维度，实时产生的新数据源对于提高应急指挥能力的有效性与科学性起到至关重要的作用。

---

[1] 刘伟.技术运行与"一网统管"新型组织模式的建构[J].行政论坛，2021，28（03）：125-130.
[2] 梁正.数字技术助力基层韧性治理的逻辑进路[J].国家治理，2021（41）：15-19.

2021年9月中旬，台风"灿都"登陆中国东部沿海，临港是受台风冲击最为严重的区域之一，是上海防汛防台的前哨阵地。临港城运中心在经历台风"烟花"之后就已经升级到3.0版本，围绕公共安全、公共管理、公共服务、经济建设、民生服务"五维一体"的架构，已初步完成"一屏观天下"城运平台的搭建。从城运大厅屏幕上可以精确地看到浦东新区各个街镇的实时值守情况，包括台风的行进路径。通过临港智眼视频发现的问题，借助4G、5G的实时传输将其及时报送给相应的防汛部门，防汛处置部进行专业的指挥，指导现场工作。除了提供更加具有时间价值的实时数据之外，数字技术还能够辅助部门做出科学应急决策，而不再让数据汇总仅停滞于"看板"功能的实现状态。从技术发现问题、技术分析问题到技术解决问题，形成了科学有效的应急指挥闭环。第一时间收集、梳理区域动态信息，进行实时监测，发出预警，指挥行动，实现应急状态下及时响应、顺畅指挥。

（3）协调控制：跨部门、跨层级、线上线下协同

既有研究指出，"数据传递质量"问题会导致政府不同部门在协同处置事务过程中的纵向协调不畅和横向协调不顺，借助信息通信技术赋能是破解此类协调困境的策略选择之一。[1] "一网统管"中的"一"强调市、区、街道三级一体的城市运行系统的协同，重视引入大数据技术，实现数据信息的一致性、处置平台的标准化和处置过程的协同性。上海"一网统管"系统整体性推进市、区、街镇

---

[1] 侯晓菁，李瑞昌."一网统管"让城市管理更智能——上海市街镇应急工作调查[J]. 中国应急管理，2021（05）：82-86.

三级智慧城运建设，战略性布局社会治理、工程治理和生态治理等板块。[1]

"一网"强调横向和线上线下维度的协同，网格化的协同管理优化了治理流程，提升了处置效率和效能。以城市事件为牵引，推动公安、交通、卫生等跨业务部门横向打通，线上线下配合联动，实现全城一体化指挥调度、全域"一盘棋"、全事件智能化高效响应，提升了城市管理的智慧化水平，从而实现"一屏观天下，一网管全城"的目标。新冠肺炎疫情发生以来，上海全市打破了公安、交通、医疗等机构的信息和数据壁垒，融合了气象精细化智能管理系统、交通智能化管理系统等专业系统平台，整合资源，建立了统一高效的调度指挥体系和机制，提高了业务部门协同处置能力。"一网统管"线上端口与线下基层的巡防力量相互配合，提升了线上线下协同的精准治理能力，形成线上线下协同的高效闭环管理。在"一网统管"平台上线之前，徐汇区某居委会的基层工作者需要做很多填写表格、电话沟通等工作。而在上海市成立"一网统管"轻应用开发及赋能中心，上线了各类应用服务之后，该居委会借助新应用平台实现了社区工作的无纸化，工作流程更加畅通无阻，工作进度、责任人也能够清晰追溯，之前需要花费1个小时的任务现在5分钟就可以在线完成，大大提高了工作效率。[2]

---

[1] 陈水生.数字时代平台治理的运作逻辑：以上海"一网统管"为例[J].电子政务，2021（08）：2-14.

[2] 陈水生.数字时代平台治理的运作逻辑：以上海"一网统管"为例[J].电子政务，2021（08）：2-14.

17.4 数字应急中的韧性过程表达

上海"一网统管"实践从应急管理全过程的角度，着力推进大数据、云计算、区块链、人工智能、物联网等现代技术在预防、准备、应对、恢复等方面发挥作用，克服城市在突发危机面前的脆弱性，增强城市韧性。

17.4.1 预防减缓：全面感知与智能预判

灾前预防阶段强调灾害发生前的预防准备工作，即在灾害尚未发生和扩大之前采取切实有效的各种措施和行动，以减少灾害损失，是城市灾害韧性中最为关键的环节。在灾害预防阶段，与风险因子相关的各类原始数据是有效预防的基础，而原始数据通常具有分散性、非结构化的特征，上海"一网统管"为信息与数据的收集提供了技术和制度两个层面的支持，两者配合让数据收集实现全城覆盖与实时更新。上海"一网统管"着力推进物联网、人工智能等现代技术在发现、预防危险因子等方面的作用，为保障城市安全运作，智能感知端24小时在线，实时捕捉风险信息。"让城市能呼吸、有脉动"，上海的数字生命体征将城市作为一个有机生命体，依托布设全城的神经元体系，实时描绘动态变化的城市运行生态，帮助城市管理者实时掌握城市运行中的风险因子。比如南京大楼配备的烟感与摄像头能够实时检测各个楼层人员的危险行为，如果检测到有人做出拿起烟的动作，感知系统就会将信息传送到后台，经过AI识别后发送警报给距离事发点最近的保安，保安在线下进行提醒与劝阻。

风险预警阶段的数据加工也非常重要，传统危机管理中对收集的信息数据的加工主要依靠计算机的统计处理，计算机的算法则是由熟练计算机操作的决策者设定的，因此对数据的处理能力和风险研判能力具有高度非程序化与低科学化的特点；另外，传统研判模式仅能对结构化数据进行处理，但是原始数据绝大多数是以非结构化的形态存在的，这就导致很多非结构化的数据在风险研判过程中没有被利用起来，客观上造成决策"失聪"。[①]

"一网统管"能够综合运用大数据、AI算法与云计算等新技术，对分散在城市系统各个层面的、以各种形态存在的结构化与非结构化数据进行全样本分析，通过高度科学化与程序化的方式为风险研判提供决策辅助。从既有的事实与经验看，"一网统管"增强了城市治理的常规能力，但是应对和处理重大突发公共事件的应急能力还有待进一步提升。本次疫情暴露出上海在常态化疫情防控中存在的不少问题和薄弱环节，尤其是对奥密克戎变异株特性和规律的认识还不够，这个问题近期也在全国多个城市防疫过程中显露。一方面，常规治理能力与应急治理能力都是建立在治理资源的储备、治理体制机制的顺畅以及治理者的素养之上的。另一方面，常规治理能力越有效，就越容易产生惯性，在转化为应急治理能力时所需的制度成本也就越高。

上海"一网统管"全面提升了城市在风险感知和预判方面的数字化水平，能够推动灾害预防从人力密集型向人机交互型转变、从经验判断型向数据分析型转变、从被动处置型向主动发现型转变[②]，

[①] 董幼鸿，叶岚. 技术治理与城市疫情防控：实践逻辑及理论反思——以上海市X区"一网统管"运行体系为例[J]. 东南学术，2020（03）：24-33.

[②] 新华社. 上海："两张网"赋能，数字治理有温度［EB/OL］.（2021-02-20）. http://www.gov.cn/xinwen/2021-02/20/content_5587822.htm.

能够使城市韧性治理体系和治理能力得到显著提升，城市运行更安全、更有序。

17.4.2 应急准备：应急资源高效调度

上海"一网统管"平台调度资源的能力依托于城市的网格化管理，市、区级城运中心已经建立了日常管理和应急处置"一体化"工作实体，实现应急管理共享网格化管理资源，形成"多种平台合一，多项任务切换，多个队伍整合，多样信息汇总"的格局。[①] 有的区甚至实行应急办、网格化管理平台、公安"110"合三为一的制度，组建综合大联动中心，既负责日常的网格化管理事务，又负责灾害发生之后的应急处置，便于整合有关资源和力量。上海市防汛抗灾指挥系统也是"一网统管"城运中心的重要组成部分，在重大城市汛涝灾害面前，能够做到全网动态更新防汛预警响应指令，实现抢险人员、移动泵车和防汛物资实时智能调度。如在应对暴雨积水时，政务微信能够一键建群，实现排水、路政、公安联勤联动；建立移动泵车调度平台，实现对全市现有泵车的智能指挥，并能够实时整合积水预警和积水发生信息，实现泵车的事前部署和机动调度，实时下达调度指令，将现场音视频接入大屏，提升泵车利用效率；采集防汛储备物资信息，优化最短路径算法，智能推送调度方案，实现防汛物资网上监管、物资需求优化调配和调度指令网上流转。[②]

[①] 湖北省人民政府驻上海办事处.提升城市韧性 守牢安全底线——上海城市应急管理体系建设的经验及启示[J].湖北应急管理，2022（01）：60-63.
[②] 沈建刚.基于一网统管的上海市防汛防台风指挥系统建设[J].中国防汛抗旱，2021，31（06）：21-26.

17.4.3 响应处置：数字化赋能高效抗灾救险

应急响应阶段要求政府具备在灾害发生期立即调集人、财、物进行及时的灾害救援和处置的能力。[①] 上海市"一网统管"实践已经将应急管理工作融入城市运行体系，当城市系统受到风险的扰动和冲击，进入非常态情景中时，借助城运"一屏一网"能够快速转化与反应，及时修复风险因子对城市系统造成的破坏，实现对城市的精细化治理、标准化管理。

2021年9月，"灿都"台风来袭，上海依托智慧城市数字化赋能，通过城市运营智慧运管平台的监测预警与现场应急联动机制的运行，及时发现和消除暴雨引起的道路大坑积水等交通安全隐患，高效处置高架、大桥、越江隧道等重点交通设施的突发事件。当蓝色预警启动时，应急抢险车队会在10分钟内甚至更短的时间内到达现场开展抢修与救援。

"一网统管"的秒级响应也依托于基层应急响应主体作用的发挥。基层既是灾害的直接承受方，也是最及时响应危机的治理主体，在城市应急响应中发挥重要的基础堡垒作用。在上海技术赋能的背景下，基层政府借助数字技术手段实现了风险应对能力的逐步提升，尤其是在重大突发事件中的响应速度及处置效果得到了显著提高。比如，在岁末年初的寒潮应对中，上海通过供水管网中的3万多个传感器，对将近9 000个小区进行水量监控，利用大数据、人工智能，借助数字技术建立自动预警系统。在水流减缓、水压降低时，相关责任部门可以第一时间告警，派抢修队伍到现场，常常

---

① 王佐权.上海城市区域韧性评价研究[J].防灾科技学院学报，2021，23（04）：58-66.

在接到市民电话前,抢修人员就已经出发赶往现场,真正做到"让预警跑在老百姓的报修前"。[①]

技术赋能带动了技术授权,基层的事务由基层自主处置,治理效率与效果得到了上级政府的肯定与信任,因此上级政府更愿意下放权力于基层,由此提升了整体治理效能,而且有助于精细化治理目标的实现。

17.4.4 灾后恢复:维系稳定与经验总结

在上海"一网统管"平台中,大数据和智慧系统的强大功能在灾后恢复与经验总结中起到很大的作用,如临港新片区政府就通过人工智能技术与物联网数据整合开发了一套智能决策系统,在历史事件数据基础上进行事件模型的搭建,建立城市事件处置模型,实现上报事件的智能立案、智能派单、智能处置、智能核查。上海防汛防台指挥系统可以通过收集百年来影响较大的台风数据,分析近十年来上海主要灾害事件的影响要素,从而在台风来临时进行比对,辅助科学决策。疫情防控期间,大数据技术"赋能"城市复产复工,比如要求沿街商户通过"随申码"自助填报营业时间、复工人员健康状况、是否已过隔离期等信息,开展数据智能核验与日常抽查巡查工作,保障商户利益和市民的健康安全。另外,"一网统管"系统记录了各部门和各地区参与疫情防控工作的数据,能反映各部门面对疫情时应对措施的得和失,便于提醒各级干部反思与总结过去决策和执行中的经验和教训,为各部门完善与优化未来防控

[①] 湖北省人民政府驻上海办事处. 提升城市韧性 守牢安全底线——上海城市应急管理体系建设的经验及启示[J]. 湖北应急管理, 2022(01): 60-63.

决策提供参考依据。

"一网统管"平台治理使决策者"有数可依""有据可考",使城市治理在风险危机过去之后不仅能够回到稳定状态,验收此次危机治理的成果,也能在经验总结中通过智慧算法实现日常决策的精准化和预测化。借助平台治理对数据的高效处理,政府能够在数据的支持下制定科学决策。[①]

17.5 重塑城市全系统韧性基因

17.5.1 社会子系统:善治与人情关怀下的城市韧性

上海"一网统管"治理做到了"以人民为中心"理念的实践,成为提升城市人民安全感、满意度和获得感的重要抓手。城市社会系统的脆弱性特征会集中体现在城市弱势群体身上,因为较差的身体、经济等条件,弱势群体在城市各类风险因子面前的自我保护能力和韧性较差,具有更大的脆弱性,这些群体包括老年人、残疾人和贫困者等。消减城市脆弱性,需要在治理中更多地关注弱势群体的特殊需求。陆家嘴街道崂山五村居民区针对老年居民群体的特征与需求建立了独居老人风险分级管理平台和科技助老系统。分级平台从老年人的健康状况和安全习惯两个维度对独居老人的风险等级进行划分,根据不同的风险等级确定社工每月进行关爱服务和风险清理行动的频次,独居老人风险等级会实时根据老年人健康状况和安全习惯两个维度的指标变化进行更新。通过技术服务和人为服务

---

① 陈水生.数字时代平台治理的运作逻辑:以上海"一网统管"为例[J].电子政务,2021(08):2-14.

的配合精准匹配独居老人的需求，从管理的角度对低、中、高不同风险等级的独居老人投入不同的时间与精力，这不仅能够提高社工的工作效率，也优化了老人的体验。此风险分级管理平台的主体数据和框架并不是由基层社区重新开发的，而是链接到市区两级平台之上的，既减轻了基层压力，也实现了与上级平台数据的实时互动与更新。科技助老的实践依托与企业的合作，该社区与支付宝合作推出了"助餐"活动，考虑到老年群体操作手机软件并不熟练的特征，因此从食堂和第三方平台入手，让老年人只需刷脸即可完成支付，同时老年人不需要领取优惠券便能够享受优惠和折扣。据社区负责人介绍，这种慰老服务结算系统不仅在社区食堂得到广泛支持与好评，而且正在推广到一些市场主体经营的食堂企业和商店。这种充分考虑老年群体"数字鸿沟"弱势的思路也体现在上海推广"一网通办"政务服务的过程中，在普及数字化与智能化应用的同时考虑到弱势群体的特征与需求。通过在线下为弱势群体增设"面对面"的传统的线下服务窗口，在线上设计政务网站的长者专版与无障碍版，从而为弱势群体预留了定制化的方便其享受政务服务的渠道。

上海秉承以用户为核心的服务理念，通过一站式的政务服务"一网通办"的实践，使上海市民已经实际感受到数字化政府带来的更加便捷的政务服务。无论是"一网通办"还是"科技助老"，上海的城市治理经过数字化之后形成了"数字善治"的上海方案，兼顾科技推动与人文关怀，增加人民福祉、提升市民韧性，让城市治理越来越有温度。在"一网统管"的推进过程中，通过热线舆情等一些参与路径，人民也切实参与到城市的建设管理中来，充分发挥12345市民服务热线在城市治理中的识别与感知情报的功能，在推动城市善治的过程中，人民群众既是建设者也是受益者。

17.5.2　物理子系统：数字孪生推进新型智慧城市建设

随着城市的发展，城市人口快速增长到即将超过城市容量，城市的工程系统面临各种复杂问题的挑战，城市物理系统变得脆弱不堪。以人工智能为基础的数字孪生技术是超大城市实现改善城市工程韧性目标的核心力量，依托技术创新优势，上海市实现了交通、医疗等基础设施的智能化，提高了政府的风险治理能力，为治理主体开展韧性治理活动提供较为完备的保障。

数字孪生城市指通过数字孪生技术在网络虚拟空间中建造一个与现实物理城市对应的数字城市，通过感知技术、GIS和BIM（建筑信息模型）等模型，用数据定义城市，对物理城市实现复刻。数字城市与物理城市平行运转，对资源环境、基础设施、交通运输、社会治理、人口民生、产业经济、社会舆情、公共安全等数据进行完整、直观的呈现，全方位复现物理城市运行态势，与数字城市的运行协同交互，实现城市全要素数字化和虚拟化、全状态实时化和可视化、城市运行管理协同化和智能化。[①] 利用数字孪生技术，上海建立起基于立体感知的数据闭环赋能新体系，以数字孪生城市推进新型智慧城市建设，打造虚实融合的数字孪生城市体，使城市管理与运行由实入虚，在虚拟空间中完成建模、仿真、演化、操控，从而降低优化公共交通布局、完善基础设施建设、重构城市公共空

---

① 顾建祥，杨必胜，董震，等.面向数字孪生城市的智能化全息测绘[J].测绘通报，2020（06）：134-140.

间等城市规划建设的成本，不仅可以在提升城市空间品质的过程中减少不必要的资源浪费，同时也有助于激发技术创新和应用创新，为经济发展提供支撑。[1]

上海徐汇区围绕数字化转型战略，结合区域实际发展需要，打造城市数字化转型的"徐汇样本"。徐汇区第二社会福利院通过与AI企业合作，积极探索智慧化养老新模式，在院内布设各类传感器和数据采集设备，采集老人的基本生命体征、行为表征并导入数据后台进行智能化集约管理，通过智能系统判断入住老年人的生活状态，必要时提供人工照护服务。除此之外，徐汇区将景区的基础设施等纳入数字化体系中，进行了数字景区建设和评价标准制定。运用新一代信息技术，目前，徐汇区已率先全面完成区内512幢优秀历史建筑及文物保护建筑的二维码设置，通过AR、VR等形式，提供"实地游""线上听""云上观"等数字旅游新体验。一方面，推动了旅游要素数字化、运营管理智慧化，另一方面也分散了人流，减轻景区的安防压力。[2] 通过城市数据中心建设，将韧性城市理念融入城市的数字化建设规划中，促进城市用地、基础设施建设、防灾减灾等城市工程子系统各要素韧性的提升。

2035年建设成为更具适应能力和拥有更强韧性的生态城市，是当前上海市城市总体规划的要求。作为超大城市，上海的城市治理面临着城市内外、线上线下多重因素的干扰。上海市以"一网统

---

[1] 杨春志，韦颜秋.基于立体感知的数字孪生城市发展：内涵与架构[J].建设科技，2019（12）：61-66.
[2] 徐汇区政府.徐汇区推动城市数字化转型加快形成有品质有温度的"数字城区"[EB/OL]．（2021-01-05）. https://www.shanghai.gov.cn/nw15343/20220107/56073c-02ced142d28891d2d28fefff23.html.

管"数字化工程为重要支点,以城市生命体征大数据和全域感知数字技术为重要着力点,推动政府、市场和社会多主体协同"数治"、预防—准备—响应—恢复全过程增权赋能、社会系统和物理系统的全系统升级增效,助力韧性城市建设,取得了阶段性成效。

  重塑城市韧性基因,既需要城市管理者更多地用新城市科学技术突破认知局限,借用更多的先进技术武装城市系统,同时需要秉持必要的价值判断与顶层设计,始终坚持"科技向善"的人本关怀,以更好地保卫城市居民与工作者。在数字基座的加持下,未来上海在应对城市的突发公共事件时,势必更有信心。诚如真理的检验是反复的,技术的创新与应用也需要时间和实践,在新冠肺炎疫情防控期间,上海就暴露出一些数据互联互通、危机应对机制、隐私与安全伦理、普及与公平应用等方面的缺陷与问题,因此我们需要清楚理性地认识到,技术本身并非城市发展的全部支撑要素,对城市美好未来的畅想是在多方社会力量的共同参与建设之下实现的。

第18章
闯入超大城市治理的无人区

李瑞昌

超大城市是个巨系统、生命体。系统是由要素、连接和目标三部分组成的,是一个连接了各个因素,实现某个目标的整体。巨系统是由众多大型系统、多个子系统和不停变化的环境构成的。大型系统有经济系统、政治系统和社会系统等;在经济系统中又有生产子系统、消费子系统和销售子系统等。如何将无数子系统集合成大型系统,又如何将多个大型系统集合成城市巨系统呢?由三级平台组成的"一网统管"平台系统就是将城市大型系统集合成巨系统的平台。

城市系统生命体是有生命的,会经历兴衰盛败,也会有生命周期。因此,我们应构建更为完善的城市数字体征体系,更好地为城市把脉、会诊、施治,让城市更安全、更健康、更具韧性、更有活力。通过对城市生命体的常规体检,常态化、智能化分析和研判城市生命体的关键指标,实时感知突发事态,增强对风险隐患的预见性,更好地"治未病""防未然"。

治理作为巨系统和生命体的超大城市,并不是一件容易的事,而是极其复杂的事务。在人类城市史上，超大城市治理总是会有得有失。之所以有得有失，其根本原因在于治理理念、治理手段、治理模式等并不是总能适应城市建设的步伐。

18.1 超大城市治理的得与失

18.1.1 造梦的建筑与追梦的人民

超大城市是建筑师的乐园，他们可以将自己的想象变成一幢幢建筑物。超大城市是人民的家园，他们可以在此展开自己一幅幅梦想画卷。琳琅满目的建筑展示了超大城市的繁华，而川流不息的人民赋予超大城市生命力。人穿梭于各式各样的建筑物之中，在建筑师的造梦空间中追逐自己的梦想。人与建筑是超大城市两道亮丽的风景线。

超大城市被誉为建筑师的造梦空间，将想象中的新奇空间绘制成图，然后建成大厦、桥梁、隧道和各式场馆。整个城市的地上地下、水上水中、低空高空遍布不同的建筑物。陆地、水域都被钢筋水泥分割开来，又被流动的车流、人流连在一起，现代超大城市成为一个复杂的巨系统。具体而言，现代超大城市具有三个特征。

（1）陆地的垂直构造

城市的陆地上，有高耸入云的大厦、悬在半空的轻轨、仰卧的路面和扎根于地下的树木花草。首先，空间是资本得以再生产的场所，城市陆地建筑主体构成了城市的正空间，公共空间则是虚空间，虚实穿插，形成了人们对城市的基础认知。其次，人是陆地生物，城市首先是人类的栖居地，其次才是治理的空间。与任何一种生物栖息地一样，城市陆地系统的改造是城市平面发展的结果，城市陆路系统也构成了地球系统的一部分，但城市有着与生俱来的社会性，更是社会空间、经济空间和物理空间的集聚。不同民族、性别、年龄、阶层、职业、文化的城市人充斥在城市陆地空间中，不同群体、个体对空间的需求、功能、审美也呈现差异性。因此，城市陆地空间上耸立的各色建筑、各种交通轨道以及多元化的公共空间，折射的是城市中不同社会决策依据自身需求间的相互作用而形成的空间产出。再者，城市人的空间欲望成了城市筑梦师的笔触，在一个整体时空架构中，城市陆地成为自然、社会与时间重叠的复合型整体，城市人成为城市中各种社会特征和背景的人组成的群体，其空间欲望正是城市中的人类对生活、生产空间的需要和愿望，如住房、休憩、归属感、工作、购物等。城市筑梦师在城市人的空间欲望驱动下，首先开始对城市陆地空间进行规划与想象，将城市空间擘画为能满足人们生产生活需要，能承载人类文明，能集聚文化、人才、财富的梦想空间。依此，建筑师对城市的产业布局、生活居住、文化生态进行了规划，形成了工业建筑、民用建筑、农业建筑和园林建筑等具有多种功用价值的钢筋混凝土构件。城市陆地的各式建筑、交通轨道、休憩场所等以其多样的功能性与人们各式各样的需求相融合，出现了商业CBD、医院、学校、工厂、居民楼、公园、博物馆、饭店等具象的且具有使用价值、能满足人类空间需求愿望的场所。

（2）水上的漂浮构成

首先，水面是生活、生产空间的延续，城市的发展与扩张，使水陆界线越来越模糊，尤其是沿海城市，世界上有80%的大型城市不是沿海城市，还有少数水上国家，被迫与水争地，例如荷兰。古时候，城池一般都沿江而建，江河是城市生存的源泉。现代，随着"向水拓展""与水争地""连接水陆"等城市发展行为的出现，江河湖海也成为人类的建筑空间。水上建筑师奥色斯曾预测，到2050年，世界人口的70%将生活在城市区域，约90%的大城市坐落在水边，地球上10%的城市水面将作为水上建筑的基地。其次，随着人类生产、生活与文化交流的需要，人们打破水陆分割的空间，打造水上交通线，傍水而居的人类也需要靠征服水域获得生产性资源，于是，自古便有了"客舍门临漳水边，垂杨下系钓鱼船"的水域拓展场景。如今，超大城市更离不开对水域空间的利用，江水蒸发可以调节气候，给人们带来宜居的环境；人类生存发展也需要水资源，水资源可以提供灌溉、航运、发电之利。于是，对水域的空间规划，推动水利枢纽出现，通过水上枢纽工程来满足防洪需要，获得灌溉、发电、供水等方面的效益；人们兴建水利工程，对自然界的地表水和地下水进行控制和调配，如拦河坝、电站、污水处理、港口码头、航道整治等工程。水上建筑物如同路上建筑物，以其不同的功效漂浮于水上，连接起水陆，服务于人类的需求，如防洪工程、农田水利工程、水力发电工程、供排水工程、港航工程、环境水利工程、综合利用水利工程、水上交通枢纽、海底隧道等。

（3）地下叠加又一城

在超大城市的地下，有人潮涌动的商场，有车流汹涌的隧桥，有人烟稀少的储备空间，俨然成为地下又一城。

首先，伴随着超大城市地方建筑高速发展，地下空间在城市建设，尤其在交通系统运行、基础设施支撑等方面发挥着重要作用。譬如，日本东京为了提高骨干交通网络的边界效率，为特殊地理环境提供交通联系，规划了53.5千米的地下道路。上海中心区内累计建成了12条越江隧道、中环地道等过江通道；美国波士顿的"Big Gig"工程也是基于城市环境和空间品质，将高架道路改为地下道路，改善了地面空间。

其次，超大城市本身就是紧凑城市，具有要素密度高、功能高度集聚、人口流动量大、生态环境压力大、空间资源紧张等特点。因此人类开始规划和利用地下空间，促进城市空间从平面发展向竖向分层发展转变，通过对地下空间的探索，在各类功能设施系统的布局下，形成"地下空间＋商业""地下空间＋市政综合体""地下空间＋立体环隧""地下空间＋轨道交通""地下空间＋交通综合体""地下空间＋基础设施环廊"等地下空间的功能耦合系统。据统计，上海全市人均地下建筑面积为1.35平方米/人，上海中心城人均地下建筑面积为3平方米/人。上海市长宁区在地下空间开发方面处于全上海领先地位，其商业办公地下空间开发面积占总上海开发面积的13.6%，比全市的6.3%高7.3个百分点，地下公共服务开发面积比例相对较高，构建了"两片两轴多点"相互联结的地下空间结构。其中，"两片"是指形成东西两大地下空间重点开发地区。西部重点开发片区由中山公园片区和虹桥地区组成，采用单棋盘格局，通过"中山公园—天山公园—娄山关路—虹桥地区"大型地下步行系统连接；东部重点开发片区由临空园区和东虹桥片区组成，采用双棋盘格局，新开发地块地下空间通过地下通道连接成网。"两轴"即地铁2号线和10号线。通过这两条地铁线将东西地下空间重点开发地区紧密联系在一起，构成上海市地下空间东西向联系的重要轴线。"多点"即联结重点片区以外的地铁站和大型绿地开发建设的地下空间的网络节点,是对两大重点开发片区的补充,综合采用点状与辐射状布局模式。

18.1.2　滨江临海与上海百年

上海作为超大城市,不仅地理位置特殊而且地形地貌特别。上海地处长江入海口,因港而兴,正如《大上海都市计划》开篇写道:大上海区域,以其地理之位置,应为全国最重要港埠之所在。上海通江达海,面向东海内连陆地;上海土地为冲积平原,土质松软,俗称"豆腐地";这种地理位置和地形地貌,加之在全国乃至全世界的工业、商业的重要地位,上海也就成了世界建筑师施展才华的用武之地。

经过百年积累,上海市基于国际经济、贸易、金融、航运中心的超大城市定位,建起"申"字形高架路,"三纵三横"为骨架的城市干道网,以"三港两路"为重点,衔接内外,辐射长三角。截至2021年年底,上海市产业用地中工业用地高达749平方千米,占建筑用地比重为24%,生活用地2 167平方千米,住宅用地占建筑用地比重高达35%,且已经建立了枢纽型、网络化、功能性的综合交通系统。其中,上海有超过2 487万常住人口,500万以上的流动人口,24米以上的高层建筑7万多幢,100米以上的高层建筑约1 022幢,轨道交通里程达831千米,工作日客流量超过1 100万人次,地下管线达12万千米。跨海大桥——东海大桥全长32.5千米,是继港珠澳大桥、杭州湾大桥之后的世界第三长跨海大桥,这座跨海大桥让上海的港口吞吐量位列世界第二。

18.1.3　超大城市治理的难题

超大城市是治理者身处的险境,一旦稍有不慎,就容易遭遇一场灾难。面对日益复杂的城市构造，城市治理者面临着以下三大难题：

一是集成难。现代超大城市是由无数子系统组成的，各个子系统的组成要素又相互连接，从而形成一个复杂的系统，且各子系统彼此互动，共同运转庞大的城市系统。但是，站在治理城市的角度，不同子系统由不同管理体系负责监管，因此，治理体系如何将各个子系统在管理系统中集成在一起，形成一个与城市巨系统相适应的管理系统，一直是城市治理体系和治理能力现代化中的难题。在城市治理体系中，涉及经济治理、政治治理、社会治理的若干关键环节，需要系统布局，协同发展。首先，超大城市的运行是巨系统的运行，涉及公共安全、绿化市容、住建、交通、应急、民防、规划资源、生态环境、卫生健康、气象、水、电、气、网等多个领域，不同领域的子系统构成了超大城市经济社会发展与城市运行的巨系统。但是，超大城市系统与系统间的复杂互动，子系统内要素与要素间的碰撞，都会产生系统性问题。系统性问题制约着城市巨系统的高效运转，容易引发城市病，如异常脆弱的基础设施建设、日益加剧的交通拥堵、不断恶化的生态环境和进城务工者的蜗居生活，以及安全生产、防汛防台、公共卫生、生态环境、轨道交通、大客流等城市运行管理的重点、难点问题。其次，城市巨系统的高效治理需要治理子系统间的高效协同，形成合力。但是，治理子系统关系到"人、事、物、地、情"等多种要素的治理，又涉及不同专业部门、专业领域的知识，系统要素的治理使专业部门职责之间的交叉重叠成为必然，产生了"一网管全城"的整体性治理需求，但专业化的隔离导致治理子系统成为林立的"烟囱"，互联互通成为难点，表现为"三难"（互联互通难、数据共享难、业务协同难）不同程度存在；"三通"（网络通、数据通、业务通）仍有瓶颈；"三跨"（跨部门、跨层级、跨区域）的难点痛点和突出问题亟待攻坚。

二是发现难。现代超大城市因子系统众多，构成要素庞杂，各种联结交叉重叠，复杂的程度远远超出普通人甚至专业人员的处理能力。系统越错综复杂，就越容易出现小漏洞，容易造成系统性全面崩溃。然而，长期高负荷的运行，又必然产生各种风险隐患，各个子系统带病运行。如果每个子系统、每个风险隐患点都安排专业人员进行监测，一方面没有这么多专业人才，另一方面也无法承担如此庞大的成本。如何发现巨大复杂系统中的风险隐患，成为城市治理体系面临的另一个难题。首先，超大城市正在"瓷器化"，隐患因素大量集聚，导致风险预警、评估难。随着城市规模日渐扩大，大量人口涌入城市，各类生产、生活要素高度集中，超大城市日益成为一个人、财、物、信息等要素不断流动且相互联系的复杂系统，城市在给人们带来便捷、丰富生活的同时，也不可避免地聚集了大量自然的、人为的风险因素，威胁着城市安全稳定运行和民众生命财产安全。人流、物流、信息流、技术流等各种要素高度积聚与流动，也使城市复杂有限的空间里风险交织，如何第一时间迅速预警成为难点。其次，超大城市全天候运转，各要素无规律互动，使风险、隐患难追踪，难捕捉，城市全面态势感知难。上海市人多车多、楼多企多、管多线多，城市运行呈现24小时不间断、全天候、全时段高速运转的特征，流动性风险的增加给传统的问题发现机制造成了挑战。风险隐患的不确定性和分布的广泛性需要建立全天候、跨时空、全过程追踪的实时监测网，但传统城市巡逻力量受值班备勤时间的局限与人力发现有限的制约，往往导致问题发现滞后，无法防患于未然，更难以对风险隐患进行实时追踪、及时回应、精准预判。

三是整治难。现代超大城市各个子系统相互关联，各种要素相互联系成一体，各种联结机制彼此相通。于是，子系统中一个瑕疵，散落的一个风险隐患，或者更换一个子系统、一个要素，或者变更一个连接带，都可能引发多个子系统停摆。例如，电力系统的一次跳闸，可能引发整个社区、街区或厂区的停顿，甚至造成重大灾难。这也就导致即使发现了风险隐患也难以整治，或者说，要付出巨大成本才能整治。其次，城市理想既绽放于空间也受制于空间，超大城市治理资源具有相当的局限性。先人的筑城智慧是"因天时就地利"，尊重自然，顺应规律，方能为开创城市未来构筑最适宜格局。但对于超大城市而言，自然资源禀赋具有不可逆性，环境容量亦有自身"天花板"，城市空间布局与高品质生活、城市经济地理与高质量发展存在结构性冲突，城市有限的土地与劳动力等资源与超大城市的发展不相匹配。如果沿袭传统发展方式与治理模式，城市空间的承载底线和红线将制约超大城市的治理能力。再者，超大城市复杂巨系统的边界问题一直存在，影响着精细化的城市治理能力。一方面，超大规模城市要素繁杂，各种关系异常复杂，社会的流动性很大，不确定性程度很高，城市中的堵点和痛点问题多，如"五违四必"区域综合整治、道路交通违法整治、中小河道整治到食品安全管理、群租房治理、电动车楼道充电治理等。另一方面，分散的、林立的各个部门无法进行全流程、全链条处置，无论是气象预测预警、生活保障（吃、喝、玩），还是工地施工、防止树木盗伐，抑或楼宇消防安全管理、水闸水道管理，超大城市的治理都是需要全部门协同的问题，但是如何像绣花般精细化治理城市，成为整治难题。

18.1.4 上海城市治理面临的挑战

上海作为超大城市，精细化治理成为其当前面临的最大挑战，城市的规模与城市治理的精细化程度是成正比的，也就是说，城市规模量级的函数，对应城市要素之间关联性和互动性的程度，精细化治理水平又具体体现在对城市治理要素、对象、过程、结果的"观全面""管到位""防见效"三大难题上，其背后是治理理念、治理手段、治理模式与超大城市治理的精细化要求不相适应。

首先，"观全面"要求城市治理者把握超大城市发展与运行的规律，全面观察城市的"人、事、物、态、情"，进阶为人与物进行动态全量的数字孪生，辅助城市治理者实时掌握城市运行的生命体征，实时把脉问诊。一方面，要实现城市治理要素、对象、过程、结果等各类信息的全息全景呈现。另一方面，要以问题为导向，以城市事件为牵引，提升城市运行的大数据分析和研判能力，密切关注城市运行管理中潜在的"黑天鹅"和"灰犀牛"问题，这就要求城市治理要重构问题发现机制，整合并拓展现有发现手段，重构形成全面、及时、动态、真实的群众诉求和城市运行风险发现机制，力求在第一时间及时回应，让"被动发现"变"主动发现"。

其次，"管到位"要求城市治理主体间形成高效协同能力，改变"政出多头"的现状，解决系统性边界问题。一方面，要能在保持各部门原有业务系统、工作格局基本架构的同时，打破"孤岛""烟囱""蜂窝煤"，实现资源聚合、力量融合，提高跨部门、跨系统的联勤联动能力。另一方面，要能够把城市治理领域所有事项进行集成化、协同化、闭环化处置，提升处置效果和效能。

最后，"防见效"要求城市治理者要实现对风险的预警与研判、快速响应，从而更快地开展"防"和"救"。一方面，要推动风险预防关口前移，另一方面，要着眼于防范化解重大风险，围绕群众面临的具体问题和超大城市运行中的重大问题，从"补漏洞"走向"治未病"。

18.2 超大城市网络治理的脉与络

18.2.1 网有边结有疏

超大城市是通信工程师发挥自身才能的舞台。一方面，他们借助传感器时刻感知建筑物的变化，赋予建筑物生命，让建筑物"活"起来，于是，建筑物有了生命体征；另一方面，他们通过信息与通信技术把众多建筑连接起来，让各种人工物连接成包括多个子系统的大系统。可以说，信息与通信技术不断地尝试把各种要素连接，形成一张庞大的互联网。

（1）连接有技术，联通要权力

现代超大城市中，物与物之间链接、人与人之间联结、人与物之间连接，都可以借助信息与通信技术（ICT）形成各种各样的网络，可以称之为"物联网""人际网""互联网"。总之，信息与通信技术不断地迭代升级，各种各样的网络也不停地升级，网络中各要素之间的联络越来越快速。

然而，在物理上，要素与要素之间的连接，子系统与子系统之间的连接，皆可以借助信息与通信技术；但是，物理上连接后是否信息通畅则不是技术问题，而是权力问题。因此，决定要素与要素之间联通或系统与系统之间信息顺畅流动的因素是权力。

（2）连线有长短，网孔有大小

从系统上看，要素与要素之间都是通过连线而连接，子系统与子系统之间也通过连线而连接。那么，何谓连线？连线的长短，既取决于技术又取决于关系。信息与通信技术越发达，连线应该越短，例如，在有线电话时期，子系统之间距离越长，连线也就越长；而在无线电或卫星时期，通过电磁波或声波传递信号，连线就变短了，连接速度也变快了。连线并不是自然而然的，而是人为的，因此，当要素之间关系越是密切，连线也就越短，这一点在人际网络中尤为明显。

在系统里，连线与连线、连线与要素之间会结成网，网中有孔，在物理学上称之为"网孔"，在社会学上定义为"结构洞"，也就是拥有互补资源或信息的节点之间存在的空位。网孔有大有小，从网络结构看，这些洞孔就是非冗余联系。关联这些网络的非冗余节点的空位，就相当于网络结构中的洞穴。占据这个空位的节点，就是相应的结构洞占据者。结构洞占据者更容易获得网络中不同社团的信息，并控制网络中的信息传播关键路径。结构洞占据者对于网络结构、网络信息传递有关键优势。

（3）网络有结点，节点有力量

网络是城市生命体的神经。连线与要素之间有结点，结点是要素与连线的结合处。在物理学中，结点是两个物体的焊接点；在社会学中，结点是两个人的中介；在城市中，结点就是各种各样的站点。

有多条连线聚集的点就是节点。节点也可以称为多个结点的集合。节点的力量体现为度中心性、紧密中心性、中介中心性。其中，度中心性即一个节点直接相连的节点的个数，一个节点的度中心性越大，说明其边越多，联系越广。紧密中心性越大则说明这个节点到其他所有节点的距离越近，也说明连线越短，越有可能快速地联系到所有人。中介中心性则刻画了一个节点掌握的资源多少，中介中心性越大说明该节点掌握的资源越多且越不可替代。

18.2.2 多方参与的治理网络

（1）两级政府、三级管理、四级治理

数字化转型是一项系统性、复杂性、长期性的战略工程，要整合上海全市资源和力量，举全市之力抓推进抓落实。各部门各区都要加强组织领导，找准结合点、切入点、发力点，全力推进实施。着力推出一批为民服务的重点应用场景，让群众有更多实实在在的感受度和获得感。要加强统筹协调，强化分工合作、协同联动，形成全面推进城市数字化转型的强大合力。

在数字化转型背景下，上海市通过线上线下协同变革，构建了"两级政府、三级管理、四级治理"的治理网络。改革开放以来，上海的城市建设治理经历了"以建设为主""建管并举""管理为重"三个阶段。为了提升特大城市管理的精细化水平，2014年，上海市委启动了"创新社会治理、加强基层建设"一号课题调研。此后，上海首创了市-区"两级政府"、市-区-镇（街）"三级管理"、市-区-街镇-村居"四级治理"网络的治理模式，通过"重心下移""权力下沉""权责一致""赋权到位"将管理触角延伸到基层。同时，建立了"社区分工、部门联动"，"社会动员、市民共治"的新体制。在两级政府、三级管理、四级治理的治理网络下，上海市通过体制机制变革，整合了治理资源和力量，加强了分工合作与协同联动。其间，修订了《上海市街道办事处管理条例》，从制度上规定了街道办以"公共服务、公共管理、公共安全"为工作重点的9项职责；同时，配置实施了综合执法体制改革，推动城管执法、房管、绿化、市容等力量下沉至街镇，赋予街镇对这些队伍的管理权、指挥权、考核权，使更多的管理力量在街镇得到统筹调度，基本形成以块为主、条块融合的综合治理体系，提高了街道办事处统筹协调辖区公共事务的力度。同时，工作重心和资源也向加强民生保障、优化公共服务、保障公共安全等领域聚焦，进一步提升了社区发展水平。

在数字化转型过程中，上海市建立了"1+16+16+215"的"一网统管"城运体系，设置了1个市城运总指挥中心，16个市级专业指挥中心，16个区城运指挥中心，215个街镇城运指挥中心，将感知触角延伸到城市运行的各个角落，以"三级平台、五级应用"为核心，打通了条块业务系统互不相连的树状结构，形成横向到边、纵向到底、互联互通的矩阵结构，建立了"王"字形城运架构。其中，"三级平台"指市、区、街镇三级城运中心。市级平台侧重顶层设计，功能定位为"抓总体"，即对三级城运中心进行建设和指导，重在抓总体、组架构、定标准，依靠兼容开放的框架，汇集数据、集成资源，赋能支撑基层的智慧应用。区级平台是承上启下的重要一环，功能定位为"联和管"，即发挥居中调度、统筹协调的作用，向上打通市级部门，向下联通街镇，横向联合本区城市管理相关部门，是联通上下、衔接左右的系统枢纽和作战平台，也是全区城市日常运行状况分析监测平台、应急状态（专项工作）综合指挥调度平台和各类民生诉求受理汇聚、分流转办、督办考核枢纽，以及社会治理大数据汇聚整合、融合共享、应用分析的枢纽。街镇平台是信息收集的前端和事件处置的末端，功能定位为"统和战"，重在抓处置、强实战，重点是处置城市治理中的具体问题，赋能基层干部更多的智能化工具和手段。"五级应用"主要指市级、区级、街镇、网格到社区（楼宇）五个层级推进改革，形成应用。前三级强调指挥协调功能，后两级主要利用移动终端进行现场处置。通过城运"一网统管"体系全面发现问题、研判形势、预防风险、对接需求。

数字化转型以"制度、技术与管理"的组合拳，通过线上平台治理体系赋能线下管理体制，倒逼线下管理服务创新、行政方式重塑和体制机制变革；以理顺线下体制机制变革、优化线上管理流程，促进线上线下整体性变革，实现全量、全要素、全流程的数字化，以线上信息流、数据流倒逼线下业务流程再造，实现第一时间发现问题，进行扁平化调度、可视化协调，全力发挥"一网统管"线上线下协同联动，高效处置一件事。

（2）政府、事业单位、企业与社会组织

数字化转型本质上是一项多领域、多主体、多环节的综合性系统工程，其根本是理顺政府、市场与社会的关系，实现以人为中心的价值追求，需要构建政府、市场、社会多元主体协同参与的数字化转型合作伙伴格局。一方面，数字化转型是以追求高品质生活、实现高效能治理为目标。在超大城市这一复杂巨系统中，经济、社会、治理全方位的数字化转型才是实现高效能治理的题中之义，因此，需要政府、事业单位、企业、社会组织等社会多元主体共建、共治、共享。另一方面，数字化转型设计体制机制的变革，生产生活方式的转变，治理理念、思想的更新，需要多元参与，协同多方行为，平衡多方利益，才能保证多方良性互动，形成良性循环。其一，政府要发挥顶层设计、制度规范、政策引导、标准制定、方向引领、数字化监管、统筹协调的作用，对内，强化统筹明晰权责，明晰规范制度，锻造城市数据大脑依规有序发展的"内力"，形成政府多部门协同的"合力"；对外，有序开放数据资源，充分释放数据要素"生产力"，以有效的制度动员社会多元力量，搭建平台创造生态，激发市场主体"活力"，激活数字市场经济、为数字化应用场景提供窗口和试验田。其二，市场力量要发挥其技术、资本优势，聚焦大数据、区块链、人工智能、物联网等前沿技术，寻找技术应用的突破口和发力点，同时，要面向国际科技前沿、政府治理需求、经济发展主战场以及人民的急、难、愁、盼等问题开展技术攻关，发挥数字化转型过程中的企业主导作用。其三，社会力量要有序参与数字化转型。数字化转型要在价值和生产关系上，坚持以人民为中心的理念，这一价值逻辑的本质是"以用户为中心"。一方面，以用户为中心是以提升公民的体验感和便利感作为政府数字化转型的重要出发点和目标，另一方面，以用户为中心也是将用户作为治理主体，从公民的视角，建立用户参与的共治、共享价值网络。因此，城市全面数字化转型将推动经济、生活和治理等各领域发生整体性转变，结合人民的急、难、愁、盼等问题，联合企业供给、社会服务，在政府的引导下，以社会、经济、治理的全方位数字化为超大城市强基健体，赋能精细化治理。

18.2.3　打通任督二脉和畅通经络

超大城市是一个结构复杂的生命体。村居委和市委、市政府是超大城市的任督二脉，它们与各种产权的公司、各种功能的事业单位、各种性质的社会组织和各种类型的管理单元共同构成了超大城市的脉络，时刻感受着超大城市的脉搏和呼吸，指挥着超大城市日常运行。超大城市作为巨系统和复杂生命体，其构成的要素越多，联结越多元，内在关系就越庞杂，城市系统也就越复杂。"一阴一阳之谓道"，当城市自身系统越复杂，功能越强大，那么城市自身系统也就越脆弱。长期以来，人们相信使用钢筋水泥能打造出刚强系统；然而，历经现代化兴奋与阵痛，人们才发现，尽管钢筋水泥建造的高楼大厦和地铁、桥梁等能抵御10级地震，但是，面对火灾，它们却又如此脆弱，甚至时常不堪一击。

在中国文化中，对抗突如其来的压力或冲击，不能完全依靠刚强的物质系统，还需要寄希望于柔弱的生态系统，或者西方所言的"反脆弱系统"，因为柔弱能够胜刚强，譬如柔弱的水能冲垮坚实的堤坝或浇灭熊熊大火。在超大城市里，柔弱系统就是有韧性的社会，而支撑着社会韧性的恰恰是前文所言的市委、市政府、村委会、公司、事业单位、社会组织、管理单位和生活在城市中的每个人。

无论是科层制还是扁平型的组织均自带自我封闭、自我保护的个性。不论是同一属性的组织还是不同性质的组织，它们内部以及它们与外部之间时常难以实现信息流通。网络堵塞、信息孤岛和节点断开，时常发生在超大城市治理系统之中。超大城市的经络运行不畅，任督二脉的气流不通，基层老百姓的事务信息无法从底层的村委传送到市委、市政府，惠民政策时常无法抵达目标群体。建好"一网统管"，打通任督二脉，畅通城市生命体经络，才能使城市问题被及早发现，让人民需求被及早满足。

18.3 人民城市人民建与治

18.3.1 下一个十年的超大城市治理

超大城市是人民的追梦空间，每个人在此体验着擦肩而过的悲欢离合。人是城市治理者，也是城市治理的对象。下一个十年的超大城市治理面临的最大挑战就是人的身份与行为的变化。人的身份变化表现在城乡居民身份差异消失，居住空间和工作空间异域或倒置；人的行为变化则体现在工作与休闲的界限模糊不清。无论是人的身份变化还是人的行为变化，归根结底，是人与人之间的关系变化，这种变化才是下一个十年城市治理值得重新思考的问题。

（1）隔离与联结。自工业革命之后，城市成为与乡村相对立的概念，城市治理与乡村治理之间的关系也争议不断。争议的焦点是隔离与联结，具体而言，表现为以下两个方面：

一是城市与乡村是要彼此隔离还是相互联结。在中国，城市与乡村长期处于二元分离状态，进入新时代，城市与乡村发展要一体化，要联结在一起。这打破了有城市以来的结构关系，产生了新的结构关系；尤其是工业革命以来，城市被誉为工业产品生产地和商业贸易地，而乡村被认为是农产品生产地和工业基础原料的产地，城市与乡村变成两种不同功能的区域。今天乃至未来，城市与乡村无论是在功能还是交流上都发生了变化，城市通过温室大棚模仿自然条件就能更快地生产农产品，乡村通过机械化、工业化和智能化生产农产品；与此同时，城乡人口每日发生大量迁移，城市中流动人口超过常住人口、人的流动性超越物的流动性，城乡之间相互融合。

二是城与市之间分隔还是合拢。农业时代，城与市是分开的，城是用墙围起来的密闭空间，其目的是保卫安全，于是，城是政治中心，是居住空间；市则是城墙之外货物交易的地方，往往是经济中心，是城与乡的联结点，也是生产与消费的联结地带。进入工业时代，城和市开始合在一起，"城"里成为工业生产地点，聚集了大量人口，消费需求大量增加，为了减少运输成本，"市"转移到城里，于是，出现了今天的"城市"。随着城里的人口越来越多，城里的建筑物也就越来越多，逐步成长为超大城市。超大城市最大的特点是城市与乡村越来越彼此隔离，城市治理与乡村治理已经成为两种不同治理形态。

进入信息时代，人类正在超越物理空间上的"隔离与连接"关系，换句话说，人与人之间在物理上看似隔离，却因信息与通信技术而连接在一起。

（2）有序与无序。只要有两个以上的人共同生存于同一空间，就需要有秩序，即有序。在实践中，有序与无序经常被认为是相互冲突的概念；但在理论上，也有一种观点认为，无序与有序是连续统一体，先是无序，经过自组织、自我治理和自我发展之后，逐步形成秩序，有序状态便形成了。也有另一种观点认为，通过治理，可以缩短无序的时间，延长有序的时间，但是，有序也容易造成发展停滞，并不利于进步。那么，如何实现从无序到有序，以及如何把握无序和有序之间转换的节奏，对实践者来说更加困难。一般而言，城市越大，要素越多，治理越困难，有序的形成就越难。

18.3.2 "一网统管"下超大城市治理之道

（1）科技之智

科技不是解决城市问题的唯一道路，但是，科技可能是一条有效的道路。从技术应用角度而言，信息和通信技术不断升级迭代的实质是不停地将现实世界的工作转移到虚拟世界之中，也就是所谓的在软件上运行世界。数字孪生体是三维空间的，甚至可以成为四维空间，更能与实际空间形态相接近，可以将实物动态上传到虚拟空间，从而更容易在软件上优化运行流程，指挥城市重要部件运行和城市各类事件的处置。科技的智慧正赋予城市治理更多可能性。

（2）规则之治

规则是行动的依据，也是强化已有治理经验的保障。超大城市治理过程中，既要有前瞻性的改革创新，又要回顾反思已有经验。始终坚持"技术+制度"双轮驱动，城市数字化转型推进到哪里，制度供给就要跟进到哪里，及时制定一批标准、规则、政策、法规，为全面推进城市数字化转型提供更加精准有效的法律和制度保障。建立数字规则体系，推进城市数据综合立法，实现数据从采集、共享、开放、流通到应用等的全流程规范管理，推动形成开放的数字市场，全面激发数据新要素的价值。建立健全安全隐私保护标准，形成数字技术应用潜在风险评估与防范机制。健全共建、共治、共享的制度规范，完善支持创新的容错机制、包容审慎的监管制度，积极调动各方共同参与的积极性，充分发挥市场主体和专业机构的作用。

（3）人民之力

人民才是城市的主人，因此，应深入践行全过程人民民主，紧紧依靠人民，全方位推进城市管理精细化。站在群众立场考虑城市规划、建设、管理等各项工作，让群众发现问题、发表意见，让群众共建、共治、共享，更好地彰显人本价值。建设更强大的"一网统管"平台，把科技之智、规则之治与人民之力三者更好地结合起来，推动治理理念、治理手段、治理模式不断创新，以数字化让城市更聪明、更智慧，从而实现城市治理数字化新图景。上海提出的"让市民接受服务像网购一样方便""实战管用是数字治理的价值取向"等理念，可以更好地为城市治理者观察与借鉴。

后　记

　　上海作为"一网统管"的发源地，也应当成为数字化治理和城市治理研究的理论高地。2020年10月，上海市城市运行管理中心与复旦大学签署合作协议，共同推进现代城市"一网统管"的理论研究。陈志敏副校长、苏长和院长、刘季平书记高度重视这一合作，学院为此组织了一个以政治学、公共管理为主体的跨学科研究团队，致力于几个研究方向：一是城市治理研究方向，主要包括熊易寒教授、顾丽梅教授、陈水生教授、张晓栋博士；二是应急管理研究方向，主要包括李瑞昌教授、周凌一博士、孙磊博士；三是数字治理研究方向，主要包括郑磊教授、胡业飞博士。"一网统管"是一个跨学科的研究议题，我们在研究过程中，还邀请了多位校外专家一同参与，主要包括法学专家刘哲昕教授和谷望舒博士、城市可持续发展专家王欢明教授、城市治理专家孙志建副教授、数字政府专家刘新萍副教授和张怡梦博士。特别令人欣喜的是，我们的优秀博士生、硕士生也加入了课题组，不仅发挥了生力军的作用，而且通过这项研究得到了显著的成长。

　　本书写作的初衷就是为了将上海城市治理的创新探索知识化、理论化。"一网统管"、数字化治理正在成为国内公共管理学界的前沿热点。上海城市运行"一网统管"经过两年多时间的探索，紧紧围绕城市数字化转型，深化"一网统管"建设，在系统集成、数据共享、场景牵引、机制完善等方面下功夫，形成了一系列宝贵的、极具引领性的"上海经验"。但目前而言，对于上海"一网统管"的系统性理论阐释还是缺位的，研究者要么只是简单套用西方公共管理理论对"一网统管"加以分析，要么只是对"一网统管"的某个具体流程或应用场景展开研究，缺乏基于上海经验、具有重大理论创新意义的代表性作品。

我们的写作团队综合政治学、公共管理、法学、城市管理、应急管理的理论视角，对上海"一网统管"的创新实践展开系统研究。这一研究首先具有很强的现实意义，上海"一网统管"是在人民城市的理念与智慧城市的技术双重驱动下的创新实践，是对总书记有关城市治理体系和治理能力现代化重要思想的创造性落实；同时也具有重大的理论价值，通过技术赋能和流程再造，实现"以部门职能为中心"向"以事件处置为中心"的转变，在很大程度上破解了跨部门、跨层次、跨区域的协同治理难题，而协同难是世界级的政府治理痼疾。

在书稿内容的设计方面，全书整体上划分为四个部分，分别是阐释超大城市治理中需要面对的治理难题、"一网统管"的运行机制、技术应用催生的治理变革、技术赋能城市治理的未来愿景。本研究团队相信，在实务部门和学术界同人的共同努力下，上海城市运行"一网统管"不仅仅是一个成功的治理模式，也将推动中国政治学、公共管理学科知识体系的建构。

本书的分工如下：

熊易寒负责全书的框架设计和统稿工作，以及研究团队的组织工作。王昊、俞驰韬、厉蕤溢作为项目科研助理承担了大量事务性工作。

各章作者如下：

导言　数字化治理：迈向城市治理的范式创新（熊易寒）

第1章　超级不确定性来袭（胡业飞、张怡梦）

第2章　"人海战术"的失灵（陈水生）

第3章　复杂巨系统的脆弱性（陈水生）

第4章　城市智慧化的愿景（胡业飞、张怡梦）

第5章　一屏何以观天下（刘哲昕、谷望舒）

第6章　一网何以管全城（张扬、顾丽梅）

第7章　平台横向集成（周凌一）

第8章　应用纵向牵引（周凌一）

第9章　神经元与城市数字孪生（唐雲、李瑞昌）

第10章　数据驱动治理（张晓栋）

第11章　平台催化与整体性政府建设（孙志建）

第12章　数实融合与城市最小管理单元（刘新萍、郑磊）

第13章　从万物互联到众智成城（郑磊、侯铖铖）

第14章　数字机遇与应急创新（孙磊）

第15章　城市进化论：超大城市的周期管理（顾丽梅、凌佳亨）

第16章　"两张网"融合助力数字化转型（王欢明、孙晓云）

第17章　科技重塑城市韧性基因（孙磊、杨雨琦）

第18章　闯入超大城市治理的无人区（李瑞昌）

写作过程中，上海市人民政府徐惠丽副秘书长、上海市委研究室周扬副主任与课题组多次分享自己对于数字化治理的深刻观点，市城市运行管理中心、上海数字治理研究院为课题调研和讨论提供了重要帮助。上海市委燕爽副秘书长一直关心、支持复旦大学与上海市城市运行管理中心的合作项目。感谢浙江工商大学党委书记、校长郁建兴教授，清华大学公共管理学院孟庆国教授，上海科技大学信息科学与技术学院虞晶怡教授，著名媒体人秦朔先生欣然为本书撰写推荐词。中信出版集团吴素萍、马媛媛等编辑同人为书稿贡献良多。最后，要特别感谢复旦大学校董卢长祺先生慷慨相助，为本书写作和出版提供了宝贵支持。